Die beruflichen Anforderungen der Digitalisierung hinsichtlich formaler, physischer und kompetenzspezifischer Aspekte

Sozialökonomische Schriften

Herausgegeben von
Bert Rürup und Werner Sesselmeier

Band 53

Zu Qualitätssicherung und Peer Review der vorliegenden Publikation

Die Qualität der in dieser Reihe erscheinenden Arbeiten wird vor der Publikation durch einen Herausgeber der Reihe geprüft.

Notes on the quality assurance and peer review of this publication

Prior to publication, the quality of the work published in this series is reviewed by one of the editors of the series.

Daniel Christoph Stohr

Die beruflichen Anforderungen der Digitalisierung hinsichtlich formaler, physischer und kompetenzspezifischer Aspekte

Eine Analyse von Stellenanzeigen mittels Methoden des Text Minings und Machine Learnings

PETER LANG

Bibliografische Information der Deutschen Nationalbibliothek
Die Deutsche Nationalbibliothek verzeichnet diese Publikation in der Deutschen Nationalbibliografie; detaillierte bibliografische Daten sind im Internet über http://dnb.d-nb.de abrufbar.

Zugl.: Landau (Pfalz), Univ., Koblenz-Landau, Diss., 2018

Lan 1
ISSN 0172-1747
ISBN 978-3-631-78548-5 (Print)
E-ISBN 978-3-631-78574-4 (E-PDF)
E-ISBN 978-3-631-78575-1 (EPUB)
E-ISBN 978-3-631-78576-8 (MOBI)
DOI 10.3726/b15544

Peter Lang – Berlin · Bern · Bruxelles · New York · Oxford · Warszawa · Wien

Diese Publikation wurde begutachtet.

www.peterlang.com

Inhaltsverzeichnis

1. Einleitung

1.1 Ausgangslage

Exakt 93 Mal kommt der Begriff „Digitalisierung“ im Koalitionsvertrag zwischen CDU, CSU und SPD vom 14. März 2018 vor. Nahezu jede zweite Seite des knapp 180 Seiten starken Dokuments greift den Begriff auf. Die neue Regierung widmet dem Themenfeld im Vertrag gar ein eigenes Unterkapitel. Von „große[n] Chancen für unser Land und seine Menschen“ (Bundesregierung 2018: 36) ist die Rede. Dazu müsse das „Land in allen Bereichen zu einem starken Digitalland“ (Bundesregierung 2018: 36) entwickelt werden.

Aber was bedeutet es überhaupt ein starkes Digitalland zu sein? Und wie wird Deutschland dazu? In der öffentlichen Debatte fällt an dieser Stelle zumeist das Schlagwort der flächendeckenden digitalen Infrastruktur, die durch Breitbandausbau erreicht werden soll. Eine Zielsetzung, die auch im Koalitionsvertrag an vorderster Stelle aufgegriffen wird. „Gigabit-Netze“ und der neue Mobilfunkstandard „5G“ sollen deutschlandweit verfügbar gemacht werden (Bundesregierung 2018: 37). Technische Standards alleine werden aus Deutschland aber kein Digitalland machen, stellen die Vertragsparteien fest: „Digitale Kompetenzen“ (Bundesregierung 2018: 38) müssten vermittelt und „gute digitale Arbeit 4.0“ (Bundesregierung 2018: 40) angestrebt werden. Denn dies seien, so der Koalitionsvertrag, die Voraussetzungen, „damit sich die Beschäftigten Herausforderungen der digitalen Arbeitswelt stellen und den sich immer schneller verändernden Qualifikationsanforderungen gerecht werden können“ (Bundesregierung 2018: 40). Welche Herausforderungen gemeint sind und welche qualifikatorischen Anforderungen sich verändern, bleibt offen.

So vage der Koalitionsvertrag diesbezüglich ausfällt, so undifferenziert bleibt oft auch der wissenschaftliche Diskurs. Begriffe wie „Qualifikation“ und „Anforderung“ werden uneinheitlich verwendet. Gleichwohl gibt es Studien, die das zukünftige Verschwinden ganzer Berufsfelder vorhersagen.

Besonders großen Widerhall fand in den letzten Jahren eine Untersuchung, nach der in den USA 47 Prozent aller Beschäftigten in Berufen tätig sind, die in den nächsten ein bis zwei Dekaden maschinell ersetzbar seien (Frey & Osborne 2017). Eine direkte Übertragung der Methodik dieser Studie auf den deutschen Arbeitsmarkt liefert eine Erwartungsspanne der gefährdeten Arbeitsplätze von 42 (Brzeski & Burk 2015) bzw. 59 Prozent (Bonin et al. 2015). Studien auf Basis anderer methodischer Ansätze finden moderatere Substituierungspotenziale von 15 (Dengler & Matthes 2015a) oder sogar nur zwölf Prozent (Bonin et al. 2015) der deutschen Beschäftigungsverhältnisse.

Die große Spannbreite der Ergebnisse zeigt, wie schwer die Auswirkungen eines disruptiven Prozesses wie der Digitalisierung, zu quantifizieren sind.

Was auf Ebene unspezifischer Berufsfelder gilt, trifft erst recht auf einzelne berufliche Anforderungen der Digitalisierung zu. Dementsprechend unkonkret fallen die Prognosen zukünftiger Anforderungsbedarfe oftmals aus. Niemand kann heute mit Gewissheit sagen, ob und wann beispielsweise das autonome Fahren oder der „Robo-Doktor" tatsächlich in der Mitte der Gesellschaft ankommen wird. Noch weniger ist vorhersehbar, welche Aufgaben und Tätigkeiten heutige Berufskraftfahrer oder Mediziner in Zukunft wahrnehmen werden.

Bisherige Untersuchungen beschränken sich daher oft auf die Erkenntnis, die Digitalisierung verlange nach „höherer" Qualifikation und stelle „neue" Anforderungen. Dies liegt insbesondere daran, dass Digitalisierung meist als ein zukünftiges Ereignis, als ein Phänomen der kommenden Jahre und Jahrzehnte verstanden wird. Die Studien bleiben daher in ihren Ergebnissen oftmals unpräzise oder spekulativ.

Was in der politischen und wissenschaftlichen Debatte um zukünftige Entwicklungen unzureichend Berücksichtigung findet: Digitalisierung ist nicht nur ein Zukunftsphänomen, Digitalisierung findet bereits statt. Spätestens seit der Jahrtausendwende ist sie in vielen Branchen weit verbreitet (Hirsch-Kreinsen & Hompel 2017). In diesem Sinne ist Digitalisierung kein ungewisses Zukunftskonstrukt, sondern bereits allgegenwärtig. Im Privaten wie in der Arbeitswelt nutzen wir Internet und E-Mail längst ganz selbstverständlich. Kaum ein Berufsbereich existiert, in dem nicht mindestens grundlegende Office-Kenntnisse erforderlich sind. Stehen neue digitale Arbeitsformen wie „Smart Collaboration" erst am Anfang ihrer Entwicklung, so hat die Digitalisierung schon heute große Bereiche unserer klassischen Arbeitswelt erreicht.

Dennoch fehlt oft das Verständnis dafür, inwiefern sich die Anforderungen an Berufstätige in den verschiedenen Bereichen durch die Digitalisierung verändern. Viele Untersuchungen beschränken sich diesbezüglich auf eine Erhebung der am Arbeitsplatz verwendeten digitalen Technologien. Als Beispiel ist eine Befragung von Betrieben mit mindestens 50 sozialversicherungspflichtigen Beschäftigen anzuführen, der zufolge 83 Prozent der Beschäftigten Computer, Internet, Laptop, Tablet oder Smartphone im Rahmen ihrer Arbeit verwenden (Arnold et al. 2016: 6).

Solche Zahlen rufen in der Regel reflexartig die Forderung nach „digitalen Kompetenzen" hervor. Programmierunterricht in Kindergarten und Schule, sowie Internetkurse für Senioren sind sinnvoll und notwendig, reichen aber nicht aus, um den Veränderungen einer so umfassenden technologischen und gesellschaftlichen Transformation wirksam zu begegnen. Bevor über zweckmäßige und konkrete Maßnahmen differenziert diskutiert werden kann, bedarf es einer umfassenden Bestandsaufnahme und Analyse der beruflichen Anforderungen der Digitalisierung, die am deutschen Arbeitsmarkt bereits heute erkennbar sind. Motivation und Ziel dieser Arbeit ist es daher, folgende Fragestellung zu beantworten:

Welche beruflichen Anforderungen stellt die Digitalisierung?

Dazu gilt es, unter einer Vielzahl spezifischer beruflicher Einzelanforderungen, diejenigen zu identifizieren, die in Zeiten der Digitalisierung besonders hohe Relevanz aufweisen. Bisherige Untersuchungen leisten dies entweder nur für wenige unspezifische Anforderungen oder beschränken sich auf die Analyse beruflicher Tätigkeiten. Inwiefern Tätigkeiten durch die Einführung neuer digitaler Technologien beeinflusst werden, lässt sich mithilfe des tätigkeitsbasierten Ansatzes (TBA) analysieren. Dieser Modellrahmen ermöglicht die Abbildung technologischer Auswirkungen auf verschiedene Tätigkeitskategorien. Aussagen bezüglich spezifischer beruflicher Anforderungen können jedoch nur bedingt getroffen werden. Um auch in Bezug auf berufliche Anforderungen valide Erkenntnisse gewinnen zu können, wird in dieser Arbeit eine berufliche Anforderungsmatrix entwickelt. Diese Matrix schafft eine systematische Ordnung beruflicher Anforderungen und erlaubt die Verknüpfung von Tätigkeiten und Anforderungen. Auf diese Weise lassen sich die theoretischen Erkenntnisse des TBA von Tätigkeiten auf Anforderungen übertragen und somit Schlussfolgerungen bezüglich der Bedeutung der Digitalisierung für einzelne berufliche Anforderungen ziehen. Die Anforderungsmatrix ist dabei so konstruiert, dass sie die drei wichtigsten Teilbereiche beruflicher Anforderungen abdeckt. Somit schafft sie die Grundlage, um die beruflichen Anforderungen der Digitalisierung hinsichtlich formaler, physischer und kompetenzspezifischer Aspekte zu untersuchen.

Die vorliegende Arbeit basiert dabei auf einer empirischen Analyse von Stellenanzeigen. Hierzu wurden rund 150.000 Stellenanzeigen aus deutschen Online-Job-Portalen des Jahres 2017 extrahiert und in die Systematik der Anforderungsmatrix mit über 100 verschiedenen beruflichen Anforderungen überführt. Auf dieser Basis lassen sich die Anforderungen mit Methoden des Text Minings und Machine Learnings hinsichtlich ihrer Relevanz im Rahmen der Digitalisierung separat untersuchen, aber auch die Bedeutung ihres gemeinsamen Vorkommens in Stellenanzeigen analysieren.

Die Ergebnisse dieser Analyse ermöglichen die Ableitung konkreter Handlungsmaßnahmen, indem eine systematische Übersicht der wichtigsten Anforderungen der Digitalisierung geschaffen wird. Unspezifische Forderungen nach „digitalen Kompetenzen" können durch Angabe spezifischer Anforderungsbedarfe konkretisiert werden. Die Resultate geben konkrete Hinweise, welche Anforderungen gefördert werden sollten. Auf dieser Grundlage lässt sich die Zukunftsfähigkeit bestehender Berufsfelder beurteilen und zukunftssichere Berufsbilder entwerfen. Die Arbeit hat somit unmittelbare Praxisrelevanz indem sie aufzeigt, wo Ausbildungsinhalte angepasst und wie der Kompetenzerwerb im Arbeitsalltag gestaltet werden sollte. Sie leistet somit einen Beitrag zur Beantwortung der Frage, wie den veränderten Erfordernissen des Arbeitsmarktes Rechnung getragen werden kann.

1.2 Aufbau der Arbeit

Welche beruflichen Anforderungen die Digitalisierung bereits heute an Berufstätige stellt, wird im Rahmen dieser Arbeit in insgesamt neun Kapiteln erörtert. Zunächst wird dazu in Kapitel 2 die grundsätzliche Relevanz der Digitalisierung für berufliche Anforderungen erläutert und die Bedeutung der, in der Arbeit verwendeten, Begrifflichkeiten geklärt. Kapitel 3 gibt eine Übersicht über den Forschungsstand und zeigt auf, welche Aspekte der Thematik bis dato in der Forschung nur unzureichend thematisiert worden sind. Theoretische Grundlagen, die der Beantwortung der Forschungsfrage dienen, werden im vierten Kapitel dargestellt. Insbesondere wird dazu das Konzept des TBA vorgestellt. Die Erkenntnisse, die der Ansatz bezüglich arbeitsmarktbezogener Auswirkungen technologischer Neuerungen offeriert, werden dargelegt, aber auch auf seine Limitationen eingegangen. Insbesondere wird der Konkretisierungsbedarf des Ansatzes zur Verwendung im Kontext beruflicher Anforderungen aufgezeigt. Um eine solche Anwendung des Ansatzes zu ermöglichen, wird auf Basis von zur Stellenbeschreibung verwendeten Anforderungsprofilen in Kapitel 5 eine geeignete Matrix zur systematischen Erfassung beruflicher Anforderungen entwickelt. Wie das sechste Kapitel zeigt, lässt sich anhand dieser Anforderungsmatrix eine Verknüpfung von TBA und beruflichen Anforderungen herstellen und somit aus den theoretischen Implikationen des TBA auch auf spezifische Anforderungsbedarfe der Digitalisierung schließen. Das methodische Vorgehen zur empirischen Überprüfung dieser Schlussfolgerungen wird in Kapitel 7 erläutert. Das achte Kapitel stellt die Ergebnisse der Analyse vor. Welche Konsequenzen und Handlungsempfehlungen sich auf Grundlage der gewonnenen Erkenntnisse ergeben, beschreibt Kapitel 9 und zieht ein abschließendes Fazit.

2. Die Bedeutung der Digitalisierung für berufliche Anforderungen

Seit jeher verändert der technologische Wandel Kultur, Gesellschaft und Ökonomie. Webstuhl, Dampfmaschine und Elektromotor sind Beispiele für Erfindungen, die zu einer tiefgreifenden Umgestaltung der wirtschaftlichen und sozialen Verhältnisse und nicht zuletzt der Arbeitsbedingungen der Menschen geführt haben. Veränderungspotenzial vergleichbaren Ausmaßes wird auch der Digitalisierung zugeschrieben. Sie fußt nicht auf einer singulären Innovation, sondern stellt den bisherigen Schlusspunkt einer kontinuierlichen technischen Entwicklung dar, die mit der Präsentation der ersten Computer in den 1940er Jahren begann (Kagermann 2017: 236). Am Ende dieses Prozesses könnte mit der Digitalisierung eine neue Stufe der digitalen Vernetzung erreicht werden, in der Dinge, Dienste und Daten in Echtzeit miteinander kommunizieren.

2.1 Von überhöhter Begeisterung und dem Ende der Arbeit

Auch wenn es noch einige Jahre dauern wird, bis autonome Fahrzeuge die Menschen zu ihren „Smart Homes" bringen, so ist doch die Zunahme digitaler Vernetzung bereits heute in vielen Bereichen unseres Alltags deutlich spürbar. Ganz selbstverständlich werden Einkäufe mit dem Smartphone getätigt, digitale Mediatheken über den Smart TV abgerufen oder Geschäfte über das Internet vereinbart und abgewickelt.

Die Digitalisierung hat nicht nur im privaten Umfeld, sondern auch in der Arbeitswelt breiten Einzug gehalten. Die Beispiele für eine Digitalisierung des Arbeitslebens sind zahlreich und vielfältig. Die weitgehende Aufhebung der zeitlichen und geografischen Grenzen für die Zusammenarbeit innerhalb von und zwischen Betrieben und Unternehmen wird insbesondere durch die technischen Errungenschaften im Informations- und Kommunikationsbereich stark befördert.

Der gewachsene Stellenwert der Digitalisierung zeigt sich auch an der großen Resonanz, die die Thematik in den Medien findet. Anhand der Veröffentlichungen in der Wochenzeitung „Die Zeit" wird dies nachfolgend in Abb. 1 illustriert.

Wie die Anzahl der pro Jahr in der Onlineausgabe der „Zeit" zum Thema Digitalisierung erschienenen Artikel deutlich macht, schlägt sich die zunehmende Bedeutung der Digitalisierung auch in der journalistischen Berichterstattung nieder. Während im Jahre 2011 gerade einmal 25 Beiträge zur Digitalisierung

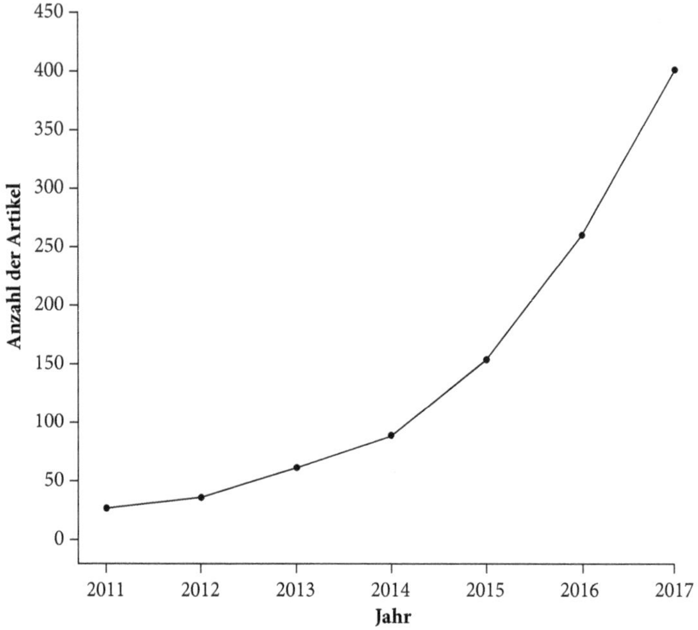

Abb. 1: Anzahl der Artikel zum Thema Digitalisierung pro Jahr in der „Zeit". Zeit Online API; Eigene Berechnungen

veröffentlicht wurden, waren es im Jahre 2017 mit 402 Veröffentlichungen mehr als 16-mal so viele.

Die der Digitalisierung gewidmete mediale Aufmerksamkeit hat in den letzten sieben Jahren an Intensität und Umfang derart zugenommen, dass gelegentlich von einem medialen Hype gesprochen wird, der die tatsächliche Bedeutung der Digitalisierung stark überschätze und weit überhöhe (Mertens & Barbian 2016). Skeptiker verweisen darauf, dass die Digitalisierung faktisch nur eine konsequente Weiterentwicklung der Computerisierung sei (Sejdić 2015: 132), die Ende des letzten Jahrtausends massiv stattgefunden hat. Sie werfen die Frage nach dem Neuen und Einzigartigen der Digitalisierung auf. Ist die Digitalisierung wirklich mehr als der sprichwörtliche „alte Wein in neuen Schläuchen"?

Andererseits gibt es Stimmen, die der Digitalisierung arbeitsmarktverändernde Wirkungen von geradezu apokalyptischem Ausmaß prophezeien. Das Ende der Arbeit wird einmal mehr neu ausgerufen und dramatische Beschäftigungsverluste vorhergesagt. Fast die Hälfte aller Berufe könnten in ein bis zwei Dekaden maschinell ersetzt werden (Frey & Osborne 2017). Brynjolfsson und McAfee (2014) prognostizieren gar einen kompletten Paradigmenwechsel. Demnach werden nicht länger nur die Menschen den Robotern Anweisungen geben, sondern diese auch den Menschen.

Vor dem Hintergrund der in der Vergangenheit gemachten Erfahrungen mit technologiebedingten Veränderungen der Arbeitswelt spricht einiges dafür, dass auch die Digitalisierung erhebliche Veränderungen auf dem Arbeitsmarkt hervorrufen wird. Weniger plausibel sind dagegen Prophezeiungen dahingehend, dass nahezu der Hälfte aller Berufstätigen die Arbeitslosigkeit droht und ganze Berufsbereiche vollständig verschwinden. Anzunehmen ist vielmehr, dass Berufe nicht komplett wegfallen, sondern sich die Tätigkeitsprofile innerhalb der einzelnen Berufe spürbar verändern (Dengler & Matthes 2015a). Mit der Veränderung der Tätigkeiten ändern sich die beruflichen Anforderungen, die Voraussetzungen zur Ausübung dieser Tätigkeiten sind. Gemäß dem Verständnis der Digitalisierung als kontinuierlicher Prozess einer fortlaufenden technischen Entwicklung müssten solche Veränderungen schon heute am Arbeitsmarkt zu beobachten sein.

Im Rahmen dieser Arbeit sollen daher die beruflichen Anforderungen, die die Digitalisierung bereits heute stellt, ermittelt werden. Es soll somit ein Beitrag dazu geleistet werden, die tatsächliche Wirkung der Digitalisierung im Spannungsfeld von medialem Hype und Untergangsszenarien einzuordnen.

Technologische Begeisterung auf der einen und Ängste vor Veränderungen als Resultat technologischen Fortschritts auf der anderen Seite sind kein neues Phänomen der Digitalisierung. Die ökonomische Geschichte ist voller historischer Beispiele, in denen sich die starke Überhöhung des und übertriebene Skepsis vor dem Neuen, im Nachhinein gleichermaßen als unbegründet herausgestellt haben. Trotz dieser historischen Erfahrungen werden Neuerungen immer wieder gewaltige Auswirkungen prophezeit, so auch der Digitalisierung. Auch in diesem Fall bleibt zunächst abzuwarten: „Is this time different?“ (Mokyr et al. 2015: 31)

2.2 Begriffsverständnis und Abgrenzung

2.2.1 Digitalisierung

Dass es diesmal tatsächlich anders kommen könnte, liegt in erster Linie an Geschwindigkeit und Umfang, durch die sich die Digitalisierung von den großen Veränderungsprozessen des 19. und 20. Jahrhunderts unterscheidet (Herlitschka & Valtiner 2017). Unscharf bleibt dabei oft, was genau mit dem Begriff Digitalisierung gemeint ist. Gerade im deutschen Sprachgebrauch werden in diesem

Kontext eine Reihe von Begriffen mehr oder weniger synonym verwendet, die im Grunde eigentlich verschiedene Dinge meinen. Im Zusammenhang mit Digitalisierung fällt dabei insbesondere der schon seit Mitte des vergangenen Jahrhunderts verwendete Begriff der „Automatisierung", aber auch Wortkreationen jüngeren Alters wie „Industrie 4.0" oder „Arbeit 4.0" sind häufig zu lesen.

Automatisierung wird dabei, je nach Quelle, auf zwei unterschiedliche Weisen verstanden: Die Bezeichnung dient einmal der generellen Beschreibung des Vorgangs einer maschinellen Ersetzung von ursprünglich von Menschen ausgeführten Arbeitstätigkeiten, unabhängig davon, welche technologischen Errungenschaften diesen Prozess ermöglichen (Hammermann & Stettes 2015).

Andere beziehen Automatisierung ausschließlich auf den Teil des Veränderungsprozesses, der sich seit Ende der 1950er Jahre bis etwa zur Jahrtausendwende vollzogen hat (Heßler 2016). Automatisierung bezieht sich danach auf die Prozesse der Substituierung menschlicher Arbeit, die durch den Einsatz von Industrierobotern insbesondere in der Produktion erfolgten. Dabei ging es vor allem darum, Tätigkeiten, die für den Menschen körperlich anstrengend oder gefährlich waren, auf Maschinen zu übertragen.

In dieser Arbeit wird der Begriff der Automatisierung im Sinne des letzteren Verständnisses verwendet. Automatisierung wird also nicht mit Digitalisierung gleichgesetzt, sondern explizit nur auf historische Prozesse der Ersetzung menschlicher Arbeit durch Maschinen bezogen. Diese Unterscheidung ist wichtig, weil in dieser Arbeit insbesondere auch die Bedeutung beruflicher Anforderungen körperlicher Art untersucht wird. Es gilt dabei zu prüfen, inwieweit die Digitalisierung hier den durch die Automatisierung ausgelösten Trend der körperlichen Entlastung des Menschen fortsetzt, oder es möglicherweise zu einer Trendumkehr und somit höheren physischen oder psychischen Belastbarkeitserfordernissen kommt.

Der Begriff der „Industrie 4.0" bezieht sich, wie es der Name bereits andeutet, ebenso wie der der Automatisierung vor allem auf Veränderungen im Bereich der industriellen Produktion. Die Ziffer „4.0" weist aber darauf hin, dass im Gegensatz zur Automatisierung mit der Bezeichnung Industrie 4.0 explizit Veränderungen im Rahmen der so genannten vierten industriellen Revolution gemeint sind. Der Begriff soll technologische Weiterentwicklungen gegenüber der, als dritte Revolution bezeichneten, Anfangsphase der Computertechnologie in den 1970er Jahren zum Ausdruck bringen. Digitale Entwicklungen wie Mensch-Maschine-Interaktion, die Vernetzung der Dinge und künstliche Intelligenz stellten demnach nochmals eine neue Stufe technischer Errungenschaften dar (Möller 2016; Flecker et al. 2016).

Die Bezeichnung „Arbeit 4.0“ knüpft eng an den Begriff Industrie 4.0 an, „rückt aber die Arbeitsformen und Arbeitsverhältnisse ins Zentrum – nicht nur im industriellen Sektor, sondern in der gesamten Arbeitswelt“ (Bundesministerium für Arbeit und Soziales 2015: 32). Der Begriff Arbeit 4.0 unterscheidet sich demzufolge in seiner Bedeutung dahingehend von dem Terminus Industrie 4.0, als dass er sowohl den engen industriebezogenen Bezugsrahmen erweitert, als auch den Fokus explizit auf den Arbeitsmarktkontext legt.

Den Begriffen Industrie 4.0 und Arbeit 4.0 ist jedoch der unmittelbare Bezug zur vierten industriellen Revolution gemeinsam. Diese allerdings ist in ihren Auswirkungen erst in Umrissen erkennbar und allenfalls „in einigen Bereichen ist die Industrie 4.0 schon heute Realität“ (Möller 2016: 50). Welche Auswirkungen sich durch eine Realisation der vierten industriellen Revolution für den Arbeitsmarkt konkret ergeben, lässt sich heute kaum sagen. Hirsch-Kreinsen & Hompel (2017) stellen die berechtigte Frage, ob die tatsächlichen Entwicklungen der gegenwärtigen Debatte und den Prophezeiungen spektakulärer Veränderungen in Form einer vierten Revolution überhaupt gerecht werden. Sie sehen in ihr vielmehr eine „zweite[n] Phase der Digitalisierung“ (Hirsch-Kreinsen & Hompel 2017: 359).

In einer ersten Phase hat sich Digitalisierung als Prozess des sozio-ökonomischen Wandels demnach bereits mit der Einführung digitaler Technologien spätestens seit Ende der 1990er Jahre insbesondere in den Branchen durchgesetzt, die unmittelbar auf der Nutzung von Daten und Informationen, d.h. immateriellen Gegenständen, basieren (Hirsch-Kreinsen & Hompel 2017). In diesem Sinne bedeutet die Digitalisierung der Arbeit zunächst einmal „zunehmend immaterielle Arbeitsgegenstände und Produkte (Texte, Bilder, Videos, Software etc.)“ (Flecker et al. 2016: 19) im Arbeitsleben. Im engsten Begriffsverständnis meint Digitalisierung sogar nur „die Umwandlung von analogen Daten (Text, Bild, Ton) in digitale (diskrete/abgestufte) Daten“ (Bengler & Schmauder 2016: 75).

Dieser zunächst rein technische Transformationsvorgang erlaubt einerseits das Entstehen vollkommen neuer Geschäftsmodelle wie beispielsweise den Online-Handel, verändert anderseits aber auch bestehende Arbeitsformen und -modelle (Flecker et al. 2016). Im weiteren Begriffsverständnis beschreibt der Digitalisierungsbegriff nicht nur einen technischen Umwandlungsprozess, sondern meint den Vorgang einer Transformation, der sich durch die Einführung neuer Informations- und Kommunikationstechnologien (IKT) in der gesamten Gesellschaft vollzieht. Digitalisierung ist demnach nicht zwangsläufig auf rein technische Aspekte beschränkt, vielmehr kommt es zu einer digitalen „Durchdringung aller Lebensbereiche“ (Allert & Richter 2016: 10).

Somit betrifft die Digitalisierung nicht zuletzt auch den Arbeitsmarkt und beeinflusst Arbeitsmodelle und -formen. Welche dieser Auswirkungen der Digitalisierung dabei bereits heute in Bezug auf berufliche Anforderungen festzustellen sind, soll in dieser Arbeit untersucht werden. Vermeintlich entspricht der Begriff der Arbeit 4.0 genau einem arbeitsweltbezogenen Zuschnitt des Digitalisierungsbegriffs. Da er sich aber insbesondere auf zukünftige Entwicklungen bezieht, diese Arbeit aber explizit Gegenwartsbezug aufweisen soll, erscheint eine engere Eingrenzung von „Digitalisierung" und damit eine Abgrenzung gegenüber „Arbeit 4.0" für den Rahmen dieser Arbeit sinnvoll.

Digitalisierung wird daher in dieser Arbeit insbesondere als „Digitalisierung der Arbeit" verstanden, also den Transformationsaspekt, der sich auf das Arbeitsumfeld bezieht. Digitalisierung wird daher im Rahmen dieser Arbeit aufgefasst als:

„Die Einführung der Informations- und Kommunikationstechnologien in die Arbeitswelt".

Die hier verwendete Definition der Digitalisierung unterscheidet sich von dem Begriff der Arbeit 4.0 insbesondere darin, dass sie nicht zukunftsgerichtet ist, sondern auf den bis heute erreichten Stand der Technik im Bereich der Informations- und Kommunikationstechnologien fokussiert ist. Die Definition bezieht sich damit also vor allem auf die Entwicklungen, die zwischen der Jahrtausendwende und dem Jahr 2017 stattgefunden haben. Den Zeitraum also, der von Hirsch-Kreinsen & Hompel (2017) als so genannte „erste Phase" der Digitalisierung bezeichnet wird. Für diese Arbeit sind dabei insbesondere die im Rahmen der Arbeitswelt stattfindenden Transformationsprozesse von Relevanz.

Zentrale Bedeutung kommt vor allem den Veränderungen im Zuge der maschinellen Ersetzung der ursprünglich von Menschen ausgeführten Tätigkeiten und dem Wandel der damit verbundenen Arbeitsanforderungen zu. Dieser Prozess der Substituierung menschlicher Arbeit wird oft ebenfalls als Automatisierung bezeichnet. Der Grad der potentiellen Substituierbarkeit eines Berufs dementsprechend als seine Automatisierbarkeit. Diese bringt zum Ausdruck, in welchem Maß sich die, in einem Beruf von Menschen verrichteten Tätigkeiten, auch von Maschinen ausführen lassen.

Um auch an dieser Stelle eine entsprechende Differenzierung zwischen Automatisierung und Digitalisierung zu treffen, wird im Folgenden, sofern auf die Digitalisierung Bezug genommen wird, nicht von Automatisierbarkeit, sondern von Digitalisierbarkeit gesprochen. Der Begriff der Digitalisierbarkeit eines Berufs drückt damit aus, welcher Anteil der Tätigkeiten eines Berufes potenziell bereits heute maschinell ersetzbar ist.

2.2.2 Berufliche Anforderungen

Bei der Diskussion über die Auswirkungen der Digitalisierung auf den Arbeitsmarkt werden insbesondere gesamtgesellschaftliche Beschäftigungseffekte angesprochen. Hohe absolute Zahlen angeblich verlorengehender Arbeitsplätze werden genannt und Berufsfelder für zukünftig komplett überflüssig erklärt.

Die tatsächliche Wirkungsweise der Digitalisierung dürfte sich dagegen sehr viel differenzierter vollziehen und erfordert eine dementsprechend sehr viel spezifischere Betrachtungsweise. Die bisherigen Erkenntnisse der Forschung sprechen dafür, dass nicht ganze Berufsfelder vollständig ersetzt werden, sondern nur bestimmte Tätigkeiten innerhalb komplexer Berufsbilder wegfallen oder maschinell substituiert werden. Demzufolge führt die Digitalisierung zwar einerseits zu Veränderungen der relativen Beschäftigungsanteile zwischen Berufen, andererseits aber auch zu Anpassungen innerhalb von einzelnen Berufsbildern (Spitz-Oener 2006).

So greift heute beispielsweise ein Elektroniker im Berufsalltag genauso häufig zum Tablet wie zum Lötkolben. Die technischen Möglichkeiten haben das Tätigkeitsspektrum des Elektronikers erweitert. Das bedeutet aber nicht, dass die technische Entwicklung einzig zu einer Ergänzung der bisherigen Berufspraxis durch Computertechnologie führt. Vielmehr verändert sie auch das Aufgabenprofil eines immer noch gleich bezeichneten Berufs. Die Messung, die der Elektroniker früher mühsam und von Hand vornehmen musste, erfolgt heute ganz automatisch per Software. Die Digitalisierung hat die manuelle Messung überflüssig werden lassen. Die Tätigkeiten des Elektronikers haben sich verändert.

Die Digitalisierung verändert somit Berufsbilder, indem sie einige der traditionell mit einem bestimmten Beruf verbundenen Tätigkeiten der maschinellen Bearbeitung zugänglich macht, andere neu strukturiert und oft auch neue Aufgaben und Tätigkeiten hinzufügt.

Eine Arbeitstätigkeit zeichnet sich dadurch aus, „dass in der Regel sowohl kognitive Anforderungen bestehen als auch konkretes Tun gefordert ist“ (Krause 2002: 52). Dieses konkrete Tun kann auch körperliche Betätigung erforderlich machen. Dementsprechend stellen Anforderungen die geistigen und körperlichen Vorrausetzungen dar, um eine Tätigkeit adäquat ausführen zu können (Hacker 1986). Berufliche Anforderungen sind in diesem Sinne also die Anforderungen geistiger und/oder körperlicher Art, deren Erfüllung im beruflichen Kontext gefordert ist. Zwar kam es bereits durch die Automatisierung zu einem „Zurücktreten körperlicher Arbeitsanforderungen, insbesondere der Anforderungen an Körperkraft sowie an Körper- und Handgeschicklichkeit“ (Spöttl

2009: 15), nach wie vor stellen aber auch heute noch einige Berufe spezifische körperliche Anforderungen.

Teilweise synonym zum Begriff der beruflichen Anforderungen wird der Begriff der Qualifikation verwendet. Diese bezieht sich aber in der Regel nicht auf das tatsächliche, sondern das theoretische Vorhandensein, der zur Ausführung einer Tätigkeit nötigen Fähigkeiten und Fertigkeiten (Zey 2009: 15). Qualifikationen sind formelle Lernziele, deren Erreichen über Zertifikate, Zeugnisse oder anerkannte Berufsabschlüsse dokumentiert werden (Huth 2014: 28). Die Betonung des Aspekts des theoretischen Vorhandenseins deutet an, dass die Qualifikation als solche keine Garantie bietet für die in der Praxis erfolgreiche Ausführung der geforderten Tätigkeit. „Einem gelernten Multimediadesigner mit besten Abschlussnoten kann in der Praxis schlicht nichts einfallen" (Erpenbeck & Rosenstiel 2007: XIX).

Dennoch sind Qualifikationen am Arbeitsmarkt insoweit von Relevanz, als dass sie in aller Regel zwingend erforderliche Zugangsberechtigungen darstellen, die „zur Ausübung eines Berufs qualifizieren" (Zey 2009: 15). In diesem Sinne gehört die Qualifikation zu den formalen beruflichen Anforderungen, die in der digitalisierten Welt ebenso gefordert werden, wie geistige und körperliche Voraussetzungen.

Die bisherigen Ausführungen haben dargestellt, wie die Digitalisierung die Arbeitswelt beeinflusst. Die technischen Entwicklungen im Zusammenhang mit der Digitalisierung verändern die Relevanz von Arbeitstätigkeiten innerhalb von Berufen und damit auch die Relevanz der zugehörigen Anforderungen. Wie oben dargestellt, stellen die beruflichen Anforderungen die Voraussetzungen dar, um die geforderten Tätigkeiten auszuführen. Die Anforderungen können unterschiedlicher Art sein und werden insbesondere hinsichtlich formaler, geistiger oder körperlicher Aspekte unterschieden[1]. Die weiteren Kapitel der Arbeit bauen auf dieser Differenzierung der beruflichen Anforderungen und des Begriffs der Digitalisierung, wie oben in Kapitel 2.2.1 definiert, auf.

---

1 Die genauere Eingrenzung des Begriffs der beruflichen Anforderungen erfolgt im weiteren Teil der Arbeit, insbesondere hinsichtlich der Bedeutung von „formal", „geistig" und „körperlich". Die Begriffe „berufliche Anforderungen", „Arbeitsanforderungen" und „Anforderungen" werden fortan synonym verwendet. Qualifikation wird im Rahmen dieser Arbeit ausschließlich im Sinne eines formalen Abschlusses verstanden.

3. Stand der Forschung

Die Veränderung spezifischer beruflicher Anforderungen stand zunächst nicht im Mittelpunkt der in den letzten zwei Dekaden des vergangenen Jahrtausends stark zunehmenden Forschung zur arbeitsmarktverändernden Wirkung der Digitalisierung. Vielmehr galt es zu ermitteln, inwiefern es überhaupt kausale Zusammenhänge zwischen der Einführung der neuen Technologie und den beobachteten Veränderungen am Arbeitsmarkt gibt. Im Vordergrund stand dabei die Untersuchung von technologisch bedingten Nachfrage- und Lohnentwicklungen aus qualifikatorischer Perspektive.

3.1 Bisherige Evidenz

3.1.1 Technologisch bedingte Beschäftigungsveränderungen

Die Feststellung einer zunehmenden Nachfrage nach Hochqualifizierten und Veränderungen der Einkommensverteilung insbesondere in den USA führten Ende des 20. Jahrhunderts zu einer Reihe von Untersuchungen, die versuchten den Zusammenhang zwischen technologischer Entwicklung und den Veränderungen am Arbeitsmarkt zu ergründen. Grundlegende Beobachtung war dabei, dass die relativen Löhne von College-Absolventen gegenüber solchen mit High School-Abschluss in den vergangenen Jahrzehnten deutlich zugenommen hatten (Acemoglu & Autor 2011: 1043). Aufbauend auf der grundlegenden Arbeit von Tinbergen (1974, 1975) wurde hinter dieser Entwicklung unter anderem ein Zusammenhang zwischen neuer Technologie und der Nachfrage nach Hochqualifizierten vermutet. Grundannahme dabei war, dass die Nachfrage nach Hochqualifizierten von der Einführung neuer Technik angetrieben wird und es zu Lohnanpassungen kommt, sofern das Angebot nicht ebenfalls entsprechend ansteigt (Acemoglu & Autor 2011: 1043).

Zahlreiche empirische Untersuchungen konnten belegen, dass eine wesentliche Ursache dieses „College-Premiums“ (Taber 2001: 665), d.h. der Höherbezahlung von College-Absolventen gegenüber anderen Absolventen, tatsächlich in der zunehmenden Verbreitung von Computer-Technologie lag. Insbesondere in den USA konnte die Diskrepanz zwischen High School- und College-Absolventen auf den technologischen Wandel zurückgeführt werden (siehe u.a. Katz & Murphy 1992, Berman et al. 1994, Autor et al. 1998, Baldwin & Cain 2000). Aber auch in vielen weiteren entwickelten Ländern der Welt konnten ähnliche Entwicklungen festgestellt werden (z.B. Davis 1992, Katz et al. 1995, Bekman et al. 1998, Machin & van Reenen 1998). Auch für den deutschen Arbeitsmarkt konnte dokumentiert werden, dass nicht alle Qualifikationen gleichermaßen von der Einführung neuer Technik betroffen sind, sondern der Bedarf an Hochqualifizierten technologisch bedingt ansteigt, während der nach Geringqualifizierten sinkt. So konnten für Deutschland u.a. Kugler et al. (1988), Gerlach & Jirjahn (1998) sowie Kaiser (2000) den so genannten qualifikationsverzerrten technologischen Wandel nachweisen.

In vielen entwickelten Ländern konnte also etwa in den 1980er Jahren eine technologisch bedingte Zunahme der Nachfrage in dem Tätigkeitsbereich festgestellt werden, der insbesondere von hochqualifizierten Arbeitskräften besetzt war. Umgekehrt führte der technische Wandel zu einem Bedarfsrückgang an typischerweise von Geringqualifizierten ausgeübten Tätigkeiten.

Während demnach bis Ende der 1980er Jahre überwiegend eine monotone Zunahme der relativen Löhne und Beschäftigungsanteile entlang der Qualifikationsskala beobachtet wurde, wurde im letzten Jahrzehnt des 20. Jahrhunderts in den USA eine „Polarisierung der Arbeit"[2] festgestellt. Zwar kam es nach wie vor zu einem Anstieg des Bedarfs an Hochqualifizierten, dieser ging aber einher mit wachsenden Beschäftigungsanteilen am unteren Ende der Qualifikationsskala (Acemoglu & Autor 2011: 1058). Insgesamt ließ sich eine u-förmige Kurve der relativen Beschäftigungsveränderungen in Bezug auf die Qualifikation erkennen. Während es in der Mitte der Qualifikationsverteilung zu Beschäftigungsrückgängen kam, wuchsen die relativen Beschäftigungsanteile an beiden Rändern der Skala stark an.

Ein ähnliches Bild wie die Beschäftigungsveränderungen nach Qualifikation ergab die Betrachtung der Lohnentwicklung in den USA im selben Zeitraum. Auch hier findet sich bei Darstellung der relativen Lohnveränderungen bezogen auf die jeweilige Qualifikation die bereits erwähnte U-Form (Autor & Dorn 2013: 1553). Es konnte also – zumindest in den USA – ein „hollowing out", d.h. ein Aushöhlen sowohl der relativen Beschäftigungs- als auch der Einkommensanteile der Mittelqualifizierten, zu Gunsten der Hoch- und Niedrigqualifizierten festgestellt werden. Es fand eine „Polarisierung" in Richtung der Ränder der Qualifikationsskala statt (Holzer 2015: 1). Während diese Entwicklung in den USA sowohl für die Beschäftigung, als auch für den Lohn vielfach (siehe u.a Acemoglu 1999; Autor et al. 2006; Autor 2010; Dwyer 2013; Tüzemen & Willis 2013) bestätigt wurde und in ähnlicher Form auch in einer Reihe

2 Erstmalig von Goos & Manning (2003) in einem Working Paper gewählte Bezeichnung für diese Form der Beschäftigungsentwicklung.

weiterer Industriestaaten dokumentiert werden konnte (z.B. Goos et al. 2009, 2010; Harrigan et al. 2016; Adermon & Gustavsson 2015), gilt dies für Deutschland nicht uneingeschränkt.

So findet Spitz-Oener (2004) sowohl Hinweise auf eine monotone Beschäftigungsverschiebung hin zu ausbildungsintensiveren Berufen (Spitz 2004: 21), als auch Beschäftigungsentwicklungen, die insbesondere bei Frauen (Black & Spitz-Oener 2010) für eine Polarisierung sprechen (Spitz-Oener 2006: 254). Dustmann et al. (2009) können eine Polarisierung der Beschäftigung feststellen, vermuten hinter der ansteigenden Lohnungleichheit am unteren Ende der Lohnskala aber eher Veränderungen bei Arbeitsmarktinstitutionen oder Angebotsschocks. Auch Pikos & Thomsen (2015) finden keine starken Anzeichen für eine Polarisierung der Löhne, vielmehr finden sie bis zur Jahrtausendwende sogar einen Anstieg in allen Tätigkeitsbereichen.

Die meisten Autoren sind sich also einig, dass in Deutschland ab Mitte der 1990er Jahre ähnlich zu der Entwicklung in den USA eine Polarisierung der Beschäftigung stattgefunden hat, die Lohnentwicklung in beiden Ländern aber bis heute durchaus unterschiedlich verlaufen ist. Gründe dafür, dass es in Deutschland allenfalls teilweise zu einer Polarisierung auch der Lohnstruktur gekommen ist (Antonczyk et al. 2009), könnten u.a. die Einführung des Mindestlohns (Antonczyk et al. 2010) oder der starke Rückgang der Tarifbindung in nahezu allen Wirtschaftszweigen (Antonczyk et al. 2011) sein.

Während durch sich wandelnde Tätigkeitsbedarfe ausgelöste Veränderungen der Beschäftigungs- und Lohnstruktur zahlreich empirisch belegt sind, existieren nur wenige, in der Regel auf Unternehmensbefragungen basierende, Studien, die spezifische Veränderungen von beruflichen Anforderungen durch die Digitalisierung untersuchen (Arntz et al. 2016a: 6). Unternehmensbefragungen sind insofern besonders interessant, als dass die in Befragungen geäußerten Einschätzungen von Unternehmern Hinweise für deren unternehmerisches Verhalten am Arbeitsmarkt sein können. Einschätzungen bezüglich der beruflichen Anforderungen, die Unternehmen an ihre Beschäftigten stellen, schlagen sich in den, von den Unternehmen geschalteten Stellenanzeigen, nieder. Empirische Untersuchungen auf Basis von Befragungsdaten können daher Parallelen zu der, für diese Arbeit gewählten Untersuchungsmethodik der Stellenanzeigenanalyse, aufweisen.

Neben auf Unternehmensbefragungen beruhenden gibt es zahlreiche weitere Untersuchungen auf Basis anderer, gesondert erhobener oder standardisierter Arbeitsmarktdatensätze, die in Bezug auf technologisch bedingte berufliche Veränderungen ausgewertet werden. Dieser in der Regel angebotsseitig argumentierende Strang der Literatur wird zunehmend durch Erkenntnisse anderer

Disziplinen, etwa der Psychologie oder Bildungsökonomik, ergänzt, die den Menschen und seine Ausstattung mit einem Bündel verschiedenster Fähigkeiten und Fertigkeiten in den Vordergrund rücken (Bode et al. 2016: 5).

Zur Untersuchung der beruflichen Anforderungen der Digitalisierung werden also eine Reihe verschiedener perspektivischer und methodischer Verfahren verwendet. Auf die Erkenntnisse, die auf Basis dieser unterschiedlichen Herangehensweisen bisher spezifisch über die beruflichen Anforderungen der Digitalisierung gewonnen werden konnten, wird nachfolgend, getrennt nach den drei Anforderungsbereichen formal, geistig und körperlich, näher eingegangen.

3.1.2 Formale Anforderungen

Im Bereich der formalen Anforderungen wird neben der Bedeutung dokumentierter Berufsabschlüsse insbesondere auf die qualifikatorischen Auswirkungen der Digitalisierung eingegangen. Die Bedeutung der Qualifikation als solche wird dabei zwar vielfach mittels der Unterscheidung von Gering- und Hochqualifizierten untersucht, in der Regel bleiben differenzierende Aussagen aber aus. Ein tieferes Verständnis der Wirkungszusammenhänge zwischen Digitalisierung und Qualifikationsbedarf fehlt weitestgehend. Viele Erklärungsversuche des qualifikatorischen Wandels bleiben bisher eine „black box" (Snower & Goerlich 2013: 5).

Ein Beispiel dafür ist, dass bei Untersuchungen des „college premiums" üblicherweise nicht zwischen Bachelor Abschlüssen und höheren Abschlüssen differenziert wird und somit möglicherweise übertriebene Lohnunterschiede zwischen den Gruppen der Geringqualifizierten einerseits und den Hochqualifizierten andererseits festgestellt werden (Jonathan 2012: 2). So kam es im ersten Jahrzehnt des neuen Jahrtausends zu keinem Anstieg der Lohnunterschiede zwischen College- und Bachelor-Absolventen in den USA. Somit ist „sämtliches Wachstum des klassischen College-Premium-Maßes in den 2000er Jahren auf höhere Abschlüsse zurückzuführen" (Jonathan 2012: 2). Beispielsweise betrug im dritten Quartal 2017 der Unterschied zwischen High School Absolventen und Absolventen mit höheren Abschlüssen als einem Bachelor 106 Prozent, während die Differenz zum Bachelor nur bei 63 Prozent lag (Bureau of Labor Statistics 2017: 9).

Es ist also nicht mehr länger ein genereller Anstieg der Lohnunterschiede aller Teilgruppen der Hochqualifizierten im Vergleich zu Geringqualifizierten feststellbar. Die Nachfrage nach Hochqualifizierten ist nicht mehr in allen Tätigkeitsbereichen kontinuierlich hoch. Während über mehrere Jahrzehnte hinweg ein stetiger Anstieg der Nachfrage nach Hochqualifizierten beobachtet werden konnte, gibt es seit den frühen 2000er Jahren zumindest in den USA Anzeichen für einen abschwächenden Bedarf an und sinkende Löhne von Hochschulabsolventen (Beaudry et al. 2014). Einem weiterhin wachsenden Angebot an hochqualifizierten Absolventen steht eine nachlassende Nachfrage insbesondere nach kognitiven und damit in erster Linie von Hochqualifizierten ausgeführten Tätigkeiten gegenüber. Infolge dessen sind höher Qualifizierte zunehmend auch in Berufen beschäftigt, die ehemals typischerweise von Geringqualifizierten dominiert waren. Eine Entwicklung, die Geringqualifizierte in Arbeitslosigkeit drängt (Beaudry et al. 2016).

Ein Erklärungsansatz für den Rückgang der Nachfrage nach Hochqualifizierten ist eine möglicherweise veränderte Beziehung zwischen technischem Fortschritt und Qualifikation seit der Jahrtausendwende. Während weiterhin ein Teil der Tätigkeiten von Personen mit hoher Qualifikation komplementär zu Computereinsatz sei, wären andere, ehemals ebenfalls von der Digitalisierung profitierende Tätigkeiten Hochqualifizierter inzwischen maschinell ersetzbar geworden (Lu 2015). Einer kleineren Zahl an Berufen mit weiterhin nicht ersetzbaren komplexen Tätigkeiten, steht ein großes Angebot an Hochqualifizierten gegenüber, was zu einem zunehmenden Wettbewerb um diese Arbeitsplätze führt und die Nachfrage nach und die Lohnentwicklung von Hochqualifizierten bremst (Valletta 2015).

Auch in Deutschland ist im ersten Jahrzehnt des Jahrtausends ein Anstieg von hochqualifizierten Absolventen festzustellen. Diese verrichten zunehmend auch Tätigkeiten, die ehemals überwiegend von Personen mit geringeren Bildungsabschlüssen ausgeführt wurden. Im Zuge des vergrößerten Angebots an hochqualifizierten Absolventen können sinkende Einstiegsgehälter für Hochschulabsolventen konstatiert werden. Gleichwohl ist keine grundsätzliche Wandlung der Entlohnung Hochqualifizierter zu erkennen, da die Beschäftigung Hochqualifizierter in Berufen mit ursprünglich geringen qualifikatorischen Anforderungen insbesondere die Arbeitsmarktchancen von Mittel- und Geringqualifizierten negativ beeinflusst und Einkommensrückgänge vor allem zu Lasten dieser beiden Qualifikationsgruppen gehen (Reinhold & Thomsen 2017). Klein (2016) zeigt, dass trotz einer gestiegenen Anzahl von Absolventen Hochschulbildung weiterhin einen guten Schutz vor Arbeitslosigkeit bietet. In Deutschland sind die qualifikatorischen Anforderungen an Beschäftigte also weiterhin hoch. Die Lohnunterschiede von Hochqualifizierten im Vergleich zu Mittel- und Geringqualifizierten sind in den letzten Jahren sogar angestiegen (Reinhold & Thomsen 2017).

Insbesondere sofern kein Hochschulabschluss erworben wird, ist es zur Erhöhung der Chancen am Arbeitsmarkt wichtig, über einen zertifizierten

Berufsnachweis zu verfügen. Untersuchungen zeigen, dass die formale Dokumentation eines Abschlusses Beschäftigungsaussichten und Entlohnung verbessern (Carnevale et al. 2013). Dies gilt für fast alle Berufsfelder, die Höhe der Effekte unterscheidet sich jedoch deutlich je nach Feld. Im Gesundheitsbereich („health") lassen sich deutlich größere Zugewinne durch dokumentierte Berufsnachweise erzielen als beispielsweise im Dienstleistungsbereich („services") (Jepsen et al. 2014: 98). Die nachweisbare Dokumentation beruflicher Qualifikationen ist demnach auch in Zeiten der Digitalisierung gerade für den ersten Arbeitsmarktzugang sehr wichtig.

Selbst wenn zunehmend auch komplexere von Hochqualifizierten ausgeführte Tätigkeiten maschinell ersetzbar werden, gilt nach wie vor: „Geringqualifizierte üben einen weit größeren Teil potentiell ersetzbarer Tätigkeiten aus als Hochqualifizierte" (Arntz et al. 2016c: 23). Manche Befunde deuten sogar daraufhin, dass die Komplementarität zwischen Technologie und Qualifikation im 21. Jahrhundert größer ist als je zuvor (Gong 2017). Insgesamt spricht die empirische Evidenz jedenfalls dafür, dass auch in Zeiten der Digitalisierung gute formale Ausbildung eine grundlegende Anforderung an Beschäftigte bleibt. Dies gilt sowohl für den Aspekt der Qualifikation an sich, als auch den ihres gut dokumentierten Nachweises. Die Kategorien in denen formale Qualifikation und Abschlüsse gemessen werden sind in der Regel so abstrakt, dass sie nur bedingt Rückschlüsse auf konkrete berufsspezifische Anforderungen zulassen. Ein genaueres Bild ergibt sich erst in Kombination mit den Anforderungen geistiger Art.

3.1.3 Geistige Anforderungen

Bei der Analyse geistiger Anforderungen setzen viele Untersuchungen an der Stelle der Tätigkeiten an, die in einem Beruf ausgeführt werden. Die Ergebnisse von Studien, in denen Tätigkeitsbereiche wahlweise undifferenzierten Qualifikationsniveaus zugeordnet oder buchstäblich mit Fähigkeiten oder Fertigkeiten gleichgesetzt werden, helfen meist nur wenig bei der Frage, welche konkreten Kenntnisse geistiger Art in Zeiten der Digitalisierung am Arbeitsplatz benötigt werden. Dieser gängige Ansatz auf Grundlage unspezifischer Tätigkeitskategorien ist „diesbezüglich immer noch sehr vage" (Bode et al. 2016: 4). Die Verknüpfung des Ansatzes mit anderen Disziplinen wie Psychologie und Bildungsforschung ermöglicht konkretere Erkenntnisse.

So kann festgestellt werden, dass in schwer maschinell substituierbaren Berufen zunehmend soziale Fähigkeiten wie Teamwork gefordert und mit entsprechend höherer Entlohnung bedacht werden. Zudem existiert eine

Komplementarität zu kognitiven Fähigkeiten, Beschäftigungsanteile und Löhne nehmen also gerade in den Berufen stark zu, die soziale und kognitive Kompetenzen gemeinsam erfordern (Deming 2017; Weinberger 2014). Personen mit hohen kognitiven Fähigkeiten warten oftmals auch mit hohen nicht-kognitiven Fähigkeiten auf (Schanzenbach et al. 2016). Zwischenmenschlichen Fähigkeiten werden insbesondere bei der Besetzung von Führungspositionen immer relevanter (Edin et al. 2017).

Es gibt also Anzeichen dafür, dass die Digitalisierung „nicht nur bezogen auf durch Ausbildung erworbene Fähigkeiten qualifikationsverzerrt ist, sondern auch hinsichtlich Persönlichkeitsattributen" (Bode et al. 2016: 28). Dass dies aber nicht allgemeingültig ist, zeigen Lindqvist & Vestman (2011). Demnach verfügen sehr gut bezahlte Hochqualifizierte über besonders ausgeprägte kognitive Fähigkeiten. Hohe kognitive Fähigkeiten werden besonders in Berufen mit Entlohnung am oberen Ende der Einkommensskala sowie hohen Qualifikationsanforderungen verlangt. Dagegen sind nicht-kognitive Fähigkeiten besonders wichtig, um überhaupt Beschäftigung zu haben. Dementsprechend kommen sie vor allem in Berufen mit Löhnen am unteren Ende der Einkommensskala und geringeren Qualifikationsanforderungen vor. Oder anders ausgedrückt, „kognitive Fähigkeiten scheinen etwas wichtiger für Erfolg am Arbeitsmarkt zu sein, nicht-kognitive Fähigkeiten sind viel wichtiger für das Vermeiden von Misserfolg" (Lindqvist & Vestman 2011: 122).

Unter den kognitiven Fähigkeiten wird besonders der Problemlösungsfähigkeit eine wichtige Rolle zugeschrieben. Es gibt Anzeichen dafür, dass vor dem Hintergrund einer wachsenden Komplexität und Unsicherheit die Fähigkeit wandelnde und komplexe Aufgabenstellungen bewältigen zu können positive Auswirkungen auf Schulnoten (Kretzschmar et al. 2014), den Ausbildungserfolg (Sonnleitner et al. 2013) und die gesamte Karriere (Mainert et al. 2015) hat. Internationale Vergleichsstudien zeigen, dass dies kein länderspezifisches Phänomen ist, sondern auf eine Vielzahl von Ländern zutrifft (Hanushek et al. 2015).

Insbesondere öffentlich vielfach gefordert werden sogenannte digitale Kompetenzen, d.h. ein ausreichendes technisches Verständnis, das einen souveränen Umgang mit Anwendungen und IT-bezogenen Aufgabenstellungen erlaubt. Deren tatsächliche Relevanz auf dem Arbeitsmarkt ist bisher aber empirisch umstritten. Während eine Reihe von Untersuchungen (u.a. Falk & Biagi 2017) positive Effekte auf Beschäftigung und Entlohnung finden, können andere Studien keine maßgebliche Wirkung konstatieren (Fairlie & Bahr 2017).

Unternehmen betonen dagegen in Befragungen in der Regel die wachsende Bedeutung digitaler Kompetenzen. IT-Fachwissen, aber auch souveräner Umgang mit dem Internet als Informations- und Kommunikationsmedium werden demnach immer wichtiger (Hammermann & Stettes 2016). Neben Umgang mit spezifischen IT-Systemen und Anwendungen, räumen Unternehmen aber zunehmend auch dem Aspekt der IT-Sicherheit größeren Stellenwert ein (Rische et al. 2015). Das Bewusstsein um relevante Sicherheits- und Schutzaspekte von Daten ist demnach ebenso gefordert wie der selbstverständliche Umgang mit ihnen.

Abgesehen von der Beschreibung digitaler Kompetenzen leisten Unternehmensbefragungen auch einen Beitrag zur Konkretisierung der geistigen Anforderungen. Üblicherweise werden hier die Anforderungen der Digitalisierung spezifischer benannt, als dies in anderen Erhebungen der Fall ist.

Unternehmen sehen als Folge mit der Digitalisierung eingeführter innovativer Arbeitsorganisationsformen und dezentraler Entscheidungsstrukturen erhöhte Bedarfe an Eigenständigkeit und Selbstverantwortung seitens der Beschäftigten (Hammermann & Stettes 2016). Kognitive Fähigkeiten wie Problemlösungskompetenz (World Economic Forum 2016) oder Kreativität (Arntz et al. 2016a) werden als besonders wichtig erachtet. Während vielfach auch mit einer Zunahme sozialer und kommunikativer Anforderungen an die Mitarbeiter gerechnet wird (Hammermann & Stettes 2016; Apt et al. 2016; Wiemann et al. 2017; Arntz et al. 2016a; American Management Association 2012), sehen andere sogar einen zukünftigen Bedeutungsverlust voraus (World Economic Forum 2016). Oftmals wird dabei argumentiert, die Technik sei bereits so weit fortgeschritten, dass die ehemalige Komplementarität von Computern und interpersonellen Tätigkeiten mittlerweile „geschwächt oder verschwunden“ (Borghans et al. 2014: 290) sei. Insgesamt betonen die befragten Unternehmer den disruptiven Charakter des Transformationsprozesses, der die Fähigkeit Neues zu erlernen immer wichtiger macht (Arntz et al. 2016a) und eine große Flexibilität seitens der Beschäftigten erfordert (Rische et al. 2015).

Zusammenfassend zeichnet die Literatur hinsichtlich der geistigen Anforderungen der Digitalisierung überwiegend ein Bild klassischer und lange bekannter Kompetenzen. Neu hinzugekommen sind lediglich Anforderungen im Sinne spezifischer technischer Kenntnisse, die erst im Zuge der Digitalisierung relevant geworden sind. Die Digitalisierung scheint demnach in erster Linie die relative Bedeutsamkeit der bestehenden Kompetenzbedarfe zu verändern. Solche klassischen Kompetenzen, die nicht notwendigerweise Bezug zu IT haben, sondern sich in erster Linie dadurch auszeichnen, dass sie im Rahmen der gegenwärtigen ökonomischen und sozialen Entwicklungen eine höhere Relevanz haben als im vergangenen Jahrhundert werden auch als „21st-century Skills“ (van Laar et al. 2017: 577) bezeichnet. Gerade solche Aspekte geistiger Anforderungen sind im Rahmen dieser Arbeit von besonderem Interesse, da diese ihre Relevanz, anders als beispielsweise die Kenntnisse einer spezifischen Software, durch technologische Veränderung nicht vollständig verlieren, sondern nur in Bezug auf ihre relative Bedeutung verändern.

Die Ergebnisse der bisherigen empirischen Forschung sind in Bezug auf spezifische geistige Anforderungen der Digitalisierung also noch recht vage. Es existieren zwar Untersuchungen, die jeweils einzelne Anforderungen betrachten, die im Wesentlichen dem kognitiven, dem sozial-kommunikativen und dem persönlichen Bereich zuzuordnen sind. Es fehlt jedoch an umfassenden und systematischen Analysen, die einen Vergleich zwischen den Bedarfen einzelner geistiger Anforderungen in Zeiten der Digitalisierung erlauben[3].

3.1.4 Körperliche Anforderungen

Der Aspekt der körperlichen Anforderungen wird in der Forschung nur vereinzelt aufgegriffen. Die meisten Untersuchungen körperlicher Anforderungen beziehen sich dabei auf die Automatisierung und deren Wirkung einer körperlichen Entlastung des Menschen, nicht auf die Digitalisierung. Dass auch die Digitalisierung Relevanz in Bezug auf körperliche Anforderungen haben kann, ist bisher noch wenig beleuchtet.

Einerseits wird ein anhaltender Bedarfsrückgang von physischen Fähigkeiten am Arbeitsplatz (World Economic Forum 2016) erwartet und dieser Entlastungsaspekt betont (Arntz et al. 2016a; Apt et al. 2016). Andererseits könnten durch die Digitalisierung aber auch bisher schwer maschinell ersetzbare Fähigkeiten wie Feinmotorik und Fingergeschick an Relevanz verlieren (Arntz et al. 2016a). Schon Ende des letzten Jahrtausends ließen sich „dramatische Rückgänge“ (Yamaguchi 2018: 70) bei der Entlohnung motorischer Fähigkeiten feststellen. Demnach erstreckt sich die Veränderung bei physischen Anforderungen also nicht nur auf den Aspekt der körperlichen Entlastung, sondern betrifft auch koordinative Fähigkeiten. Es bedarf einer stärker differenzierenden Forschung, um die Relevanz körperlicher Fähigkeiten in Zeiten der Digitalisierung zu verstehen. Sind vermeintlich schwer substituierbare Fähigkeiten wie Fingerfertigkeit oder Hand-Auge-Koordination nach wie vor essentielle berufliche Anforderungen oder sinkt deren Bedeutung durch die Digitalisierung.

3 In Kapitel 5 dieser Arbeit wird daher auf geistige bzw. kognitive Anforderungen tiefergehend eingegangen und diese im Rahmen eines Kompetenzmodells systematisch verortet.

3.1.5 Das Zusammenwirken von Einzelanforderungen

Die Digitalisierung verändert jedoch nicht nur den Bedarf einzelner Anforderungen, sondern erhöht unter Umständen auch die Bandbreite des geforderten Anforderungsspektrums. Die Analyse der geistigen Anforderungen hat gezeigt, dass die Kombination sozialer und kognitiver Kompetenzen auf dem Arbeitsmarkt besonders gefragt ist. Die Digitalisierung lässt Komplementaritäten zwischen ehemals separaten Tätigkeiten entstehen, was es für Beschäftigte zunehmend profitabel macht, ihren Kompetenzhorizont zu erweitern, anstatt sich auf eine einzelne Tätigkeit zu spezialisieren (Snower & Goerlich 2013).

Während in Deutschland im Jahre 1986 noch fast 40 Prozent der Beschäftigten nur eine einzige Tätigkeit ausübten, betrug der Anteil 2012 nur noch knapp ein Drittel des damaligen Werts. Waren 1986 mit durchschnittlich 1,8 Tätigkeiten bei Geringqualifizierten und 2,5 Tätigkeiten bei Hochqualifizierten noch deutliche Unterschiede zwischen den Qualifikationsgruppen erkennbar, hat sich die Anzahl der ausgeübten Tätigkeiten bis zum Jahr 2012 in allen Gruppen bei einem Wert von knapp unter drei angeglichen. Die Digitalisierung hat die Ausübung mehrerer Tätigkeiten für alle Qualifikationen gleichermaßen wichtig werden lassen (Pikos & Thomsen 2016: 11 f.).

In der Praxis zeigt sich dieses Phänomen bereits heute beispielsweise am Berufsbild des Journalisten. Die alleinige Darbietung gut recherchierter Informationen reiche nicht mehr länger aus, vielmehr müsse diese auch für die digitale Nutzung aufbereitet und nutzergruppenspezifisch über soziale Kanäle verbreitet werden. Die Digitalisierung habe somit zu einer deutlichen Zunahme der Komplexität für Journalisten geführt (Apt et al. 2016: 30 f.). Dennoch sind konkrete Anpassungsreaktionen der Unternehmen zum Umgang mit Arbeitsverdichtung und Komplexitätserhöhung bisher überschaubar. Nur ein geringer Anteil investiert gezielt in Multitasking (Arntz et al. 2016a: 29).

Die Literatur zeigt, dass Digitalisierung unter Umständen also nicht nur die Relevanz einzelner Anforderungen verändert, sondern Beschäftigten eine immer größere Zahl unterschiedlicher Anforderungen zugleich abverlangt. In einer Analyse sollte daher über die Betrachtung einzelner Anforderungen hinaus auch deren gemeinsame Bedeutung untersucht werden. Möglicherweise ist in Bezug auf die Digitalisierung gerade die Kombination einzelner Anforderungen zu einem bestimmten Anforderungsbündel von Bedeutung.

Das Auftreten verschiedener Kombinationen von Anforderungen lässt sich insbesondere anhand von Stellenanzeigen analysieren. Nicht zuletzt deshalb hat in den letzten Jahren die Verwendung von Stellenanzeigenanalysen zur Untersuchung beruflicher Anforderungen deutlich zugenommen.

3.2 Erkenntnisgewinn durch die Stellenanzeigenanalyse

Über die Untersuchungen auf Basis klassischer Erhebungsverfahren hinaus, wird als Ergänzung zunehmend auch die Stellenanzeigenanalyse als Instrument der Analyse gewählt. Die Stellenanzeigenanalyse bietet im Vergleich zu den vorgenannten Verfahren Vorteile in Bezug auf inhaltliche und methodische Aspekte.

So können Stellenanzeigen in Ergänzung zu anderen Datensätzen bereits auf Basis rein deskriptiver Auswertungen neue inhaltliche Erkenntnisse bringen. Passenderweise gerade durch technischen Fortschritt ermöglicht, erlauben sie einen Blick auf die Entwicklungen am Arbeitsmarkt aus neuer Perspektive und haben den Vorteil einer Datenverfügbarkeit in beinahe Echtzeit. Bereits Ende des vergangenen Jahrtausends nutzten Todd et al. (1995) Stellenanzeigen um qualifikatorische Veränderungen im Informationssystembereich zu identifizieren. Seitdem sind zahlreiche Untersuchungen auf Basis von Stellenanzeigen entstanden.

Die Stellenanzeigen eignen sich besonders gut, um spezifische Anforderungsveränderungen innerhalb von Berufen zu beobachten (Hershbein & Kahn 2016: 4). Beispielsweise konnte für den US-Arbeitsmarkt mithilfe einer Auswertung von Stellenanzeigen eine qualifikatorische Aufwertung von ehemals durch einfache und repetitive Tätigkeiten geprägte Berufe dokumentiert werden. Der technologische Wandel hat die Anforderungen innerhalb einzelner Berufe im Zeitverlauf verändert und den Bedarf an kognitiven Fähigkeiten erhöht (Hershbein & Kahn 2016). Es kann sogar gezeigt werden, dass bei Veränderungsprozessen durch technologische Entwicklungen solche innerberuflichen Veränderungen mindestens eine ebenso große Bedeutung haben wie Beschäftigungsverschiebungen zwischen Berufen (Atalay et al. 2017).

Interessanterweise kann in den USA zumindest bis zum Jahr 2000 durch IKT-Implementierung im Arbeitsumfeld nicht nur ein Rückgang von Routine-Tätigkeiten[4] festgestellt werden, sondern abgesehen von einigen Ausnahmen auch von interaktiven Nicht-Routine-Tätigkeiten. Dagegen war die Einführung neuer Technologie mit einer Erhöhung der analytischen Nicht-Routine-Tätigkeiten verbunden (Sotelo & Tannenbaum 2017). Auch außerhalb der USA konnte mithilfe von Stellenanzeigen die These einer voranschreitenden Ersetzung von Routine-Tätigkeiten im Wesentlichen bestätigt werden (Schober et al. 2016).

Die Auswertung von Stellenanzeigen bietet auch zusätzliche Einsichten in die Auswirkungen des wachsenden Angebots an Hochschulabsolventen.

---

4 Eine erklärende Unterscheidung zwischen Routine- und Nicht-Routine-Tätigkeiten erfolgt in Kapitel 4.

Untersuchungen zeigen, dass ein Überangebot zu einer Erhöhung der Anforderung sowohl von formaler Qualifikation, als auch von Berufserfahrung führen kann. Das opportunistische Verhalten der Unternehmer kann bis zu ein Drittel der Gesamtveränderung der formalen Qualifikationsveränderungen und sogar die Hälfte der Veränderung bei geforderter Berufserfahrung erklären (Modestino et al. 2015).

Mithilfe von Stellenanzeigen kann auch das zunehmende Multitasking am Arbeitsplatz genauer untersucht werden. Beschäftigte, die über eine Bandbreite verschiedener Fähigkeiten verfügen, werden in der Regel besser bezahlt als Spezialisten. Die höchste Bezahlung erhalten diejenigen, die diverse Fähigkeiten kombiniert einsetzen (Anderson 2017).

Deming & Kahn (2017) können eine Komplementarität zwischen kognitiven und sozialen Fähigkeiten anhand einer Untersuchung von Stellenanzeigen für die Jahre 2010 bis 2015 bestätigen. Demnach werden diese Fähigkeiten vor allem in hochbezahlten Jobs gefordert. Besonders hoch ist die Entlohnung in den Berufen, die beide Fähigkeiten verlangen.

Dass diese hohen Bedarfe an kognitiven und sozialen Fähigkeiten nicht zuletzt ein Resultat der Digitalisierung sind, zeigt eine Untersuchung von Mýtna Kureková et al. (2015). Sie können dokumentieren, dass der Bedarf an solchen Fähigkeiten in produktionsorientierten Berufen geringer ist als in solchen des Service-Bereichs. Zudem deuten ihre Befunde darauf hin, dass hier die Fähigkeiten in Ergänzung, nicht als Ersatz zu formalen Qualifikationen gefordert werden. Formale Qualifikation, im Sinne eines dokumentierten Berufsabschlusses, wird in US-amerikanischen Stellenanzeigen sogar von allen Arten von Anforderungen am häufigsten verlangt. Erst an zweiter Stelle folgen spezifische Fähigkeiten und Kompetenzen. Dritt wichtigstes Kriterium ist die berufliche Erfahrung (Beblavý et al. 2016). Dass nicht nur zwischen Berufen Unterschiede hinsichtlich der Anforderungen bestehen, sondern auch Divergenzen zwischen verschiedenen Qualifikationen existieren, zeigen Lukács et al. (2016). Interessanterweise werden digitale Kompetenzen häufiger in Zusammenhang mit geringen als mit hohen Qualifikationsanforderungen verlangt. Berufe, die expliziten Bezug zur Digitalisierung aufweisen, verlangen weitaus mehr als rein technische Kenntnisse. So zeigen Auswertungen von Stellenanzeigen zu Berufen im Kontext von „Big Data", dass auch Businesswissen (Debortoli et al. 2014) und Soft Skills (Gardiner et al. 2017) in solchen Berufen unabdingbar sind. Unter den Soft Skills benötigt etwa ein Data Engineer vor allem Kommunikationsfähigkeit, Berufserfahrung und analytische Fähigkeiten (Bensberg & Buscher 2015). Der Begriff der Digitalisierung an sich kommt auch in Stellenanzeigen zunehmend häufiger vor. In einer Untersuchung deutschsprachiger Stellenanzeigen aus Jobportalen mit vorwiegend von mittelständischen Unternehmen in den Jahren 2016 und 2017 veröffentlichten Vakanzen fand sich in ca. sieben Prozent aller Stellenanzeigen das Konzept der Digitalisierung (Bensberg et al. 2017).

Es zeigt sich also, dass die Inhalte der Stellenanzeigen bereits auf Basis deskriptiver Auswertungen neue inhaltliche Erkenntnisse bieten können. Zur Validierung der durch die Analyse der Stellenanzeigen deskriptiv gewonnenen Ergebnisse, zur tiefer gehenden Analyse und zur zuverlässigen Informationsextraktion aus Stellenanzeigen werden in der Literatur zunehmend auch neue methodische Ansätze insbesondere aus dem Bereich des Machine Learnings eingesetzt. Mauro et al. (2016) nutzen beispielsweise die Technik des Topic Modellings[5], um automatisiert Kategorien zusammengehöriger Anforderungen zu generieren. Auf diese Weise identifizieren sie neun verschiedene Anforderungskategorien für den Big Data Bereich. Oftmals kommen auch Klassifikationsverfahren zu Anwendung. So zeigt Wowczko (2015), dass es gelingen kann mit einem KNN-Klassifikationsverfahren den Beruf einer Stellenanzeige mit einer Wahrscheinlichkeit von knapp 81 Prozent korrekt zu bestimmen.

Die Stellenanzeigenanalyse in Kombination mit Ansätzen des Machine Learnings hat also zur Evidenz über die Auswirkungen der Digitalisierung in Bezug auf berufliche Anforderungen insofern beigetragen, dass sie einen neuen und tiefer gehenden Blick auf den Untersuchungsgegenstand ermöglicht. Die Analyse von Stellenanzeigen schafft die einzigartige Möglichkeit zeitnah Anforderungsbedarfe auf dem Arbeitsmarkt in beinahe beliebiger Differenzierung zu erfassen. Die insbesondere für den amerikanischen Arbeitsmarkt vorgenommenen Analyse deuten an, welch großes Potenzial dieser Ansatz bietet, um ein besseres Verständnis der beruflichen Anforderungen der Digitalisierung zu erlangen.

Vorhergehende Ausführungen machen deutlich, dass die Stellenanzeigenanalyse ein ideales Instrument für die im Rahmen dieser Arbeit angedachte Untersuchung darstellt. Aufgrund ihrer inhaltlichen wie methodischen Vorteile im Vergleich zu anderen Verfahren eignet sie sich in besonderer Weise, um die beruflichen Anforderungen der Digitalisierung zu bestimmen. Sie bietet die Möglichkeit aktuellere und differenziertere inhaltliche Erkenntnisse zu erzielen, als dies mittels Auswertung anderer Datensätze möglich wäre. Die der Stellenanzeigenanalyse zu Grunde liegenden methodischen Ansätze aus dem Bereich des Machine Learnings schaffen die Grundlage tiefer gehendes, d.h. über rein deskriptive Erkenntnisse hinausgehendes, Verständnis für die Bedeutung der Digitalisierung für berufliche Anforderungen zu erlangen.

5 Dieser und weitere methodische Ansätze werden in Kapitel 7 näher erläutert.

Insgesamt hat die Aufarbeitung des Forschungsstandes gezeigt, dass es hinsichtlich der beruflichen Anforderungen der Digitalisierung noch großen Forschungsbedarf gibt. Die rasanten Entwicklungen erschweren die Analyse der Auswirkungen der Digitalisierung auf dem Arbeitsmarkt. Die Datenverfügbarkeit kann oftmals nicht mit den realen Veränderungsprozessen Schritt halten. Veraltete und unspezifische Daten machen eine adäquate Untersuchung der spezifischen Effekte der Digitalisierung zu einer großen Herausforderung. Gerade das letzte Jahrzehnt ist hinsichtlich des Ausmaßes und der Geschwindigkeit der technologischen Entwicklung kaum vergleichbar mit denen des vorhergehenden halben Jahrhunderts. Somit lassen sich die Erkenntnisse sich auf diesen Zeitraum beziehender Forschungsergebnisse nur bedingt auf heutige Verhältnisse übertragen. Folglich finden sich in der bisherigen Forschung oftmals Analysen auf Basis nicht mehr zeitgemäßer Datengrundlagen oder hochspekulative Prognosen bezüglich der zukünftigen Entwicklung.

Dazu kommt, dass viele Untersuchungen sich auf einen spezifischen Teil des Arbeitsmarktes, sei es einen bestimmten Beruf oder eine spezifische Anforderung, beschränken und kaum gesamtheitliche Veränderungen betrachtet werden. Sofern dies geschieht, wird häufig nur ein Teil der beruflichen Anforderungen untersucht oder die Auswertung auf undifferenzierte Art und Weise vorgenommen. Nur in Ausnahmefällen werden mehrere Anforderungsarten gemeinsam betrachtet. Dies alles trägt dazu bei, dass es „nahezu keinerlei Evidenz dafür gibt, welche Fähigkeiten in Zukunft benötigt werden. (…) [Es existieren nur] sehr ungenaue Beschreibungen, die nur bedingt ausreichen adäquate Qualifizierungsmaßnahmen zu entwickeln" (Arntz et al. 2016b: 19).

3.3 Forschungslücke und Fragestellung

Die Darstellung des bisherigen Forschungsstandes hat deutlich gemacht, dass es insbesondere an einer systematischen Erfassungsgrundlage fehlt, mit der Anforderungen in ihrer Gesamtheit erfasst und zielgerichtet die Bedarfe der Digitalisierung ermittelt werden können. Eine vollumfängliche und differenzierte Bestandsaufnahme heutiger Anforderungsbedarfe auf dem deutschen Arbeitsmarkt existiert bisher nicht.

Die vorliegende Arbeit soll daher einen Beitrag dazu leisten, ein besseres Verständnis darüber zu gewinnen, welche Anforderungen der deutsche Arbeitsmarkt in Zeiten der Digitalisierung an Berufstätige stellt. Das gewählte Verfahren der Stellenanzeigenanalyse erlaubt einerseits einen Einblick in die derzeitigen Anforderungsbedarfe von Unternehmen, indem die Auswertung anhand einer Datenbasis anderweitig kaum zu erreichender Aktualität erfolgt und vermeidet andererseits spekulativen Prognosecharakter, da sie sich auf die Analyse heutiger Arbeitsmarktbedarfe beschränkt. Die Divergenz bisheriger Forschungsergebnisse zeigt die Schwierigkeit zuverlässige Prognosen hinsichtlich der weiteren Entwicklung der Digitalisierung zu geben. Die Vergangenheit hat gezeigt, dass die Einführung neuer Technologien selten bruchlos und widerspruchsfrei verläuft. Folglich ist es ungemein schwierig einzig auf Grundlage der Abschätzung technischer Potenziale verlässliche Vorhersagen zu den zukünftigen Auswirkungen der Digitalisierung zu treffen. Gerade bei solch disruptiven Prozessen stellen gesellschaftliche, politische und ökonomische Verhältnisse kaum abwägbare Faktoren dar (Hirsch-Kreinsen 2016a: 14 f.).

Ziel dieser Arbeit ist daher bereits heute feststellbare anforderungsspezifische Veränderungsprozesse der Digitalisierung aufzuzeigen und auf Basis dieser Grundlage Handlungsempfehlungen für Politik und Wirtschaft, aber auch den einzelnen Arbeitnehmer zu entwickeln.

Zu diesem Zweck soll die vorliegende Arbeit insbesondere die folgende Fragestellung beantworten:

Welche beruflichen Anforderungen stellt die Digitalisierung hinsichtlich formaler, kompetenzspezifischer und physischer Aspekte?

Ziel ist es eine umfassende Übersicht der gestellten Anforderungen zu gewinnen. Dazu wird eine Anforderungsmatrix entwickelt, die formale, kompetenzspezifische und physische Anforderungen umfasst[6]. Mit deren Hilfe kann systematisch ermittelt werden, was die wichtigsten Anforderungen der Digitalisierung sind. Um dies herauszufinden müssen zwei Teilfragen beantwortet werden. Zunächst muss geklärt werden:

Welche Tätigkeiten setzen welche Anforderungen voraus?

Die Beantwortung dieser Fragestellung ist die Grundlage, um anschließend Hypothesen über einzelne Anforderungsbedarfe der Digitalisierung auf Ebene eines Berufs treffen zu können. Ein bestimmter Beruf zeichnet sich dabei durch ein spezifisches Bündel einzelner beruflicher Tätigkeiten aus. Zur Verrichtung einer Tätigkeit wiederum sind bestimmte berufliche Anforderungen mit formalen, kompetenzspezifischen und physischen Aspekten zu erfüllen. Um die Frage nach den beruflichen Anforderungen der Digitalisierung beantworten zu können, muss daher zunächst der Zusammenhang zwischen Tätigkeit und Anforderung bestimmt werden. Über die Anforderungsmatrix wird daher die

6 Die differenzierte Herleitung, Beschreibung und Unterscheidung von formalen, kompetenzspezifischen und physischen Anforderungen erfolgen in Kapitel 5.

Verknüpfung zwischen Anforderungen und Tätigkeiten hergestellt. Somit lässt sich ermitteln, welche Tätigkeiten welche Anforderungsbedarfe haben. Auf dieser Grundlage lassen sich anschließend die bestehenden Erkenntnisse bezüglich der digitalisierungsbedingten Beschäftigungsveränderungen heranziehen und im Kontext der ermittelten Tätigkeits-Anforderungsbeziehungen analysieren. Auf diese Weise können Hypothesen bezüglich spezifischer Anforderungsbedarfe der Digitalisierung aufgestellt werden. Die Überprüfung der Hypothesen erlaubt einen tiefer gehenden Blick auf konkrete berufliche Anforderungen der Digitalisierung. Auf der Basis einzelner Anforderungsbedarfe kann anschließend mithilfe der Anforderungsmatrix eine systematische Übersicht der wichtigsten beruflichen Anforderungen der Digitalisierung gewonnen werden.

Die Literatur hat gezeigt, dass in Zeiten der Digitalisierung über die Bedarfe einzelner Anforderungen hinaus auch deren Kombination von entscheidender Bedeutung sein kann. Um dieser Tatsache gerecht zu werden, werden die Anforderungen nicht nur einzeln, sondern auch hinsichtlich ihres gemeinsamen Auftretens analysiert. Zu diesem Zweck wird folgende Frage beantwortet:

> *Inwiefern stellt die in einer Stellenanzeige enthaltene Information einen Indikator für die Digitalisierbarkeit des zugehörigen Berufs dar?*

Somit kann überprüft werden, inwiefern Stellenanzeigen Schlussfolgerungen darüber zulassen, wie hoch das Potenzial zur maschinellen Substituierung des zur Stellenanzeige gehörigen Berufs ist. Mit diesem Vorgehen wird einerseits eine Validierung der Allgemeingültigkeit der ermittelten spezifischen Digitalisierungsbedeutungen der einzelnen Anforderungen erreicht. Darüber hinaus dient es zur Beurteilung des gemeinsamen Auftretens mehrerer Anforderungen.

Zunächst werden nur die anforderungsspezifischen Informationen der Stellenanzeigen genutzt. Kann allein mit deren Hilfe zuverlässig auf die Digitalisierbarkeit eines Berufs geschlossen werden, ist dies ein starkes Indiz dafür, dass die Digitalisierung Anforderungsbedarfe verändert. Anschließend wird überprüft, ob sich die Einschätzung der Digitalisierbarkeit eines Berufs durch die Verwendung der gesamten Information, d.h. auch aller über die Anforderungen hinausgehenden Inhalte der Stellenanzeigen noch verbessern lässt.

Insgesamt soll die Analyse der Bedeutsamkeit der einzelnen und der gesamtheitlichen Anforderungen einen Überblick über die Anforderungsbedarfe der Digitalisierung schaffen, der als Anhaltspunkt zur Gestaltung zukunftsgerechter Bildungskonzepte dienen könnte. Dies kann helfen nötige Anpassungen in der beruflichen Bildung zu identifizieren, adäquate Implementierungen neuer Technologien in den beruflichen Alltag zu ermöglichen und zugleich damit verbundene neue Anforderungen zu bewältigen (Hirsch-Kreinsen & Weyer 2014: 38).

Diese Arbeit kann also helfen, darüber zu entscheiden, welche Fertigkeiten und Kompetenzen vermehrt gefördert und in Curricula integriert werden sollten, welche neuen Berufsbilder geschaffen und welche bestehenden Ausbildungskonzepte an veränderte Arbeitsanforderungen angepasst werden müssen.

Nachfolgend werden zunächst die zur Beantwortung dieser Fragen nötigen theoretischen Grundlagen der Auswirkungen der Einführung neuer Technologie auf dem Arbeitsmarkt dargestellt. Diese stellen die Basis dar, um über die Anforderungsmatrix auf spezifische Anforderungsbedarfe schließen zu können.

4. Theoretische Grundlagen

Nicht erst seit dem Zeitalter der Digitalisierung ist die Wirkung des technischen Fortschritts auf dem Arbeitsmarkt vielfach erörterter Gegenstand des ökonomischen Diskurses. Bereits Mitte des vorvergangenen Jahrhunderts sorgte sich Marx aufgrund der Einführung von Maschinen um die Arbeiterklasse. Maschinen trügen demnach zu einer Ausbeutung der Arbeiter und der Entwertung menschlicher Arbeitskraft bei und würden solange verwendet, solange sie nur ausreichend rentabel wären: „Die Produktivität der Maschine mißt sich daher an dem Grad, worin sie menschliche Arbeitskraft ersetzt" (Marx 1872: 407).

Keynes sah in „technologischer Arbeitslosigkeit" dagegen nur eine „temporäre Phase der Fehlanpassung" (Keynes 1933: 360). Solche Prozesse der „schöpferischen Zerstörung" beurteilte Schumpeter (1942) durchweg positiv und als eine unabdingbare Voraussetzung für Erneuerung durch Innovation und technischen Fortschritt.

Ab Mitte des 20. Jahrhunderts dominierte dagegen wieder eine pessimistischere Perspektive. Die Diskurse der 1950 bis 1980er Jahre prägte die Persistenz des Gedankens einer maschinellen Ersetzung des Menschen (Heßler 2016: 23). Manch einer rief das „Ende der Erwerbsarbeit" oder gar das „Ende der Arbeit" aus (Kocka 2001: 13). Die Angst der Menschen durch Maschinen in die Arbeitslosigkeit gedrängt zu werden, rückte ins Zentrum der Diskussion. Sorgen, die auch die Kompensationsthese, gemäß derer Arbeitsplatzverluste an der einen mit Beschäftigungszuwachs an der anderen Stelle verbunden sind (Mutz 1987: 255), nur bedingt lindern konnte (Baethge & Oberbeck 1985: 226). „Freisetzung von Arbeitskräften aufgrund des [...] Produktivitätsfortschritts" (Hurler 1984: 15) blieb eine immer wiederkehrende Argumentationslinie.

Mit Beginn der 1990er Jahre wurde die Automatisierung nicht länger nur antizipatorisch erörtert – sie war längst Realität geworden –, sondern konnte auf Grundlage tatsächlicher Daten beurteilt werden. Die Beobachtung starker Veränderungen in der amerikanischen Lohnstruktur und insbesondere eine Lohnspreizung zugunsten von Hochqualifizierten führten zu einer Betonung des Ungleichheitsaspektes. Katz & Murphy (1992) erkannten in der bestehenden Literatur drei große Erklärungsansätze für die zunehmende Ungleichheit in der Gesellschaft:

Große Handelsdefizite hätten zu Nachfrageveränderungen, einem Rückgang der Beschäftigung im produzierenden Gewerbe und einer Verlagerung hin zu Sektoren mit hohen qualifikatorischen Anforderungen geführt (Murphy & Welch 1991).

Ein zweiter Erklärungsversuch der Veränderungen war institutioneller Natur und untersucht den Einfluss des Bedeutungsverlusts der Gewerkschaften (Freeman 1991), veränderter Lohnsetzungspraktiken (Mitchell 1989), sowie sinkender realer Mindestlöhne (Blackburn et al. 1989).

Zunehmende Popularität erfuhr aber insbesondere auch die These, dass vermehrter Computereinsatz den Bedarf an flexiblen, hochqualifizierten Arbeitskräften erhöht und physische Arbeit an Bedeutung verloren habe (Davis & Haltiwanger 1991; Krueger 1993; Mincer 1991).

Unter diesen drei Erklärungsansätzen galt letzterer Zusammenhang unter Arbeitsökonomen als die hauptverantwortliche Ursache hinter den beobachteten Veränderungen der Beschäftigungsstruktur (Bekman et al. 1998: 1246). Die Einführung der neuen Technologie wurde insbesondere als ursächlich für die veränderte Lohnstruktur sowie den zunehmenden Bedarf an Hochqualifizierten und simultanen Rückgang der Nachfrage nach geringer qualifizierten Arbeitskräften erachtet.

4.1 Der qualifikationsverzerrte technologische Wandel

Gemäß dieses als „qualifikationsverzerrt" („Skill Biased Technological Change", SBTC) bezeichneten Phänomens ist der technologische Wandel „probably the most important" (Katz 1999: 1534) Ursache für den langfristigen Anstieg der Nachfrage nach gut ausgebildeten und hochqualifizierten Arbeitskräften. Grundannahme ist hierbei, dass technologischer Fortschritt, beispielsweise in Form der Computerisierung, in dem Sinne qualifikationsverzerrend ist, als dass er zu einer erhöhten Nachfrage nach Hochqualifizierten bei gleichzeitigem Rückgang der relativen Nachfrage nach Niedrigqualifizierten führt. Technologische Neuerungen führten zu einer Erhöhung der Produktivität, aber nur ein Teil der Arbeiter verfüge über die nötigen Qualifikationen diese neuen Technologien zu verwenden. Der Bedarf an diesen hochqualifizierten Arbeitern und ihre Löhne würde demnach steigen, während geringer Qualifizierte mit Lohnsenkungen und Beschäftigungsverlusten zu rechnen hätten (Machin 2001: 757).

Eine solche Nachfrageveränderung beeinflusst die Einkommensverteilung immer genau dann, wenn das Angebot einer Qualifikation nicht mehr der nun nachgefragten Menge entspricht; am Arbeitsmarkt also eine kleinere als die benötigte Anzahl an Arbeitskräften einer Qualifikation zu finden ist. In diesem Fall stellt der Bildungssektor dem Arbeitsmarkt nicht die benötigte Qualifikation in ausreichender Menge bereit, er gerät also im „race between education and technology" (Goldin & Katz 2007: 4) ins Hintertreffen.

Im zur Darstellung dieses Prozesses verwendeten Modell, dem sogenannten „canonical model", wird nur zwischen zwei verschiedenen Qualifikationen (üblicherweise hoch- bzw. geringqualifiziert) unterschieden. Die Beschäftigten beider Qualifikationen gehen im Modell zwei unterschiedlichen, schwerlich austauschbaren Tätigkeiten nach, von denen nur eine von der Einführung neuer Technologie profitiert und so die monotone Entwicklung der Einkommensungleichheit zwischen den beiden Qualifikationen erklärt (Hwang 2013: 362). Schlussendlich bestand in der Wissenschaft „praktisch einhelliges Einvernehmen" (Johnson 1997: 41) darüber, im SBTC die Ursache für den Anstieg des Bedarfs an Hochqualifizierten gefunden zu haben.

Während mit dieser Theorie also über mehrere Jahrzehnte hinweg die Geschehnisse am Arbeitsmarkt hatten erklärt werden können, konnten einige Phänomene auf dem Arbeitsmarkt der jüngeren Vergangenheit nur noch bedingt mit ihr in Einklang gebracht werden (Goos et al. 2014: 2509). So zeigte sich etwa in den USA seit den 1980er Jahren ein nicht-monotones Beschäftigungswachstum nach Qualifikation. Zwar kam es im Einklang mit dem SBTC-Modell zu einem starken Beschäftigungswachstum am oberen Rand der Qualifikationsskala, allerdings ließ sich parallel auch am unteren Ende ein relatives Beschäftigungswachstum feststellen (Autor & Dorn 2013: 1553).

4.2 Von Qualifikationen zu Tätigkeiten

4.2.1 Der tätigkeitsbasierte Ansatz

Diese Entwicklungen können nicht alleine mittels des Standard-SBTC-Modells erklärt werden, was zu einer moderaten Modifikation des originären Ansatzes (SBTC) hin zum RBTC-(„Routine Biased Technical Change")Ansatz führte. Dieses, erstmals von Autor et al. (2003) vorgestellte Modell, impliziert eine Abkehr von der ausschließlichen Betrachtung zweier Qualifikationsniveaus und proklamiert die zusätzliche Analyse von Tätigkeiten. Aufgrund dieser Fokussierung auf Tätigkeiten wird der Ansatz auch als „Task-Based-Approach" (TBA) bezeichnet. Der Einfluss des technologischen Wandels auf den Arbeitsmarkt wird also in diesem Modell über die in den Berufen verrichteten Tätigkeiten abgebildet. Grundidee des Ansatzes ist, dass die verschiedenen Tätigkeiten auch auf unterschiedliche Weise von der Einführung neuer Technologie betroffen sind. Gemäß Autor et al. (2003) sind so genannte „Routine-Tätigkeiten", die sich durch eine festgelegte Abfolge und Wiederholung derselben Aufgaben auszeichnen, leichter durch Computerisierung zu ersetzen als „Nicht-Routine-Tätigkeiten", die beispielsweise die Fähigkeiten zu komplexem Problemlösen und zur Kommunikation erfordern (Autor et al. 2003: 1282).

Innerhalb der Einteilung in Routine- bzw. Nicht-Routine-Kategorien werden in der Literatur zumeist weitere Kategorisierungen der Tätigkeiten vorgenommen, die sich weitestgehend ähneln. In Deutschland wird zumeist auf die Einteilung von Spitz-Oener (2006) zurückgegriffen. Danach lassen sich Tätigkeiten grob zu fünf verschiedenen Kategorien zuordnen: kognitive Routine ("routine cognitive"), manuelle Routine ("routine manual"), analytische Nicht-Routine ("non-routine analytical"), interaktive Nicht-Routine ("non-routine interactive") und manuelle Nicht-Routine ("non-routine manual").

Der Bereich der Routine-Tätigkeiten wird demnach unterschieden in kognitive und manuelle Tätigkeiten. In die Kategorie der kognitiven Routine fallen dabei Tätigkeiten mit repetitiven geistigen Anforderungen, etwa Buchhaltungs- oder Kalkulationsvorgänge. Als manuelle Routine-Tätigkeiten werden beispielsweise die Beschickung oder das Betreiben einer Maschine bezeichnet, d.h. Tätigkeiten, die unter körperlichem Einsatz manuell ausgeführt werden, aber keine komplexe und veränderliche Betätigung erfordern.

Die Kategorie der Nicht-Routine umfasst ebenfalls manuelle und kognitive Tätigkeiten. Im Gegensatz zur Routine-Kategorie wird bei den kognitiven Tätigkeiten aber zusätzlich zwischen analytisch und interaktiv unterschieden. In den Bereich der analytischen Nicht-Routine fallen die Tätigkeiten, die logisches Denken und Problemlösungsfähigkeiten erfordern. Dies könnten beispielsweise die Vorbereitung, Planung und Evaluation von Projekten sein.

Der Term interaktiv bezieht sich einerseits auf die effektive Fähigkeit zur schriftlichen oder mündlichen Kommunikation, kann anderseits aber auch Aspekte wie Kooperationsfähigkeit mit Mitarbeitern oder den Umgang mit Kunden abdecken. Typische Tätigkeiten dieser Kategorie sind Verkaufen, Koordinieren oder Delegieren.

Als manuelle Nicht-Routine werden schließlich solche Tätigkeiten verstanden, die praktischen Köpereinsatz erfordern, aber keinen repetitiven Charakter aufweisen. Beispiele hierfür sind etwa Reinigungstätigkeiten oder die Restaurierung eines Gebäudes (Spitz-Oener 2006: 238).

Gemäß dem Modell von Autor et al. (2003) wirkt sich die Computerisierung unterschiedlich auf die einzelnen Tätigkeitskategorien aus. Demnach kommt es im Bereich der manuellen und kognitiven Routine-Tätigkeiten zu einer substanziellen Substitution ursprünglich von Menschen verrichteter Arbeit durch Maschinen. Dagegen gibt es zwischen neuer Technologie und analytischen sowie interaktiven Nicht-Routine-Tätigkeiten eine starke Komplementarität.

Demnach steigt im Zuge einer zunehmenden Digitalisierung der Bedarf an diesen beiden Tätigkeitskategorien. Nicht eindeutig sind die Auswirkungen im Bereich der manuellen Nicht-Routine. In dieser Kategorie gibt es nur „begrenzte Möglichkeiten für eine Substitution oder eine Komplementarität" (Autor et al. 2003: 1286).

Entscheidende Neuerung des RBTC-Ansatzes gegenüber SBTC ist also, dass nicht länger unterschiedliche Wirkungen des technologischen Wandels zwischen Qualifikationen, sondern zwischen verschiedenen Tätigkeiten untersucht werden. Während Tätigkeit die Beschaffenheit der Arbeitsaufgabe als solche meint, drückt Qualifikation im Rahmen dieses Modellgerüsts die Befähigung zur Verrichtung der Tätigkeit in Form von Kenntnissen und Fertigkeiten („Skills") aus. Durch diese Differenzierung wird die implizite Eins-zu-eins-Beziehung zwischen Skills und Tätigkeiten des SBTC-Ansatzes aufgehoben. Es wird also nicht länger unterschwellig eine Gleichsetzung von Tätigkeit und der zu ihrer Ausübung nötigen Voraussetzungen vorgenommen. Vielmehr kann gemäß des RTBC-Modells eine Arbeitskraft mit bestimmten Skills eine Reihe verschiedener Tätigkeiten ausführen und in Abhängigkeit der Arbeitsmarktbedingungen und des Stands der Technik zwischen den von ihr ausgeführten Tätigkeiten wechseln (Acemoglu & Autor 2011: 1044).

Aufbauend auf diesem Grundmodell zeigen Autor et al. (2006) wie die Zunahme der Computertechnologie das Phänomen der Beschäftigungs-Polarisierung erklären kann: Gemäß der Modellannahme, dass Routine-Tätigkeiten und Kapital (Computertechnologie) perfekte Substitute sind, werden bei fallenden Kapitalkosten Routine-Tätigkeiten durch Computer ersetzt und führen so zu einer Reduktion der relativen Beschäftigungsanteile (und der Löhne) von Arbeitern mit Routine-Tätigkeiten. Beschäftigte, die Nicht-Routine-Tätigkeiten verrichten, profitieren dagegen von der erhöhten Computerisierung in Form von Beschäftigungs- und Lohnzuwächsen, da sie ein Komplementärgut für diese Arbeiter darstellt und folglich ihre Produktivität erhöht. Die nicht länger benötigten Routine-Arbeiter werden hin zu Nicht-Routine-Tätigkeiten manueller Natur gedrängt. Im Modellrahmen können sie keine kognitiven Nicht-Routine-Tätigkeiten verrichten, da ihnen hierfür, annahmegemäß, die nötige Qualifikation fehlt. Das erhöhte Angebot an Arbeitern mit Befähigung zur Ausführung manueller Nicht-Routine-Tätigkeiten lässt deren Entlohnung sinken, allerdings nicht so stark wie im Bereich der Routine-Tätigkeiten, andernfalls würden sie nicht zur Ausübung von Nicht-Routine-Tätigkeiten wechseln.

Gesetzt den Fall, dass Berufe mit überwiegend Routine-Tätigkeiten nicht am untersten Ende der Einkommensskala verortet sind, da sie ein Mindestmaß an Qualifikation erfordern (Goos & Manning 2007: 122), kann der

„Task-Based-Approach" über die Ersetzung der Routine-Tätigkeiten durch Computerisierung aus theoretischer Sicht das Schrumpfen der Beschäftigung in der Mitte und die Polarisierung hin zu den Rändern erklären.

4.2.2 Die Grenzen des Ansatzes

Fundamentale Grundlage des TBA ist die Differenzierung in Routine- und Nicht-Routine-Tätigkeiten. So essentiell diese Kategorisierung für sämtliche Thesen des Ansatzes ist, so schwierig gestaltet sich die Einteilung in Theorie und Praxis. Weder ist der Begriff der Routine grundlegend theoretisch hergeleitet, noch existieren eindeutige und einheitliche Standards bei der praktischen Operationalisierung von Tätigkeiten. Die Begrifflichkeit der Routine wird vielmehr je nach Studie anders interpretiert und verwendet. Ein und dieselbe Tätigkeit wird teilweise verschiedenen Kategorien zugeordnet, was zu unterschiedlichen empirischen Beurteilungen des faktisch gleichen Sachverhalts führen kann. Eine Modellierung der Arbeitswelt, die nur auf einigen wenigen undifferenzierten Tätigkeitsbeschreibungen beruht, kann der Vielfalt und Komplexität der Realität nur bedingt gerecht werden (Pfeiffer & Suphan 2015: 5 ff.).

Der TBA greift also möglicherweise gerade da zu kurz, wo ein genaueres Bild der Auswirkungen der Digitalisierung wünschenswert wäre. Selbst wenn es gelingt, eine sinnvolle Kategorisierung von Tätigkeiten vorzunehmen und auf diese Weise die Veränderungsprozesse zwischen und innerhalb von Berufen zu charakterisieren, kann dies nur einen oberflächlichen und unvollständigen Blick auf die Auswirkungen der Digitalisierung im Arbeitsumfeld ermöglichen. Zum einen ist ein Beruf mehr als die Summe seiner Einzeltätigkeiten. Zum anderen umfasst eine einzige Tätigkeit oft mehrere Aufgaben. Dies bedeutet, dass durch die Digitalisierung nicht nur komplette Tätigkeiten an Bedeutung gewinnen oder verlieren können, sondern unter Umständen einzelne Aspekte innerhalb von Tätigkeiten unterschiedlich betroffen sind (Hirsch-Kreinsen 2016a: 16).

Der TBA kann demnach keine Antwort auf die Frage nach „Anteilen von Nicht-Routine *innerhalb* von Tätigkeiten" geben (Pfeiffer & Suphan 2015: 16). Um auf Grundlage des TBA genauere Einblicke in die arbeitsmarktrelevanten Folgen der Digitalisierung gewinnen zu können, muss der Ansatz auch mit Blick auf die, die Tätigkeiten konstituierenden Elemente, angewandt werden. Caines et al. (2017) argumentieren sogar, dass weniger die Intensität der Routine einer Tätigkeit, als vielmehr ihre Komplexität entscheidend für Veränderungen ihrer Entlohnung und Beschäftigungsanteile ist. Es ist also nicht nur der tatsächliche Routine-Anteil innerhalb einer Tätigkeit von Relevanz, sondern insbesondere auch inwiefern zur Ausführung der Tätigkeit anspruchsvolle Fähigkeiten und

Fertigkeiten, etwa Abstraktions-, Entscheidungs- oder Problemlösungsfähigkeit von Nöten sind. Demnach ist von nicht unerheblicher Bedeutung die Frage, was eine Tätigkeit also tatsächlich in ihrem Kern ausmacht, bzw. welche Voraussetzungen zu ihrer Ausübung erfüllt sein müssen. Es stellt sich somit unmittelbar die Frage, welche beruflichen Anforderungen zur Ausführung einer bestimmten Tätigkeit gestellt werden. Erst die Beantwortung dieser Frage macht den TBA zu einem geeigneten Instrument, um tiefer gehende Aussagen hinsichtlich veränderter Arbeitsanforderungen treffen zu können.

4.3 Veränderungen der Arbeitsanforderungen

Veränderte Tätigkeitsbedarfe gehen somit – darüber besteht zumindest im Grundsatz weitgehend Einigkeit – auch mit Verschiebungen der relativen Relevanz einzelner beruflicher Anforderungen einher. Während sich der TBA in seiner originären Form nur bedingt eignet Veränderungen von Bedarfen spezifischer Fähigkeiten und Fertigkeiten zu beurteilen, wird er in der oben dargelegten Form vielfach herangezogen, um qualifikatorische Auswirkungen der Digitalisierung abzuleiten.

4.3.1 Zwischen Upgrading und Polarisierung

Grundsätzlich wird diesbezüglich ein breites Spektrum unterschiedlicher Entwicklungsperspektiven diskutiert. Die extremen Pole dieses Diskurses werden von den Thesen des Qualifikations-Upgrading auf der einen und der Qualifikations-Polarisierung auf der anderen Seite besetzt (Hirsch-Kreinsen et al. 2015: 9):

Die Grundlage der *Upgrading-These* stellt im Wesentlichen der SBTC-Ansatz dar. Demnach kommt es in erster Linie zur einer Substituierung von Tätigkeiten Geringqualifizierter, wohingegen die Tätigkeiten Hochqualifizierter einer kontinuierlichen Aufwertung unterliegen (Hirsch-Kreinsen et al. 2015: 9). Infolge dessen würde die Digitalisierung also eine Erhöhung des Bedarfs an Hochqualifizierten mit sich bringen.

Upgrading wird aber auch als ein Prozess verstanden, der tendenziell alle Beschäftigungsgruppen erfasst. In diesem Sinne führt eine zunehmende Informatisierung zu einer generellen Komplexitätserhöhung der Arbeit (Hirsch-Kreinsen 2016a: 11).

Dagegen folgt die *Polarisierungs-These* insofern dem RBTC-Ansatz, als dass sie eine Polarisierung der Qualifikationsbedarfe erwarten lässt. Demnach kommt es sowohl zu einem zunehmenden Bedarf an Gering-, als auch an Hochqualifizierten, während zugleich eine vermehrte Erosion mittlerer Qualifikationsebenen eintritt (Hirsch-Kreinsen & Hompel 2017: 365). Die Digitalisierung erlaube einst qualifikatorisch anspruchsvolle Aufgabenstellungen zu vereinfachen und in weniger komplexe und mit geringeren Qualifikationsanforderungen verbundene Tätigkeiten zu verwandeln. Gerade bei Facharbeitern kommt es demnach zu einer Dequalifizierung ursprünglich qualifizierter Arbeit (Hirsch-Kreinsen 2016a: 12). Beispielsweise werde der Vorgang des Kassierens im Supermarkt durch die Digitalisierung auf das Ziehen der Ware über einen Scanner reduziert.

Gemäß diesen Szenarios würde die Digitalisierung Geringqualifizierte nicht zwangsläufig, wie es der SBTC-Ansatz postuliert, überflüssig werden lassen. Vielmehr stünde dem digitalisierungsbedingten Wegfall von Einfacharbeit an der einen, ein paradoxerweise ebenfalls durch die Digitalisierung ausgelöster neuer Bedarf an Geringqualifizierten an anderer Stelle gegenüber (Hirsch-Kreinsen 2016b: 2 f.).

Darüber hinaus käme es aber auch zu einer Aufwertung spezifischer Fachtätigkeiten, die hohe qualifikatorische Anforderungen stellen, die deutlich über dem bisherigen Facharbeiterniveau lägen. Komplexere technische Prozesse und Verfahren verlangen demnach auch nach einem höheren Qualifikationsniveau der mit diesen betrauten Beschäftigten. Dies impliziert einen digitalisierungsbedingten größeren Bedarf an Hochqualifizierten. Insgesamt kommt es also gemäß der Polarisierungs-These zu einer Verlagerung von der Mitte der Qualifikationsskala hin zu ihren Enden (Ittermann et al. 2015: 50).

Als ein mögliches drittes, vor allem arbeitssoziologisch geprägtes Entwicklungsszenario fasst Hirsch-Kreinsen (2016a) die „Flexibilisierung und Entgrenzung von Arbeit in zeitlicher, organisatorischer und räumlicher Hinsicht" (Hirsch-Kreinsen 2016a: 12) zusammen. Die Digitalisierung schafft demnach für eine Reihe von zusätzlichen Sektoren die Möglichkeit zur Realisierung von Arbeitsstrukturen, die bisher in erster Linie wissensintensiven Branchen vorbehalten waren. So könnte es auch in produktionsintensiven Bereichen zu einer zunehmenden Entkopplung von Arbeitszeit und Arbeitsort kommen (Ittermann et al. 2015: 57). Mobilität und Flexibilität seitens der Beschäftigten würden folglich immer wichtiger.

4.3.2 Erfahrungswissen – Eine Grenze der Digitalisierbarkeit?

Flexibilität ist dabei gemäß Autor (2015) eine der Fähigkeiten „that the human species evolved, rather than developed" (Autor 2015: 12). Diese zeichnen sich dadurch aus, dass sie kaum durch explizite Regeln oder Prozeduren beschrieben werden können, aber zugleich von jedermann ohne Mühe angewendet und „tacitly" (implizit) (Autor 2015: 12) verstanden werden. Dieses „tacit knowledge"

(Erfahrungswissen) stellt eine natürliche Grenze der Digitalisierbarkeit dar (Hirsch-Kreinsen et al. 2015: 18). Es ist im Gegensatz zu formalisierbarem, explizitem Wissen in der Regel auf Fähigkeiten oder Know-how bezogen und von kollektiver Natur (Amin & Cohendet 2004: 3). Diese Eigenschaften machen solches Wissen nur bedingt durch Computertechnologie reproduzierbar. Von Autor (2015) in Anlehnung an Polanyis Beobachtung „We know more than we can tell" (Polanyi 1966) als „Polanyi's paradox"[7] tituliert, stellt es eine Grenze der Digitalisierbarkeit dar.

Vor diesem Hintergrund geht Autor (2015) davon aus, dass im Rahmen der Digitalisierung einerseits leicht formalisierbare Fähigkeiten wie numerische und kalkulatorische Fähigkeiten an Bedeutung einbüßen. Andererseits werden gerade in den Bereichen, in denen Erfahrungswissen besonders wichtig ist, weiterhin kaum maschinell zu implementierende Kompetenzen existieren. Demnach sind auch in Zeiten der Digitalisierung beispielsweise Beurteilungsvermögen, gesunder Menschenverstand, Kreativität und soziale Kompetenzen weiterhin von großer Relevanz (Autor 2015: 11 f.).

Gerade an den Grenzen der technischen Beherrschung, in denen Aufgabenstellungen nicht alleine analytisch-wissenschaftlich bewältigt werden können, ist Erfahrungswissen und praktisches Denken unerlässlich (Böhle & Pfeiffer 2017: 186). In kritischen, unbekannten oder unwägbaren Situationen reicht es unter Umständen nicht sich alleine auf Verstand und Logik zu verlassen, erforderlich sind Intuition, Bauchgefühl und Emotion. Insbesondere gemachte Erfahrungen und erworbene Fähigkeiten versetzen uns in die Lage auch mit neuen Herausforderungen souverän umzugehen. Mit der Digitalisierung verbundene hochkomplexe Aufgabenstellungen zeichnen sich oftmals durch dynamische Veränderungen und nicht planbare Situationen aus, die situatives Handeln und Anpassungsfähigkeit nötig machen. Insbesondere in solch komplexen Arbeitsumwelten ist Erfahrungswissen von unermesslicher Bedeutung (Pfeiffer & Suphan 2015: 13 ff.).

7 Teilweise wird das Phänomen nach dem Robotik-Wissenschaftler Hans Moravec auch als „Moravec's paradox" bezeichnet, der bereits 1988 feststellte: „It has become clear that is comparatively easy to make computers exhibit adult level performance on intelligence tests or playing checkers, and difficult or impossible to give them the skills of a one-year-old when it comes to perception and mobility" (Moravec 1988: 15).

4.3.3 Körperliche Anforderungen

Die Bedeutsamkeit des Erfahrungswissen beschränkt sich nicht nur auf kognitiv-intellektuelle Anforderungsaspekte, sondern erstreckt sich ebenso auch auf körperliche Fähigkeiten. Gerade Bereiche der einfachen Sensomotorik, die körperliche Geschicklichkeit und Fingerspitzengefühl erfordern, sind hiervon betroffen (Hirsch-Kreinsen 2016a: 16). Demnach existieren Bereiche körperlicher Tätigkeit, die nicht ohne weiteres digitalisierbar sind.

Immer wieder wird daher betont, dass Menschen gerade bei physischen Aufgabenstellungen nach wie vor einen großen Flexibilitätsvorteil gegenüber Maschinen haben. Zwar könnten diese mittlerweile prinzipiell einen Großteil der physischen Tätigkeiten ausführen, sofern jedoch ein Produktionsschritt verändert würde, führe dies beinahe zwangsläufig zu einem Produktionsstopp und einer Neuprogrammierung der Maschine. Menschen können sich demgegenüber meist viel schneller auf veränderte Aufgabenstellungen physischer Art einstellen (Brynjolfsson & Mcafee 2014: 53). Situativ veränderliche Prozesse, die flexible Formen körperlicher Betätigung erfordern, sind somit schwerer substituierbar als sich wiederholende, gleich verlaufende körperliche Arbeitstätigkeiten.

Positiv gedeutet könnte die Digitalisierung bei diesen repetitiven körperlichen Tätigkeiten zu einer Entlastung des Menschen beitragen, indem sie ihn in zunehmendem Maß von ermüdenden Routine-Tätigkeiten befreit. Dies könnte die Konzentration auf kreative und wertschöpfende Aufgaben erlauben und somit ältere Arbeitnehmer aufgrund der geringeren physischen Belastung dem Arbeitsleben länger erhalten bleiben (Forschungsunion und acatech 2013: 5).

Eine solche maschinelle Substituierung körperlich anspruchsvoller Tätigkeiten, die vermehrte Fokussierung der Beschäftigten auf geistige Tätigkeiten, sowie die Kooperation zwischen Mensch und Maschine ginge folglich mit einer Steigerung der Qualität der Arbeit und einer Reduktion physischer Anforderungen an die Beschäftigten einher (Dombrowski et al. 2014: 144).

Andererseits könnte die Digitalisierung in Teilbereichen aber auch eine zunehmende physische Belastung des Menschen zur Folge haben. Wenn Flexibilisierung, ständige Erreichbarkeit und Kontrollmöglichkeiten zu einer Intensivierung und Verdichtung der Arbeit führen, nimmt die Belastung im Verhältnis zur Erholung deutlich zu. Eine solche dauerhafte Erschöpfung kann möglicherweise gesundheitsgefährdend sein (Rau 2017: 11).

Die maschinelle Ersetzung insbesondere der Routine-Tätigkeiten bedeutet zugleich, dass Menschen vermehrt mit ständig wechselnden und komplexen Aufgaben betraut sind. Eine Erhöhung der kurzzyklischen Tätigkeitswechsel und eine taktunabhängige Produktion könnten die körperliche Belastung der

Arbeitskräfte also sogar zunehmen lassen. Die Digitalisierung schafft somit unter Umständen Arbeitsbedingungen, die zu einer stärkeren Beanspruchung von Sinnen und Nerven führen könnten (Dombrowski et al. 2014: 143 ff.). Vor diesem Hintergrund könnte die Digitalisierung die Anfordernisse an physische Ausdauer und körperliche Belastbarkeit erhöhen.

Die Literatur geht in Bezug auf die Digitalisierung also zum einen in Fortführung der Wirkung der Automatisierung von einer zunehmenden Bedeutungslosigkeit solcher körperlichen Fähigkeiten aus, die repetitiven Krafteinsatz benötigen und mit weitgehend gleichförmigen Arbeitsprozessen verbunden sind. Mit wachsender technologischer Leistungsfähigkeit wird ein immer größerer Teil der bisher dem Menschen vorbehaltenen körperlichen Tätigkeiten maschinell ersetzbar. An dieser Stelle kann die Digitalisierung zu einer weiteren körperlichen Entlastung der Menschen beitragen.

Zum anderen existieren Nischen, in denen die körperlichen Fähigkeiten des Menschen nach wie vor unerreicht bleiben. Gerade im Bereich der Feinmotorik und in physischen Arbeitsumfeldern, in denen sich Aufgabenstellungen ständig verändern, braucht es weiterhin menschliche Arbeitskraft.

Die Vorstellung der körperlichen Entlastung des Menschen durch die Maschine wird zudem durch mögliche (physische) Belastungen im Zuge von Arbeitsverdichtungen und wachsender Intensität relativiert.

Die Literatur bietet also eine Reihe von Erklärungsansätzen für mögliche digitalisierungsbedingte Veränderungen von unterschiedlichen Anforderungsbedarfen. In qualifikatorischer Hinsicht wird insbesondere ein zunehmender Bedarf Hochqualifizierter erwartet. Es finden sich jedoch auch Argumente, die zumindest in Teilbereichen nach wie vor auch für eine Nachfrage nach Beschäftigten mit geringer Qualifikation sprechen. Eine hohe formale Qualifikation alleine ist aber nicht ausreichend, um die sich immer schneller wandelnden Anforderungen des Arbeitslebens zu meistern. Hierzu sind insbesondere auch Kompetenzen von Nöten, die sich teilweise nur aus der Erkenntnis der erlebten Erfahrung gewinnen lassen. Folglich sind beispielsweise Kompetenzen wie Beurteilungsfähigkeit oder Intuition nach wie vor von immenser Relevanz. Bezüglich der physischen Anforderungen der Digitalisierung wird einerseits in Fortführung des Effekts der Automatisierung die entlastende Wirkung betont, andererseits aber auch auf mögliche erst im Zuge der Digitalisierung auftretende auch körperliche Risiken hingewiesen. Darüber hinaus wird ebenfalls deutlich, dass weiterhin Teilbereiche physischer Anforderungen, etwa im Feld der Fein- und Sensomotorik, bestehen, die zumindest heute noch nicht maschinell ersetzbar sind.

Insgesamt bleibt die Literatur, anders als in Bezug auf Tätigkeiten, hinsichtlich anforderungsrelevanter Auswirkungen der Digitalisierung eher vage und unspezifisch. Wohingegen sich hinsichtlich der tätigkeitsbezogenen Wirkung auf Grundlage der verschiedenen Tätigkeitskategorien und der Zuordnung einzelner Tätigkeiten zu diesen Kategorien bereits eine viel differenziertere Analyse vornehmen lässt, beschreibt die Literatur nur selten die Effekte für explizite Anforderungen. Sofern dies erfolgt, geschieht dies in aller Regel nicht systematisch und kategorisierend, sondern verbleibt auf Ebene des einzelnen Beispiels.

Eine systematische und detaillierte Erfassungsgrundlage, wie sie für berufliche Tätigkeiten existiert und zur Quantifizierung der Digitalisierungswirkung verwendet wird, ist auch in Bezug auf berufliche Anforderungen wünschenswert. Unbedingte Voraussetzung hierfür ist ein besseres Verständnis der Anforderung als solcher und ihrer unterschiedlichen Facetten. Die Unterscheidung in formale, geistige und körperliche Anforderungen muss konkretisiert werden, um eine adäquate Kategorisierung von einzelnen Anforderungen zu ermöglichen. Bei der Entwicklung der Systematik zur Anforderungskategorisierung soll einerseits so weit wie möglich auf bestehende Konzepte zurückgegriffen, anderseits die Eignung zur Auswertung von Stellenanzeigen sichergestellt werden. Die Anforderungen für Stellenanzeigen werden in der Regel auf Grundlage eines vorher erstellten Anforderungsprofils bestimmt. Das Anforderungsprofil setzt dabei bei den in einem Beruf auszuübenden Tätigkeiten an. Dies macht das Anforderungsprofil zu einer geeigneten Grundlage für die systematische Verknüpfung von Tätigkeiten und Anforderungen. Nachfolgend wird zunächst das Anforderungsprofil in seiner Grundstruktur beschrieben und hinsichtlich seiner Eignung als Basis für die Analyse der Stellenanzeigen diskutiert. Im Anschluss daran werden die drei Teilbereiche beruflicher Anforderungen, formaler, kompetenzbezogener und physischer Bereich, näher ausgestaltet.

5. Das Anforderungsprofil als Grundlage der Anforderungsmatrix

Stellenanzeigen werden idealtypischer Weise auf Basis eines vorher bestimmten Anforderungsprofils als Grundstein des Personalauswahlprozesses verfasst. Dieses „definiert alle tätigkeitsspezifischen und tätigkeitsunspezifischen Eigenschaften, Fähigkeiten, Kenntnisse, Fertigkeiten und Verhaltensweisen, die eine Person zur erfolgreichen Bewältigung der künftigen Aufgaben benötigt" (Peus et al. 2014: 9). Es dient somit als eine Art Sollprofil, der von einem Bewerber zu erfüllenden Kriterien, kann aber für diesen zugleich Informationsgrundlage über eine angestrebte Stelle darstellen (Weuster 2013: 32).

Das Anforderungsprofil wird in aller Regel auf Grundlage einer möglichst detaillierten Beschreibung der zu besetzenden Stelle entwickelt. Erst diese Stellenbeschreibung erlaubt das Festlegen eines Katalogs der vom Bewerber für diese spezifische Stelle zu erfüllenden Anforderungen. Unterteilen lässt sich dieses Anforderungsprofil nach Art des Profils und den enthaltenen Profilkomponenten.

Die Profilart bezieht sich dabei auf den Grad der Erforderlichkeit der jeweiligen Anforderung. Sie bestimmt somit in welchem Maß eine Anforderung unbedingte Voraussetzung zur Besetzung einer Stelle ist.

Während das Mindestprofil eine absolute Untergrenze der Anforderungen in Form von Knock-out-Kriterien setzt, versucht das Höchstprofil eine Überqualifizierung der Bewerber für eine Stelle zu verhindern. Das Idealprofil beschreibt eine Wunschvorstellung, der ein optimaler Kandidat möglichst gut entsprechen sollte. Das Negativ- bzw. Tabuprofil nennt Kriterien, die ein Bewerber nicht aufweisen sollte. Vorstellbar ist an dieser Stelle etwa der Ausschluss von vorbestraften Personen. Die explizite Nennung von Kriterien, die für die Besetzung der Stelle ausdrücklich keine Rolle spielen, also weder positiv noch negativ bewertet werden, wird schließlich als Irrelevanzprofil bezeichnet (Weuster 2013: 39 ff.).

Die Profilkomponente nimmt dagegen eine inhaltliche Differenzierung der Anforderungen vor. Üblicherweise werden vier verschiedene Komponenten unterschieden: Das Bildungsprofil, das Berufserfahrungsprofil, das Persönlichkeitsprofil sowie weitere ergänzende Profile.

Das Bildungsprofil beschreibt das vom Bewerber geforderte Ausbildungsniveau meist anhand eines formalen Abschlusses. Dabei kann es sich sowohl um Schul-, Berufs- oder Hochschulabschlüsse handeln, spezifische Notenvorstellungen oder das Erfordernis bestimmter inhaltlicher Ausbildungsschwerpunkte.

Auch spezifische Zertifikate oder Weiterbildungen werden unter diesem Profil subsumiert.

Das Berufserfahrungsprofil umfasst sämtliche berufliche Erfahrungsvoraussetzungen. Die Bandbreite der Ausgestaltung fällt dabei sehr unterschiedlich aus. Sie kann inhaltlich sehr allgemein gefasst sein oder spezifische Angaben umfassen. Diese reichen von einschlägiger Branchen- oder Unternehmenserfahrung bis hin zur Forderung bereits mit bestimmten Aufgaben, Funktionen oder Stellen Erfahrung gemacht zu haben.

Das Persönlichkeitsprofil beinhaltet die spezifische Passung eines Kandidaten für eine bestimmte Stelle und die damit verbundenen Persönlichkeitseigenschaften. Während bei der Eignung für eine Stelle und ihren Aufgaben („person-job fit") vor allem Kenntnisse, Fähigkeiten und Fertigkeiten beachtet werden, sind bei der Eignung für die Organisation („person-organization fit") insbesondere die Persönlichkeitsattribute des Bewerbers von Belang.

Unter die ergänzenden Profile fallen schließlich sämtliche sonstigen Aspekte. Dies können unter anderem zeitliche Anforderungen, Mobilität sowie psychische und physische Belastbarkeit sein (Weuster 2012: 40 ff.).

Zwar werden Stellenanzeigen meist anhand der Stellenbeschreibung und des ermittelten Anforderungsprofils verfasst, dennoch lassen sich in ihrer inhaltlichen Ausgestaltung und dem strukturellen Aufbau erhebliche Unterschiede im Vergleich zu Anforderungsprofilen erkennen. Dies liegt nicht zuletzt an der unterschiedlichen Zielgruppe. Während das Anforderungsprofil in aller Regel ein rein unternehmensinternes Dokument ist, soll eine Stellenanzeige, sofern es sich nicht um eine ausschließlich interne Ausschreibung handelt, auch unternehmensexterne Kandidaten ansprechen. Dies kann zur Folge haben, dass einen erheblichen Teil der Stellenanzeige nicht die Anforderungsbeschreibung an den Arbeitnehmer, sondern die Darstellung des Unternehmens als attraktiven Arbeitgeber, einnimmt. Darüber hinaus enthalten Stellenanzeigen oftmals Inhalte, die eher einer Stellenbeschreibung als einem Anforderungsprofil entsprechen. Zwar lässt sich hieraus teilweise indirekt auf zugehörige Anforderungen schließen, diese werden jedoch nicht zwangsläufig auch explizit genannt. Dazu kommt, dass ein Anforderungsprofil zweckmäßigerweise meist einer systematischen Struktur folgend, etwa in Listen- oder Tabellenform, die Stellenanzeige dagegen in der Regel als Fließtext formuliert ist, eine unmittelbare Extraktion der Anforderungen also nur schwerlich möglich ist.

Vergleicht man Anforderungsprofil und Stellenanzeige anhand der beiden Kriterien Art und Komponente, werden weitere Unterschiede deutlich:

Während in Anforderungsprofilen die Profilart meist explizit benannt wird, geschieht dies in Stellenanzeigen nur implizit über die jeweilige Formulierung bei Nennung einer Anforderung. Mindest- und Idealprofil lassen sich in einer Vielzahl von Stellenanzeigen wiederfinden. Denkbar sind dabei beispielsweise Formulierungen wie „erforderlich“ oder „unbedingt von Nöten“, die der Art des Mindestprofils zugerechnet werden können. „Wünschenswert“ oder „idealerweise“ lassen dagegen eher auf ein Idealprofil schließen. Irrelevanzprofile lassen sich teilweise etwa bei explizitem Hinweis auf Geschlechterneutralität finden. Höchst- und Negativprofil finden dagegen in Stellenanzeigen so gut wie keine Verwendung. In aller Regel kommen sie erst beim Selektionsprozess der Bewerbungen durch das Unternehmen zum Einsatz.

Die Komponenten des Anforderungsprofils lassen sich größtenteils in ähnlicher Form auch in Stellenanzeigen identifizieren. Zu Abweichungen kommt es in erster Linie beim Berufsprofil. Hier lässt sich nur schwer eine eindeutige Abgrenzung vornehmen, da es zu deutlichen Überschneidungen mit dem Bildungsprofil einerseits und dem Persönlichkeitsprofil andererseits kommt. Während unspezifische Angaben zur benötigten Berufserfahrung überwiegend ähnlich zum Bildungsprofil in Art des Mindestprofils formuliert sind, werden spezifische Berufserfahrungen in Form von Kenntnissen, Fähigkeiten und Fertigkeiten üblicherweise in einer dem Persönlichkeitsprofil ähnelnden Form angegeben.

Würde zur Analyse von Stellenanzeigen eine Einteilung in vier Komponenten analog zum Anforderungsprofil zu Grunde gelegt, hätte dies möglicherweise Einteilungsunschärfen oder Doppelzählungen von Anforderungen zur Folge. Zweckmäßig für die Stellenanzeigenanalyse erscheint daher eine Anpassung der Grundlage des Anforderungsprofils und eine spezifischere Ausgestaltung. Ratsam erscheint insbesondere eine Aufteilung der Komponente Berufserfahrung anhand des Kriteriums der Spezifität der Erfahrungsangabe und entsprechende Zuteilung zu Bildungs- bzw. Persönlichkeitsprofil. Während unter der unspezifischen Berufserfahrung die generelle Forderung nach ebensolcher ohne genauere Spezifizierung (mit Ausnahme einer Zeitangabe wie z.B. „mehrjährige“) verstanden werden kann, soll jedwede detailliertere Angabe, etwa durch die explizite Nennung von Branche, Position oder Aufgabe dem Teilbereich der spezifischen Berufserfahrung zugeordnet werden.

Aus dem Bereich der ergänzenden Profile ist in Bezug auf die Anforderungsanalyse von Stellenanzeigen in erster Linie der Aspekt der physischen Anforderungen separat zu verorten. Mobilitätserfordernisse und psychische Belastbarkeit lassen sich dagegen auch im Bereich der Persönlichkeitsanforderungen einordnen.

Aufgrund obig ausgeführter Unterschiede zwischen Anforderungsprofil und Stellenanzeige erscheint eine unmittelbare Verwendung des Anforderungsprofils in seiner ursprünglichen Form zur hier angedachten Analyse von Anforderungen in Stellenanzeigen nur bedingt geeignet. Vielmehr ist es nötig eine dezidierte systematische Anforderungsdarstellung zu entwickeln, die in ihrer Struktur hinsichtlich Anforderungsarten und -komponenten zwar auf der Grundlage des Anforderungsprofils aufbaut, die spezifischen Voraussetzungen einer Anforderungsanalyse der Digitalisierung mittels Stellenanzeigenauswertung aber besser erfüllt. Zu beachten sind dabei sowohl grundlegende Prinzipien der Matrixerstellung, die eine zweckmäßige und breite Anwendungseignung sicherstellen, als auch die hier vorliegenden spezifischen Anforderungen der Kompatibilität zum TBA und der Stellenanzeigenbezug.

Die Literatur nennt eine Reihe von rahmengebenden Prinzipien, an denen sich Matrizen zur Anforderungserfassung orientieren sollten. Gefordert wird hier insbesondere ein konsistenter Aufbau, der eine (internationale) Anwendbarkeit und Vergleichbarkeit ermöglicht (International Integrated Reporting Council 2016: 5). Es gilt dabei ein strukturiertes und möglichst vollständiges Profil zu schaffen (WM 2017: 182). Nicht zuletzt ist bei der Ausgestaltung der Matrix eine Sicherstellung der Operationalisierbarkeit der Anforderungen wichtig (Theyßen et al. 2006: 123). Im Wesentlichen sind von der zu entwickelnden Anforderungsmatrix folgende fünf Grundvoraussetzungen zu erfüllen:

1. Systematischer Aufbau
2. Vollständigkeit
3. Vergleichbarkeit
4. Kompatibilität zu Tätigkeiten
5. Operationalisierbarkeit

Die Forderung des *systematischen Aufbaus* bezieht sich in erster Linie auf eine geeignete Wahl der Art und Anzahl der Systemkomponenten. Verfügt ein Untersuchungsgegenstand über derart viele Einzelbausteine wie dies bei Stellenanzeigen der Fall ist, ist es unabdingbare Voraussetzung zur Analyse die einzelnen Komponenten der Matrix vorher auf systematische Art und Weise zu kategorisieren und zu gliedern.

Trotz des beachtlichen Umfangs muss es gelingen die *Vollständigkeit* des Untersuchungsgegenstands in der Matrix weitestgehend sicherzustellen. Nur wenn diese gegeben ist, kann gewährleistet werden, dass einerseits sämtliche anforderungsrelevanten Aspekte der Digitalisierung erfasst sind und diese anderseits auch in all ihren unterschiedlichen Facetten erfasst werden.

Erforderlich ist darüber hinaus, dass die Anforderungsdarstellung derartig gestaltet ist, dass sie soweit möglich auf bestehenden Systematiken aufbaut, um so eine *Vergleichbarkeit* der Ergebnisse zu anderen Untersuchungen zu gewährleisten. Somit ist es sinnvoll gängige Systematisierungskonzepte für Anforderungen aufzugreifen und hinsichtlich ihrer Anwendbarkeit für die Auswertung von Stellenanzeigen anzupassen.

Kompatibilität zu Tätigkeiten ist unbedingte Vorrausetzung, um auf die anforderungsspezifische Wirkungsweise der Digitalisierung schließen zu können. Die Anforderungsdarstellung muss daher so erfolgen, dass sie nicht losgelöst von bestehenden Theoriekonzepten steht, sondern sich eine Verknüpfung realisieren lässt.

Um zu gewährleisten, dass sich vermute Anforderungsbedarfe der Digitalisierung auch empirisch überprüfen lassen, muss die gewählte Darstellungsform eine *Operationalisierbarkeit* garantieren. Dies bedeutet insbesondere, dass sich die Inhalte der Anforderungsübersicht zahlenmäßig erfassen und wertmäßig interpretieren lassen müssen.

Es gilt also eine Darstellungsform der Anforderungen aus Stellenanzeigen zu entwickeln, die allen obigen Vorrausetzungen maximal Rechnung trägt. Nur wenn diese erfüllt werden, ist eine Eignung sowohl zur theoretischen Herleitung, als auch zur empirischen Überprüfung der Anforderungen der Digitalisierung sichergestellt.

Das Anforderungsprofil als Grundlage der Stellenanzeige, lässt sich dabei gerade hinsichtlich des systematischen Aufbaus der Darstellungsform gewinnbringend verwenden. So erscheint eine Auswertung in Anlehnung an die Systematik des Anforderungsprofils anhand folgender Grundstruktur (Tab. 1) sinnvoll:

Tab. 1: Grundstruktur der Anforderungsmatrix

	Formale Anforderungen	**Persönlichkeitsanforderungen**	**Ergänzende Anforderungen**
Profilart (mehrheitlich)	Mindestprofil	Idealprofil	Variabel
Profil-komponenten	Ausbildung (abschlussorientiert) und Berufserfahrung (unspezifisch)	Persönlichkeitsattribute und Berufserfahrung (spezifisch)	Physische Erfordernisse

Die Grundstruktur der Anforderungsmatrix besteht demnach aus drei Anforderungsbereichen, die anhand des Anforderungsprofils abgeleitet wurden. Jeder Anforderungsbereich lässt sich über Profilart und enthaltene Profilkomponenten weiter systematisieren.

Aufbauend auf dieser Grundstruktur sollen daher in den folgenden Abschnitten die drei Einzelkomponenten genauer eingegrenzt und systematisiert werden. Ein solches Vorgehen scheint nicht zuletzt deshalb unabdingbar, wenn man sich vor Augen hält, dass die deutsche Sprache 4.827 Adjektive und 5.817 Substantive enthält, die sich zur Personenbeschreibung eignen (Angleitner & Ostendorf 1994: 345). Davon ausgegangen, dass zu den beiden weiteren Anforderungsbereichen eine auch nur annährend ähnlich große Anzahl charakterisierender Begriffe existiert, wird deutlich, dass eine empirische Auswertung der Stellenanzeigen nur dann rechenleistungstechnisch umsetzbar und wissenschaftlich verwertbare Ergebnisse zu liefern in der Lage ist, wenn die drei Bereiche nach Art und Inhalt sinnvoll kategorisiert und anschließend adäquat operationalisiert werden. Daher wird nachfolgend eine zweckmäßige Ausgestaltung der drei einzelnen Anforderungsbereiche vorgenommen. Dazu werden zunächst anhand der Komponenten des Anforderungsprofils die individuellen Einzelanforderungen eines Anforderungsbereichs bestimmt und eine Operationalisierung mittels der zugehörigen Profilarten vorgenommen. Anschließend werden die Einzelanforderungen zu Anforderungsfeldern kategorisiert, die sich ihrerseits wiederum zu Anforderungshauptfeldern zusammenfassen lassen. Die Anforderungshauptfelder definieren schließlich die drei Anforderungsbereiche der Grundstruktur der Anforderungsmatrix.

5.1 Formaler Anforderungsbereich

Der formale Anforderungsbereich umfasst gemäß der oben dargestellten Grundstruktur der Anforderungsmatrix die beiden Komponenten der unspezifischen Berufserfahrung und der abschlussorientierten Qualifikation.

Die unspezifische Berufserfahrung wurde dabei im Rahmen des Anforderungsprofils gegenüber der spezifischen so abgegrenzt, dass sie keine nähere Spezifizierung als die Angabe eines Zeitraums enthält. Hierunter fallen also Forderungen nach Berufserfahrung, die entweder vollständig ohne nähere Eingrenzung bleiben oder diese lediglich in Form eines Mindestprofils, über die Nennung einer Zeitangabe, beschränken. Eine solche Zeitangabe erfolgt dabei in Stellenanzeigen meist in Jahren. Die Berufserfahrung wird daher in Abhängigkeit der Anzahl der geforderten Jahre in sieben verschiedene Einzelanforderungen unterteilt. Die Bezeichnung der Anforderungen der Niveaustufen 0–4 entsprechen dabei jeweils der mindestens erwarteten Berufserfahrung in Jahren. Niveaustufe 0 bedeutet demnach, dass keinerlei Berufserfahrung gefordert wird, also auch Berufsanfänger akzeptiert werden, während Niveaustufe 4 explizit mindestens vierjährige Berufserfahrung verlangt. Niveaustufe 5 erfasst die

Berufserfahrung von mindestens fünf, maximal aber neun Jahren. Sofern mindestens ein Jahrzehnt beruflicher Erfahrung gefordert wird, erfolgt die Einteilung in Niveaustufe 10. Die Niveaustufen 0 und 1 werden zum Anforderungsfeld geringe Berufserfahrung zusammengefasst, die Stufen 2 bis 4, sowie 5 und 10 analog zu den Feldern mittel bzw. hoch. Gemeinsam definieren die drei Anforderungsfelder das Anforderungshauptfeld der Berufserfahrung.

Die zweite Teilkomponente der formalen Anforderungen ist die abschlussorientierte Ausbildung, die die in Stellenanzeigen erwarteten formalen Ausbildungsabschlüsse erfasst. In Deutschland hat sich zur Kategorisierung von Bildungsabschlüssen insbesondere der Deutsche Qualifikationsrahmen (DQR) etabliert. Er baut auf dem Europäischen Qualifikationsrahmen auf, der Qualifikationen anhand eines mehrstufigen Systems abbildet (Sloane 2008: 11). Das Bundesministerium für Bildung und Forschung gibt einmal jährlich eine aktualisierte Liste der insgesamt acht verschiedenen Niveaustufen zugeordneten Qualifikationen bzw. Qualifikationstypen heraus. So enthält beispielsweise die Niveaustufe 1 gemäß der aktuellsten Fassung des DQR (Stand: 1.8.2017) die Berufsausbildungsvorbereitung (Berufsvorbereitende Bildungsmaßnahmen und Berufsvorbereitungsjahr) (DQR 2017: 3).

Die weitest gehende, wenn auch nicht uneingeschränkte Akzeptanz dieser Rahmengebung, in Kombination mit der Tatsache, dass bis auf wenige Ausnahmen sämtliche Qualifikationsarten erfasst sind, machen den DQR zur idealen Systematik zur Erfassung der abschlussorientierten Ausbildung in Stellenanzeigen. Dies liegt insbesondere daran, dass in Stellenanzeigen die Anforderungen nach bestimmten formalen Qualifikationen in aller Regel genau mittels solcher Abschlussbezeichnungen formuliert werden.

Die Niveaustufen 1 bis 4 des DQR werden zum Anforderungsfeld Qualifikation Gering, die Stufen 5 und 6 bzw. 7 und 8 anlog zu den Feldern Mittel bzw. Hoch zusammengefasst. Diese drei Anforderungsfelder bestimmen das Anforderungshauptfeld der Qualifikation.

Nachfolgende Darstellung (Abb. 2) zeigt die obig beschriebene Kategorisierung des formalen Anforderungsbereichs auf systematische Art und Weise.

Die formalen Anforderungen bestehen demnach mit der Berufserfahrung und der Qualifikation aus zwei Anforderungshauptfeldern, die jeweils drei Anforderungsfelder unterschiedlicher Niveaubereiche umfassen. Die Anforderungsfelder enthalten dabei zwischen zwei und vier verschiedene einzelne Niveaustufen. Insgesamt existieren im formalen Anforderungsbereich somit 15 verschiedene Einzelanforderungen.

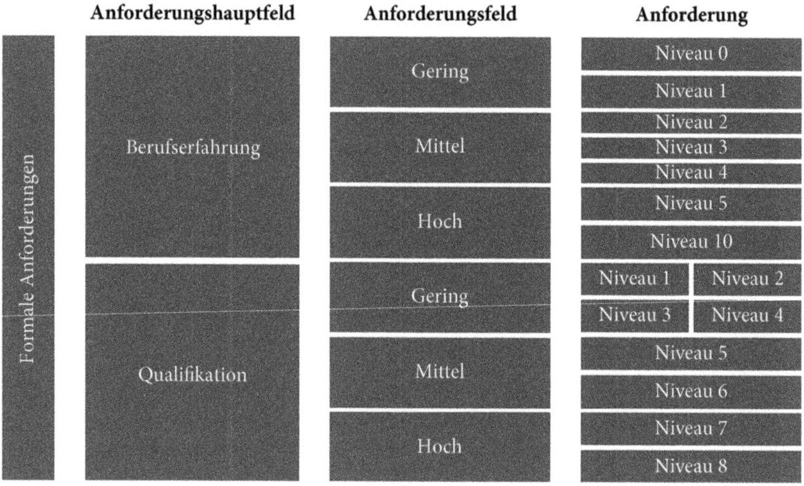

Abb. 2: Kategorien formaler Anforderungen

5.2 Kompetenzspezifischer Anforderungsbereich

Der zweite Anforderungsbereich, der Bereich der Persönlichkeitsanforderungen, umfasst die beiden Komponenten der Persönlichkeitsattribute und der spezifischen Berufserfahrung. Zur Erfassung von beruflichen Anforderungen, die sich auf Attribute der Persönlichkeit und die spezifische Berufserfahrung beziehen, finden sich dabei in der Literatur diverse Begrifflichkeiten und Konzepte.

Bereits in den 70er Jahren des 20. Jahrhunderts ging man in zunehmendem Maß dazu über, berufliche Anforderungen nicht mehr ausschließlich als Beschreibung von Aufgaben und Funktionen zu sehen, die es mit fachlichem Wissen und Fähigkeiten zu erfüllen gilt. Stattdessen fand das Konzept der sogenannten Schlüsselqualifikationen immer stärkere Beachtung, die nicht das Wissen, sondern die Person in den Vordergrund rücken sollten. Mertens (1974) versuchte mit dem Konzept der Annahme Rechnung zu tragen, „dass das Fachwissen immer schneller an Wert verlieren würde und damit auch schnell unbrauchbar werde" (Woschnack & Frischknecht 2002: 21). Das von ihm entwickelte Konzept, das vier Arten der Schlüsselqualifikation unterschied, umfasste dabei ursprünglich noch keine spezifisch auf die Persönlichkeitsentwicklung ausgerichtete Komponente, sondern enthielt nur die Forderung nach einem zusätzlichen „Bereich für freie Bildungsoptionen des einzelnen [...], damit Schulung für Personen erweitert werden kann zu Bildung von Persönlichkeiten" (Mertens 1974: 36). Erst Laur-Ernst (1990) präzisiert im Rahmen des

Schlüsselqualifikationskonzepts auch die Fähigkeiten zur Persönlichkeitsentwicklung (Laur-Ernst 1990).

Im Laufe der Jahre hat sich der spezifische Fokus der Schlüsselqualifikationen immer wieder gewandelt und verschiedenste Facetten gezeigt. Die inhärente Idee, dass sich berufliche Anforderungen wandeln und es somit geeignete Lösungsansätze zum Umgang mit diesen Veränderungen braucht, ist dabei bis heute von ungebrochener Aktualität. Das Konzept der Schlüsselqualifikation versucht mit der Abkehr vom formalen qualifikationsorientierten Bildungswesen hin zu persönlichkeitszentrierten und fachübergreifenden Ansätzen hierzu einen Denkanstoß zu liefern (Bahl 2009: 35).

Damit ähnelt die Schlüsselqualifikation in ihrer jüngeren Interpretation also einer anderen Begrifflichkeit, die sie gegen Ende des letzten Jahrtausends zunehmend ersetzte. Es kam zur Renaissance des Kompetenzbegriffs (Nuissl et al. 2002: 5). Dessen Bedeutung geht bereits aus dem lateinischen Ursprung „competencia" hervor. Demnach bezieht sich eine Kompetenz auf die Eignung, Befähigung oder Befugnis etwas zu tun (North et al. 2012: 43).

Eng diesem Begriffsursprung folgend definieren Schreiber et al. (2006) Kompetenzen „als Fähigkeiten, Fertigkeiten und Bereitschaften" (Schreiber et al. 2006: 19). Der Begriff betont dabei noch deutlicher als die Schlüsselqualifikation eine Abkehr von definierten Qualifikationen und eine Akzentuierung der Subjektorientierung (Miller 2000: 24). Der heutige Kompetenzbegriff ist also geprägt von der „Fähigkeit zur intrinsisch motivierten Entwicklung mit dem Ziel der optimalen Anpassung an die Umgebung" (Krautz 2009: 7). Seit Beginn des neuen Jahrtausends findet sich der Begriff der Kompetenz vermehrt wieder im allgemeinen Sprachgebrauch „meist im Zusammenhang mit Fähigkeiten und Fertigkeiten, die zum Beispiel von Bewerbern in Stellenanzeigen oder in Berufsbeschreibungen erwartet werden" (Huber 2004: 22).

Die Einsicht, dass Kompetenz heute einer der, wenn nicht der meistgebrauchte Begriff zur Charakterisierung von Persönlichkeitsattributen ist, machen ihn in Kombination mit seiner spezifischen Verwendung in Stellenanzeigen zu einer adäquaten Wahl zur Beschreibung der Komponente der persönlichen Anforderungen. Dazu kommt, dass die Kompetenz in ihrem Bezugsrahmen größer ist als vergleichbare Konzepte wie etwa das der sogenannten „Soft Skills". So machen Soft Skills, die in den letzten Jahren häufig genannt werden, wenn es darum geht Kriterien für die „employability", also die dauerhafte Beschäftigungsfähigkeit zu definieren, letzten Endes nur einen Teilbereich aller Kompetenzen aus. Sie umfassen als sogenannte „weiche Kompetenzen" insbesondere Fähigkeiten und Fertigkeiten mit sozialer Komponente. Hierunter fallen beispielsweise Teamfähigkeit, Kommunikationsfähigkeit oder Kooperationsfähigkeit (Rohlfs et al. 2014: 14).

Die Kompetenz kann also je nach Weite der Definition als Obergriff für eine Reihe der teilweise nur sehr unscharf zu trennenden Begrifflichkeiten zur Umschreibung persönlicher Anforderungen dienen. Unter Umständen geht die Auslegung des Begriffs Kompetenz dabei so weit, dass er im Sinne der Gesamtheit aller Anforderungen verstanden wird. Plath stellt beispielsweise fest:

> *„Die enorme Unschärfe in der Differenzierung von „Anforderungen" und „Kompetenzen" lässt oft nicht so recht erkennen, worum es jeweils geht. Dies führt zu beträchtlichen Überschneidungen und nahezu durchgängig zu inkonsistenten Begriffsverwendungen."* (Plath 2000: 585)

Die genauere Auseinandersetzung mit dem Begriff zeigt aber, dass er nur einen Teil der gesamten Anforderungen erfasst. So bezieht sich die Kompetenz nach Heyse und Erpenbeck (2007) auf „Dispositionen (persönliche Voraussetzungen) zur Selbstorganisation bei der Bewältigung von insbesondere neuen, nicht-routinemäßigen Aufgaben" (Heyse & Erpenbeck 2007: 14). Schon dieser explizite Fokus auf einen Ausschnitt des gesamten Tätigkeitsspektrums lässt darauf schließen, dass der Kompetenzbegriff nicht mit dem der Anforderung gleichzusetzen ist. So liegt die Vermutung nahe, dass z.B. im Bereich der Routine-Tätigkeiten hinsichtlich physischer Anforderungen eine deutlich differenziertere Herangehensweise erforderlich ist, als dies eine ausschließliche Untersuchung von Nicht-Routine-Tätigkeiten erfordert.

Zwar werden physische Anforderungen wie beispielsweise das psycho-motorische Können (z.B. manuelle Geschicklichkeit, Reaktionsschnelligkeit, Kondition und Ausdauer) im Sinne von Fertigkeiten (Miller 2000: 25) teilweise auch als Kompetenz im weiten Begriffsverständnis gesehen, im Rahmen dieser Arbeit erscheint es aber zweckmäßig der Auslegung Heyse und Erpenbecks zu folgen. Demnach sind solche physischen Anforderungen mit dem Kompetenzbegriff nur teilweise abgedeckt.

Gerade zur Herausarbeitung der digitalisierungsbedingten Anforderungen, die auf der unterschiedlichen Wirkungsweise der Digitalisierung in Bezug auf verschiedene Tätigkeits-Kategorien beruht, erscheint eine differenziertere Betrachtung der physischen Anforderungen und somit eine Erfassung als gesonderter Anforderungsbereich sinnvoll.

Unzweifelhaft erscheint zudem, dass sich darüber hinaus auch im formalen Bereich Anforderungen befinden, die nicht als Kompetenzen im eigentlichen Sinne verstanden werden können. Dies bekräftigt die auf Basis des Anforderungsprofils vorgenommene Grundstruktur dreier verschiedener Anforderungsbereiche.

Die breite Verwendung des Kompetenzbegriffs erklärt die Vielzahl kursierender unterschiedlicher Einzelkompetenzen. Zugleich bedeutet dies aber auch, dass bereits eine Reihe Modelle zur strukturgebenden Ordnung für den unüberblickbaren Bereich der Kompetenzen existiert. Sogenannte Kompetenzmodelle weisen dabei neben dem Aspekt der Unterscheidung von Teildimensionen in der Regel auch die Möglichkeit zur Differenzierung in verschiedene Niveaustufen der Kompetenzen auf (Klieme 2004: 3). Somit wird hier den Prinzipien des systematischen Aufbaus und der Operationalisierbarkeit Rechnung getragen. Vor der Zielsetzung einer möglichst großen Vergleichbarkeit der Ergebnisse liegt es daher nahe für die Analyse des kompetenzspezifischen Anforderungsbereichs auf ein bereits existierendes Kompetenzmodell zurückzugreifen.

Unter einer Vielzahl unterschiedlichster Systematiken zur Klassifizierung von Kompetenzen hat sich in Deutschland das bereits seit vielen Jahren existierende und immer wieder aktualisierte Kompetenz-Modell von Heyse und Erpenbeck als eines der umfangreichsten aber zugleich konkretesten herauskristallisiert. Mühlbacher spricht gar von einem in der Literatur „bisher nicht erreichten Standard" (Mühlbacher 2007: 129).

Im Verständnis von Heyse und Erpenbeck sind Kompetenzen „die individuellen Voraussetzungen, sich in konkreten Situationen an veränderte Bedingungen anzupassen, eigene Verhaltensstrategien zu ändern und erfolgreich umzusetzen" (Heyse & Erpenbeck 2004: XII). Ausgehend von dieser Kompetenzdefinition umfasst ihr Modell vier verschiedene Grundkompetenzen:

- *Personale Kompetenzen* beziehen sich auf den Teil der Kompetenzen mit Selbstbezug. Sie sind definiert als die Dispositionen einer Person selbstorganisiert zu denken und zu handeln. Sie umfassen somit sowohl Selbsteinschätzung, als auch die Fähigkeit eigene Motive und Werte zu entwickeln und sich dementsprechend zu verhalten.
- *Aktivitäts- und Handlungskompetenzen* versetzen eine Person in die Lage aktiv und gesamtheitlich selbstorganisiert zu handeln. Sie drücken sich in Motivation, Wille und Antrieb zur Aktivität aus. Die Handlungsrealisation kann sich dabei sowohl auf das eigene Tun beziehen, als auch die Fähigkeit andere zu Handlungen zu veranlassen.
- *Fachlich-methodische Kompetenzen* beschreiben die Disposition fachliche Fähigkeiten, Fertigkeiten und Kenntnisse anzuwenden und methodische Verfahren und Techniken selbstorganisiert zur Lösung von Problemstellungen einzusetzen und weiterzuentwickeln.
- *Sozial-kommunikative Kompetenzen* erfassen den Umgang mit anderen Menschen durch die eigenen kooperativen und kommunikativen Möglichkeiten, also die Dispositionen sich gruppen- und beziehungsorientiert zu verhalten und gemeinsam mit anderen Aufgaben zu lösen und Ziele zu erreichen (Rosenstiel & Erpenbeck 2003: XVI).

Da in der Praxis die Grundkompetenzen nicht immer in reiner Form, sondern oftmals überlappend bzw. als Mischform auftreten (Heyse & Erpenbeck 2007: 25), konkretisieren Heyse und Erpenbeck zu jeder Grundkompetenz in reiner Form zusätzlich jeweils die Kombination aus Grundkompetenz und einer der drei anderen Grundkompetenzen, sodass sich folgendes Basistableau (Abb. 3) ergibt:

	Anforderungshauptfeld	Anforderungsfeld	Anforderung	
Kompetenzspezifische Anforderungen	Personale Kompetenz P	P	Loyalität	Normati-ethische Einstellung
			Glaubwürdigkeit	Eigenverantwortung
		P/A	Einsatzbereitschaft	Selbstmanagement
			Schöpferische Fähigkeit	Offenheit für Veränderungen
		P/S	Humor	Hilfsbereitschaft
			Mitarbeiterförderung	Delegieren
		P/F	Lernbereitschaft	Ganzheitliches Denken
			Disziplin	Zuverlässigkeit
	Aktivitäts- und Handlungskompetenz A	A	Tatkraft	Mobilität
			Ausführungsbereitschaft	Initiative
		A/P	Entscheidungsfähigkeit	Gestaltungswille
			Innovationsfreudigkeit	Belastbarkeit
		A/S	Optimismus	Soziales Engagement
			Impulsgeben	Schlagfertigkeit
		A/F	Ergebnisorientiertes Handeln	Zielorientiertes Führen
			Beharrlichkeit	Konsequenz
	Sozial-kommunikative Kompetenz S	S	Kommunikationsfähigkeit	Kooperationsfähigkeit
			Beziehungsmanagement	Anpassungsfähigkeit
		S/P	Konfliktlösungsfähigkeit	Integrationsfähigkeit
			Teamfähigkeit	Dialogfähigkeit und Kundenorientierung
		S/A	Akquisitionsstärke	Problemlösungsfähigkeit
			Experimentierfreude	Beratungsfähigkeit
		S/F	Sprachgewandtheit	Verständnisbereitschaft
			Pflichtgefühl	Gewissenhaftigkeit
	Fachlich-methodische Kompetenz F	F	Fachwissen	Marktkenntnisse
			Planungsverhalten	Fachübergreifende Kenntnisse
		F/P	Wissensorientierung	Analytische Fähigkeiten
			Sachlichkeit	Beurteilungsvermögen
		F/A	Konzeptionsstärke	Organisationsfähigkeit
			Fleiß	Systematisch-methodisches Vorgehen
		F/S	Projektmanagement	Folgebewusstsein
			Lehrfähigkeit	Fachliche Anerkennung

Abb. 3: Kategorien kompetenzspezifischer Anforderungen

Demnach kann die Grundkompetenz Personale Kompetenz also zusätzlich zu ihrer reinen Form P durch Beimengung jeweils einer der drei anderen Grundkompetenzen noch in den Mischformen P/A (Beimengung Aktivitäts- und Handlungskompetenz), P/S (Beimengung Sozial-kommunikative Kompetenz) sowie P/F (Beimengung Fachlich-methodische Kompetenz) auftreten. Somit ergeben sich aus den vier Grundkompetenzen insgesamt 16 verschiedene Kompetenzen bzw. Kompetenzkombinationen. Mittels umfangreicher empirischer Untersuchungen wurde zu jedem dieser 16 Kompetenzfelder vier Einzelkompetenzen ermittelt, sodass das „KompetenzAtlas" genannte Modell insgesamt 64 verschiedene Kompetenzbegriffe umfasst. In zwei weiteren Untersuchungen wurden darüber hinaus zu den 64 Feldern des „KompetenzAtlas" weitere 147 Synonyme und eng verbundene Begriffe ermittelt. Diese wurden mit den 64 Begriffen des „KompetenzAtlas" zu einem „SynonymAtlas" mit insgesamt 211 Begriffen kombiniert (Heyse & Erpenbeck 2007: 25 ff.).

Diese Vielzahl an Kompetenzbegriffen und ihre systematische Gruppierung zu Einzelkompetenzen machen das Kompetenzmodell von Heyse und Erpenbeck zu einer idealen Grundlage für die Analyse der persönlichkeitsbezogenen Anforderungen in den Stellenanzeigen.

Neben den Persönlichkeitsattributen erfasst das Modell auch die zweite Komponente des Anforderungsbereichs, die spezifische Berufserfahrung. Sie wird unter der Teilkompetenz Fachwissen subsumiert. Fachwissen wird demnach unter anderem durch „mehrjährige Berufserfahrungen in gleichen oder vergleichbaren Positionen und Aufgaben und [dementsprechend] gute[n] Branchenkenntnisse[n]" (Heyse & Erpenbeck 2007: 52) erworben.

Damit deckt das Kompetenzmodell von Heyse und Erpenbeck beide in der Grundstruktur der Anforderungsmatrix enthaltenen inhaltlichen Komponenten, nämlich Persönlichkeitsattribute und spezifische Berufserfahrung, ab. Es erscheint daher sinnvoll diesen Anforderungsbereich im Rahmen dieser Arbeit als Kompetenzen im Sinne von Heyse und Erpenbeck zu definieren. Folglich wird dieser Anforderungsbereich im Weiteren als „kompetenzspezifischer Anforderungsbereich" bezeichnet. Insgesamt umfasst der kompetenzspezifische Bereich somit vier Anforderungshauptfelder mit jeweils vier Anforderungsfeldern, die ihrerseits wiederum vier Einzelanforderungen enthalten. Somit existieren 64 verschiedene einzelne Anforderungen mit Kompetenzbezug. Anforderungen körperlicher Art werden nicht dem kompetenzspezifischen, sondern dem dritten Anforderungsbereich zugeordnet.

5.3 Physischer Anforderungsbereich

Die ergänzenden Anforderungen stellen die dritte und damit letzte Komponente der Grundstruktur der Anforderungsmatrix dar. Da Mobilitätsanforderungen und Belastbarkeit psychischer Art bereits mittels des kompetenzspezifischen Anforderungsbereichs erfasst werden, beinhalten die ergänzenden Anforderungen somit ausschließlich die Komponente der physischen Anforderungen. Demzufolge wird dieser Anforderungsbereich im Weiteren als „physischer Anforderungsbereich" bezeichnet.

Es existieren dabei „umfangreiche Kataloge physischer Arbeitsbelastungen [...] [und] deren körperliche Folgen" (Kroll 2011: 65), in denen Arbeitsanforderungen die für das Entstehen einer Belastung potenziell verantwortlichen Eigenschaften repräsentieren (Schmiedl & Kubicek 2015: 2).

Diese Interpretation impliziert eine Wirkungsperspektive. In Stellenanzeigen werden physische Anforderungen in der Regel jedoch nicht als *Belastung*, sondern als *Können* formuliert. So wird beispielsweise in einer Stellenausschreibung für den Beruf des Schmiedes vermutlich nicht der muskuläre Verschließ, sondern das Erfordernis körperlicher Stärke genannt. Daher erscheint eine Anforderungsmatrix zur Stellenanzeigenauswertung auf Grundlage eines Katalogs von Arbeitsbelastungen ohne entsprechende Anpassung nur bedingt geeignet.

Zur Systematisierung körperlicher Anforderungen im Verständnis des Könnens findet sich dagegen keine einzelne etablierte Systematik, die zur vollumfänglichen Erfassung und Kategorisierung der Anforderungen in Stellenanzeigen geeignet wäre. Daher wird aufbauend auf mehreren existierenden Konzepten ein eigener Kategorisierungsrahmen definiert.

In der Grundstruktur folgt er dem bereits in den 50er Jahren des vergangenen Jahrhunderts entwickelten Genfer Schema. Dieses ist im Gegensatz zu Systematiken jüngeren Entstehungszeitpunkts besonders auf körperliche Tätigkeiten ausgelegt. Es nimmt dazu eben dargestellte Differenzierung der körperlichen Anforderungen in Können (z.B. Geschicklichkeit) und Belastung (z.B. muskulär) vor und führt zudem als Merkmal der Arbeitsanforderungen explizit auch Umgebungseinflüsse an. Unter Können ist im Sinne des Genfer Schemas die prinzipielle Verfügbarkeit eines Merkmals, unter Belastung sein tatsächliches Auftreten bei Ausführung der entsprechenden Tätigkeit zu verstehen (Katz & Baitsch 2006: 12).

Zum Zweck der Stellenanzeigenanalyse erscheint es daher sinnvoll die physischen Anforderungen in erster Linie als Können im Sinne einer körperlichen Grundfähigkeit aufzufassen und die Belastungsbegrifflichkeiten entsprechend anzupassen.

Diese grundsätzliche Grundfähigkeit wird oftmals anhand verschiedener Dimensionen motorischer Fähigkeiten bemessen (Starker et al. 2007: 776). Diese lassen sich nach fünf verschiedenen Basisfähigkeiten (Ausdauer, Kraft, Schnelligkeit, Beweglichkeit und Koordination) differenzieren (Wagner 2009: 20). Die Basisfähigkeiten lassen sich auf einer übergeordneten Ebene wiederum zwei Fähigkeitsformen zuordnen. Körperliche Ausdauer und Kraft werden dabei meist unter dem Begriff der konditionellen Fähigkeiten zusammengefasst, dem die koordinativen Fähigkeiten gegenüberstehen. Während die Beweglichkeit teilweise nicht als motorische Fähigkeit im eigentlichen Sinn erachtet wird (Bös & Mechling 1983), wird sie von anderen Autoren zumindest als „teilweise koordinativ bedingte motorische Fähigkeit" (Meinel & Schnabel 2007: 228) eingestuft. Schnelligkeit wurde traditionell als konditionelle Fähigkeit verstanden, heute wird sie dagegen zumeist in der Schnittstelle zwischen konditionellen und koordinativen Fähigkeiten gesehen. Da ihre Bedeutung im Rahmen der beruflichen Anforderungsanalyse allenfalls sehr marginal sein dürfte, wird die Schnelligkeit in der Analyse ausgeklammert. Neben der Beweglichkeit umfassen die koordinativen Fähigkeiten auch Koordination im engeren Sinn.

Demnach werden in dieser Arbeit Ausdauer[8] und Kraft als konditionelle, sowie Beweglichkeit und Koordination als koordinative Fähigkeiten verstanden.

Unter die bereits im Genfer Schema verankerten Umgebungseinflüsse fällt insbesondere die physikalische Exposition. Diese drückt aus, ob und in wie stark am Arbeitsplatz ein Ausgesetztsein durch besondere Stoffe, Temperaturen oder Lärm über das übliche Maß hinaus zu erwarten ist (Simon et al.: 11). In Stellenanzeigen finden solche Anforderungen meist in Form von Verträglichkeitserfordernissen Erwähnung. Im Beispiel des Schmiedeberufs wäre etwa die Forderung nach „Hitzeunempfindlichkeit" vorstellbar.

Während der Begriff des Könnens sich also meist auf eine Fähigkeit oder Fertigkeit zur Verrichtung einer spezifischen Tätigkeit bezieht und Umgebungseinflüsse besondere Arbeitsbedingungen kennzeichnen, existiert darüber hinaus noch der Teil der physischen Anforderungen, der die körperliche Tauglichkeit, also eine grundsätzliche Eignung zur Ausführung eines Berufs erfasst. Hierunter ist beispielsweise das Erfordernis einer Mindestköpergröße oder die Anforderung besonders gut ausgeprägten Seh- oder Hörvermögens zu verstehen. Die

---

8 Im weiteren Teil der Arbeit wird der Begriff „Kondition" als Synonym zu Ausdauer verwendet.

körperliche Tauglichkeit wird dabei in Gesundheitszustand und Konstitution untergliedert. Während sich der Gesundheitszustand auf die derzeitigen körperlichen Befindlichkeiten und Fähigkeiten eines Menschen bezieht, meint die Konstitution seine grundsätzliche Disposition und Befähigung zur Ausübung bestimmter körperlicher Tätigkeiten.

Somit lassen sich in diesem Anforderungsbereich insgesamt drei verschiedene Anforderungshauptfelder (konditionelle Fähigkeiten, koordinative Fähigkeiten, körperliche Tauglichkeit) identifizieren, denen jeweils zwei Anforderungsfelder zugeordnet sind. Die jeweiligen Einzelanforderungen werden den Anforderungsfeldern auf Grundlage der Anforderungssystematik des Arbeitsmarktservices Österreich (AMS 2018) zugeordnet, sodass sich der physische Anforderungsbereich in seiner Gesamtheit wie folgt (Abb. 4) darstellt:

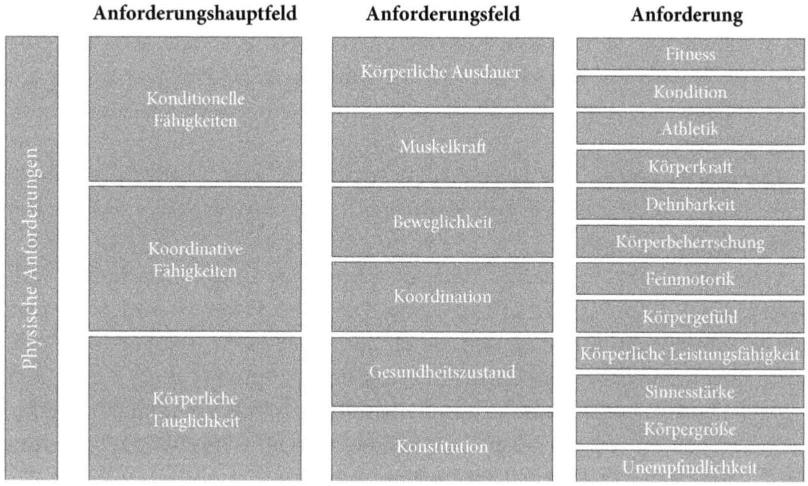

Abb. 4: Kategorien physischer Anforderungen

Der Bereich der physischen Anforderungen besteht demnach aus drei Anforderungshauptfeldern, die sich jeweils aus zwei verschiedenen Anforderungsfeldern zusammensetzen. Diese verfügen ihrerseits jeweils über zwei Einzelanforderungen, sodass der physische Bereich insgesamt zwölf verschiedene Einzelanforderungen umfasst.

Im Rahmen dieses Kapitels wurden auf Grundlage des Anforderungsprofils drei Einzelkomponenten für die Anforderungsmatrix erarbeitet. Der formale Anforderungsbereich beinhaltet Berufserfahrung und Qualifikation. Der kompetenzspezifische Anforderungsbereich umfasst ein breites Spektrum von Kompetenzen. Anforderungen körperlicher Natur werden schließlich durch den physischen Anforderungsbereich abgedeckt. In einem nächsten Schritt gilt es die drei Bereiche zu einer Gesamtmatrix zusammenzuführen, um diese für die systematische Auswertung von Stellenanzeigen verwenden zu können.

6. Herleitung der beruflichen Anforderungen der Digitalisierung

Die Erkenntnisse der vorherigen Kapitel sollen nun dafür genutzt werden, um Hypothesen darüber zu entwickeln, wie heutige Anforderungsbedarfe der Digitalisierung ausfallen können. Zu diesem Zweck werden zunächst die drei auf Grundlage der Analyse des Anforderungsprofils entwickelten Einzelkomponenten (formale Anforderungen, kompetenzspezifische Anforderungen und physische Anforderungen) zu einer gesamtheitlichen Systematik zusammengeführt. Die daraus resultierende Anforderungsmatrix gilt es anschließend anhand der in Kapitel 5 erarbeiteten Grundvoraussetzungen auf ihre Eignung zur Analyse von Stellenanzeigen hin zu überprüfen.

Mit der Anforderungsmatrix wird eine breite Grundlage geschaffen, um Anforderungsbedarfe aus Stellenanzeigen strukturieren und kategorisieren zu können. Sofern die erarbeitete Systematik die Grundvoraussetzungen erfüllt, kann sie zur Verknüpfung von Tätigkeiten und Anforderungen verwendet werden. Diese Verknüpfung wird unter Berücksichtigung der in Kapitel 4 erläuterten Erkenntnisse bezüglich der theoretischen Zusammenhänge analysiert. Basierend auf der Analyse werden dann Schlussfolgerungen in Bezug auf mögliche anforderungsspezifische Bedarfe der Digitalisierung abgeleitet.

6.1 Die Anforderungsmatrix als Struktur zur Erfassung beruflicher Anforderungen

Die vorhandene Literatur enthält nur bedingt Systematiken zur Erfassung der gesamtheitlichen Anforderungen in Stellenanzeigen, die sämtliche spezifische Voraussetzungen für die mit dieser Arbeit angestrebte Analyse hinreichend erfüllen. Deshalb muss zunächst eine geeignete Erfassungsform konzipiert und validiert werden. Die Untersuchung des Anforderungsprofils legt die Verwendung einer Grundstruktur mit den drei Komponenten formale, kompetenzspezifische und physische Anforderungen nahe. Die spezifische inhaltliche Ausgestaltung dieser Komponenten wurde bereits erarbeitet. Die Kombination dieser Einzelbausteine zu einer Gesamtsystematik in Matrixform, die für jede Stellenanzeige die absolute Häufigkeit einer jeden Anforderung abbildet, ergibt folgende vereinfacht dargestellte Anforderungsmatrix (Abb. 5):

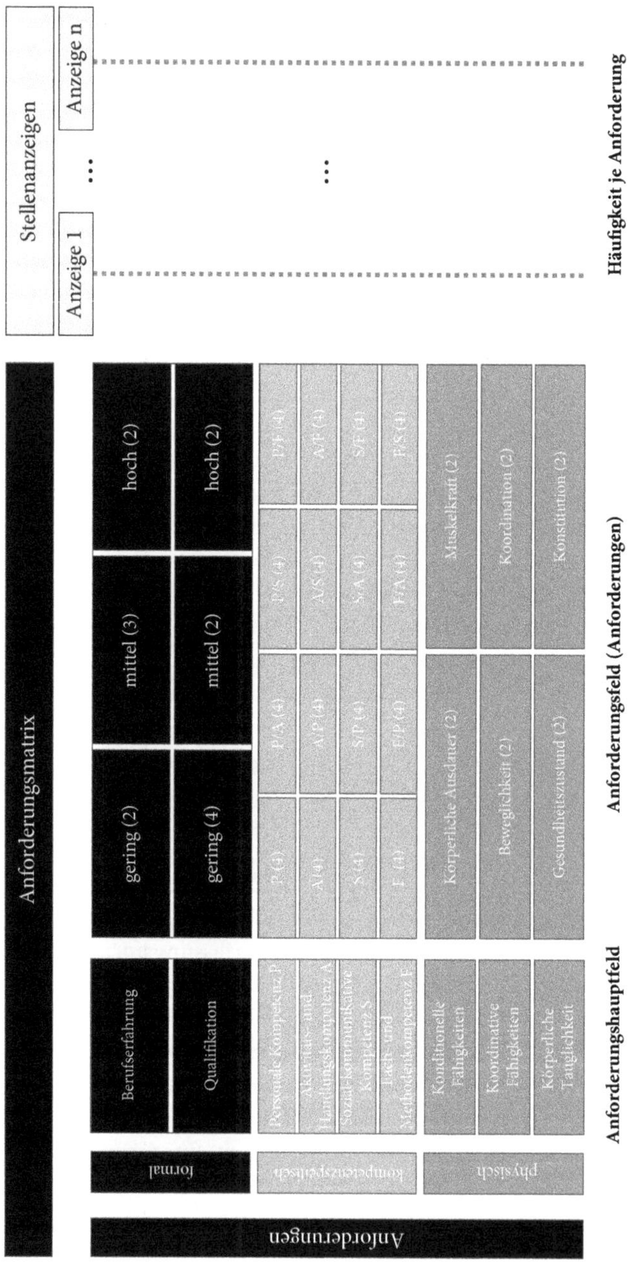

Abb. 5: Anforderungsmatrix – Schematische Darstellung

Die Anforderungsmatrix umfasst mit dem formalen, dem kompetenzspezifischen und dem physischen Bereich drei verschiedene Anforderungsbereiche. Diese sind in insgesamt neun Anforderungshauptfelder unterteilt. Jedes Anforderungshauptfeld besteht aus mehreren Anforderungsfeldern. Die Matrix enthält damit insgesamt 28 verschiedene Anforderungsfelder. Jedes Anforderungsfeld beinhaltet schließlich eine Reihe von Einzelanforderungen, sodass die Anforderungsmatrix sich aus insgesamt 91 verschiedenen Anforderungen zusammensetzt.

Zum Zweck der Darstellung der in den einzelnen Stellenanzeigen enthaltenen Anforderungen bietet sich eine zeilenbasierte Notation der 91 Anforderungen an. Die Übersicht besteht dann aus 91 Zeilen der Anforderungen und n Spalten der Stellenanzeigen. Im Rahmen der empirischen Auswertung kann nun mithilfe der Anforderungsmatrix für alle Stellenanzeigen n und alle darin enthaltenen Anforderungen die jeweils absolute Häufigkeit ihres Vorkommens erfasst werden. Sofern eine Anforderung in einer Stellenanzeige nicht vorkommt, enthält das zugehörige Matrixfeld die Ausprägung 0. Mithilfe der Anforderungsmatrix können die, in den Stellenanzeigen enthaltenen Anforderungen, wirksam erfasst und systematisch kategorisiert werden.

Im Rahmen dieser Arbeit dient die Matrix, die eine Verknüpfung von Tätigkeiten und Anforderungen erlaubt, aber auch dazu, die spezifischen Anforderungen der Digitalisierung zu identifizieren. Um die Eignung der Matrix zur Erfassung und Analyse der in Stellenanzeigen enthaltenen Anforderungen auch wissenschaftlich abzusichern, ist zu prüfen, inwiefern die Anforderungsmatrix, die in Kapitel 4 erarbeiteten Grundvoraussetzungen 1 bis 5, zuverlässig erfüllt. Diese sind:

1. Systematischer Aufbau
2. Vollständigkeit
3. Vergleichbarkeit
4. Kompatibilität zu Tätigkeiten
5. Operationalisierbarkeit

Ein *systematischer Aufbau* ist bei der vorgestellten Anforderungsmatrix insoweit gegeben, als dass sie sich in ihrer Struktur an der Grundlage des Anforderungsprofils und dessen Unterkategorien orientiert, und dort, wo es die spezifische Verwendung zur Stellenanzeigenanalyse nötig macht, geeignete Anpassungen vornimmt. Die zahlreichen Einzelanforderungen können mit dem gewählten Aufbau zu drei verschiedenen Anforderungskategorien aggregiert werden, die jeweils in mehrere Anforderungshauptfelder unterteilt sind, die ihrerseits mehrere Anforderungsfelder enthalten. Jede Anforderung ist genau einem

Anforderungsfeld zugeordnet und kann gemäß dieser Systematik auf eine der drei Anforderungskategorien zurückgeführt werden.

Größtmögliche *Vollständigkeit* ist mit der Anforderungsmatrix insofern sichergestellt, als dass für jede der drei Anforderungskategorien eine Teilsystematik gewählt wurde, die möglichst viele Einzelanforderungen umfassend abdeckt. Im Bereich der kompetenzspezifischen Anforderungen wurde dazu das Kompetenz-Modell von Heyse und Erpenbeck gewählt, das aus der Vielzahl verschiedener existierender Modelle nicht zuletzt durch seinen besonderen Umfang heraussticht.

Die formalen Anforderungen werden hinsichtlich der geforderten Abschlüsse mittels des DQR modelliert, der so gut wie alle deutschen Qualifikationen bzw. Qualifikationsarten umfasst. Die ebenfalls den formalen Anforderungen zuzurechnende Berufserfahrung wurde in sieben verschiedene Einzelkategorien unterteilt, um der Analyse höchstmögliche Aussagekraft zu verleihen.

Die physischen Anforderungen sind ebenfalls gemäß dem Grundsatz der Vollständigkeit angelegt. Hier wurden mehrere Ordnungssystematiken zusammengeführt, um eine möglichst vollständige Abdeckung dieses Anforderungsbereichs zu erreichen.

Trotz der großen Breite der drei Anforderungsbereiche gibt es Anforderungen, die bei der Konzeption der Anforderungsmatrix aufgrund ihrer besonderen Spezifität keine Berücksichtigung gefunden haben. Potenziell sind jedoch weitere Anforderung auch zu einem späteren Zeitpunkt in die Anforderungsmatrix integrierbar, ohne dass diese dazu in ihrer Grundstruktur verändert werden müsste.

Da die Anforderungsmatrix soweit möglich auf bestehende Konzepte aufbaut, bzw. im Bereich der kompetenzspezifischen Anforderungen solche sogar vollständig übernimmt, ist eine hohe *Vergleichbarkeit* der Analyseergebnisse zu vorhergehenden und zukünftigen Untersuchungen gewährleistet. Die Dokumentation des vollständigen strukturellen Aufbaus sowie sämtlicher enthaltener Einzelanforderungen erlaubt für zukünftige Analysen eine Implementierung der Anforderungsmatrix, wie sie dieser Arbeit zugrunde liegt, und schafft damit auch die Voraussetzungen für die Vergleichbarkeit zukünftiger Ergebnisse.

Um für die einzelnen Anforderungen der Matrix auch Aussagen hinsichtlich der Bedarfe durch die Digitalisierung treffen zu können, muss deren *Kompatibilität* mit den untersuchten Tätigkeitskategorien sichergestellt sein. Dies setzt zum einen voraus, dass eine eindeutige Differenzierung zwischen Tätigkeit und Anforderung gegeben ist. Die Abgrenzung zwischen diesen beiden Begrifflichkeiten wird daher in dem Sinne getroffen, dass eine Anforderung als Voraussetzung einer zu verrichtenden Tätigkeit verstanden wird. Es liegt demzufolge kein komplementärer, möglicherweise zu Verwechslungen führender, sondern ein eindeutig hierarchischer Zusammenhang vor. Zum anderen müssen Anforderungen und Tätigkeiten so definiert sein, dass prinzipiell eine Zuordnung zueinander möglich ist. Dazu müssen die in der Matrix enthaltenen Anforderungen so gewählt werden, dass sie grundsätzlich Voraussetzung zur Erfüllung mindestens einer Tätigkeit sein können. Während diese Bedingung bei Kompetenzen in aller Regel schon definitionsgemäß erfüllt ist, ist dies bei Anforderungen der beiden anderen Anforderungskategorien nicht zwangsläufig der Fall. So lässt sich beispielsweise bei der Kompetenz „Entscheidungsfähigkeit" unmittelbarer Bezug zur Tätigkeit „entscheiden" herstellen, wohingegen die Herstellung des Tätigkeitsbezugs bei einer physischen Anforderung wie „Dehnbarkeit" weniger eindeutig ausfällt. Vor allem im formalen und physischen Anforderungsbereich war deshalb sicherzustellen, dass ein solcher Bezug zumindest mittelbar auf Grundlage der, den jeweiligen Anforderungen zugehörigen einzelnen Begrifflichkeiten, hergestellt werden kann. Demnach werden nur solche Anforderungen in die Matrix aufgenommen, die vom Grundsatz her notwendige Voraussetzung für die Durchführung einer Tätigkeit sein können.

Die *Operationalisierbarkeit* betrifft die praktische Durchführung der Analyse. Erforderlich dazu ist, dass den einzelnen Anforderungen zum einen eindeutige Begrifflichkeiten aus Stellenanzeigen zuzuordnen sind und zum anderen eine Quantifizierung ihrer Ausprägung möglich ist. Um die Zuordnung der Begriffe nachvollziehbar und möglichst objektiv zu gestalten, ist der Rückgriff auf eine existierende Zuordnung der Schaffung eines eigenen Zuordnungssystems vorzuziehen. Daher wurden die Anforderungen der Matrix so gewählt, dass sie weitestgehend gemäß der bestehenden Literatur operationalisierbar sind, bzw. sich soweit möglich unmittelbar aus der Anforderungsbezeichnung ergeben[9].

---

9 In der formalen Anforderungskategorie ergeben sich die Begriffs-Anforderungs-Zuordnungen der Qualifikation unmittelbar anhand der in der DQR verwendeten Abschlussbezeichnungen, die der Berufserfahrung aus der jeweiligen Zeitkomponente in Verbindung mit einer Begrifflichkeit der beruflichen Erfahrung. Im Kompetenzbereich erlaubt die Verwendung des „SynonymAtlases" von Heyse und Erpenbeck die Ergänzung des jeweiligen Kompetenzbegriffs durch weitere zugehörige Synonyme. Im physischen Anforderungsbereich werden die Anforderungsbezeichnungen so gewählt, dass diese möglichst in ihrer ursprünglichen Form potenziell in Stellenanzeigen vorzufinden sind. Ergänzt werden sie mithilfe von Begriffsdefinitionen beruflicher Anforderungen.

Die Quantifizierung in ihrer einfachsten Form kann in der Anforderungsmatrix über die Häufigkeiten des Auftretens der zugeordneten Begrifflichkeiten in den Stellenanzeigen erfolgen. Denkbar sind aber auch diverse weitere Verfahren der Quantifizierung[10]. Alle Anforderungen werden daher so gewählt, dass sich die zugeordneten Begrifflichkeiten zunächst in Form der einfachen Häufigkeit ihres Auftretens messen und anschließend in komplexere Häufigkeitsmaße transformieren lassen.

Die Überprüfung der Anforderungsmatrix hat gezeigt, dass sie alle Voraussetzungen zur Erfassung der gesamten Anforderungen von Stellenanzeigen und deren empirische Auswertung in hinreichendem Maß erfüllt. Die Matrix ist darüber hinaus insbesondere ein geeignetes Instrument mit dessen Hilfe die unspezifischen und in der Regel nur Tätigkeitskategorien betreffenden Aussagen des TBA bezüglich der Wirkungsweise der Digitalisierung differenzierter betrachtet werden können. Sie dient damit als Mittel bestehende Konzepte der Theorie in Bezug auf ihre Anforderungsrelevanz erweitern zu können. In diesem Sinne stellt sie eine Verbindung her zwischen bekannten tätigkeitsbezogenen Auswirkungen der Digitalisierung und diesbezüglich bisher nur rudimentär untersuchten beruflichen Anforderungen. Die Anforderungsmatrix erlaubt die Übertragung der oben vorgestellten konzeptionellen Ansätze insbesondere auch des TBA auf den Anwendungsfall der beruflichen Anforderungen und damit eine detailliertere Analyse der Digitalisierung und ihren spezifischen Auswirkungen auf die beruflichen Anforderungen. Die Matrix erweist sich damit als ein geeignetes Instrument, um Hypothesen bezüglich spezifischer Anforderungsbedarfe der Digitalisierung zu entwickeln.

Bevor jedoch die Aufstellung von Hypothesen erfolgen kann, ist die notwendige Verknüpfung von Tätigkeiten und Anforderungen vorzunehmen.

6.2 Der Zusammenhang von Tätigkeit und Anforderung

Der tätigkeitsbasierte Ansatz unterscheidet mehrere Kategorien von Tätigkeiten. In Deutschland werden die Tätigkeiten dabei üblicherweise anhand fünf verschiedener Kategorien differenziert. Im Gegensatz zu den vier von Autor et al.

---

10 Die Auswertung mittels einfacher Häufigkeiten gilt als das einfachste Verfahren zur Quantifizierung von Textdaten. Trotz seiner Einfachheit ist die Analysegüte von überraschender Qualität. Erhöht werden kann diese unter Umständen noch durch die Verwendung komplexerer Methoden wie beispielsweise dem TF-IDF-Maß (siehe auch methodisches Vorgehen).

(2003) definierten Kategorien unterscheidet diese Arbeit im Bereich der Nicht-Routine zusätzlich zwischen interaktiven und analytischen Tätigkeiten. Diese Einteilung wird in Anlehnung an die in Deutschland gängige Forschungspraxis übernommen, sodass im Rahmen dieser Arbeit zwischen den fünf folgenden Tätigkeitskategorien (Tab. 2) differenziert wird:

Tab. 2: Differenzierung der Tätigkeitskategorien

Routine	**Nicht-Routine**
Kognitiv	Analytisch
Manuell	Interaktiv
	Manuell

Die Ergebnisse einer Analyse, die dieser Kategorisierung folgt, hängen nicht zuletzt davon ab, welcher Kategorie einzelne Tätigkeiten zugeordnet werden. Während für die allermeisten Tätigkeiten die Wahl der jeweils zugehörigen Kategorie offensichtlich ist, existieren auch Tätigkeiten, deren Einteilung nicht unmittelbar naheliegend ist. Um auch in solchen Fällen eine möglichst objektive und vergleichbare Zuordnung der Tätigkeiten sicherzustellen, wird im Rahmen dieser Arbeit auf die in Untersuchungen des deutschen Arbeitsmarktes üblicherweise verwendeten Kategorisierungen zurückgegriffen.

Im Wesentlichen existieren in der deutschen Arbeitsmarktforschung zwei Verfahren der Task-Operationalisierung: die Zuordnung auf Basis der BIBB/BAuA-Erwerbstätigenbefragungen (Hall et al. 2015) und die Erfassung anhand der Expertendatenbank BERUFENET (Dengler et al. 2014).

Während die Erwerbstätigenbefragungen von BIBB/BAuA je nach Erhebungswelle maximal ca. 100 Tätigkeiten unterscheiden, sind dies in der Expertendatenbank bis zu etwa 8.000 verschiedene Anforderungen[11] und Tätigkeiten. Die übliche Zuordnung der Tätigkeiten der BIBB/BAuA-Befragungen zu den fünf Tätigkeitskategorien orientiert sich meist an der ursprünglich von Spitz-Oener (2006) vorgenommen Einteilung, die auch in nachfolgenden Untersuchungen weitestgehend übernommen oder nur geringfügig modifiziert wurde (Spitz-Oener 2006; Oesch 2013; Pikos & Thomsen 2015). Die Zuordnung der Tätigkeiten von BERUFENET erfolgt ebenfalls „im Wesentlichen unter

11 Da hier beispielsweise keine Zuordnung von kompetenzbezogenen Anforderungen vorgenommen wurde, ist die unmittelbare Übernahme der Anforderungs-Tätigkeitskategorie-Zuordnung aus der BERUFENET-Datenbank nicht möglich.

Anlehnung an Spitz-Oener (2006)“ (Dengler et al. 2014: 17). Wohingegen die Tätigkeiten der BIBB/BAuA-Befragungen jedoch größtenteils in Form von breit gefassten Verben (z.B. „forschen“, „unterrichten“, „reinigen“) beschrieben werden, sind die Tätigkeiten bzw. Anforderungen im Rahmen der Expertendatenbank (z.B. „Leber-Galle-Diät“, „Arciliuto“, „stranggarnfärben“) sehr viel spezifischer.

Diese hohe Spezifität macht eine Anforderungszuordnung in vielen Fällen schwierig oder gar unmöglich. Daher wird für die Zuordnung im Rahmen der Anforderungsmatrix auf die Tätigkeiten der BIBB/BAuA-Erwerbstätigenbefragungen zurückgegriffen und die in der Literatur übliche Kategorisierung übernommen.

Die generelle Kompatibilität der Anforderungsmatrix zu Tätigkeiten erlaubt prinzipiell die Zuordnung einzelner Anforderungen zu einzelnen Tätigkeiten, d.h. eine Zuordnung auf der sowohl bei Anforderungen als auch bei Tätigkeiten kleinsten Aggregationsebene. Der tätigkeitsbasierte Ansatz ermöglicht hinsichtlich der Digitalisierungswirkung allerdings nur Aussagen auf Ebene der fünf Tätigkeitskategorien. Um einen Informationsverlust durch eine vorzeitige Zusammenfassung von Tätigkeiten zu Kategorien zu vermeiden, erfolgt zunächst eine Zuordnung auf Ebene der einzelnen Tätigkeiten, woran sich dann ein Aggregationsschritt zur Bildung der Tätigkeitskategorien anschließt. Um auch bei der Anforderungs-Tätigkeits-Zuordnung größtmögliche Objektivität und Vergleichbarkeit gewährleisten zu können erfolgt in einem der Zuordnung vorgelagerten Schritt zunächst die Erstellung eines charakteristischen Profils für alle Tätigkeiten. Die Verknüpfung von Tätigkeit und Anforderung folgt in ihrem Ablauf daher dem folgenden mehrstufigen Zuordnungsverfahren:

1. Stufe: Erstellung eines charakteristischen Profils für jede Tätigkeit
2. Stufe: Profilbasierte Zuordnung von Anforderungen zu Tätigkeiten
3. Stufe: Aggregation zu Tätigkeitskategorien und Anforderungsfeldern
4. Stufe: Bestimmung der Haupttätigkeitskategorien der Anforderungsfelder

Die *erste Stufe* dieses Zuordnungsverfahrens erfordert die Erstellung eines charakteristischen Profils für jede Tätigkeit durch Auswertung existierender Tätigkeits-Anforderungs-Zuordnungen in der Literatur. Das Profil dient als grundlegende Entscheidungsbasis für die Zuordnung der Anforderungen zu den Tätigkeiten. Grundlage der Profile sind dabei die charakterisierenden Eigenschaften der jeweiligen Tätigkeiten bzw. Tätigkeitskategorien gemäß der Literatur, die oft Indiz für die jeweils zugrundeliegenden Anforderungen sein können.

Beispielsweise werden zur Erfüllung von interaktiven Nicht-Routine-Tätigkeiten u.a. explizit die Anforderungen „Flexibilität zur Verantwortungsübernahme“ (Autor et al. 2003: 1323), „Intuition, Überzeugungskraft und Kreativität“ (Acemoglu & Autor 2011: 1064) genannt. Spitz-Oener (2006) erwähnt darüber hinaus mündliche und schriftliche Kommunikationsfähigkeit, Kooperationsfähigkeit, Teamfähigkeit und Kundenorientierung als nötige Voraussetzungen zur Ausführung solcher Tätigkeiten (Spitz-Oener 2006: 239). Da diese grundlegenden Charakterisierungen teilweise nur auf Ebene von Tätigkeitskategorien getroffen werden und sie somit oftmals nicht für alle einzelnen Tätigkeiten einer Kategorie gleichermaßen zutreffend sind, werden sie, wo dies erforderlich ist, an die jeweilige Tätigkeit angepasst.

Darüber hinaus ist die Anforderungszuordnung zeitveränderlich (Dengler et al. 2014: 17). Dies bedeutet, dass unter Umständen eine Anforderungscharakterisierung der Literatur, die zum Zeitpunkt der Veröffentlichung der entsprechenden Publikation zutreffend war, nicht zuletzt aufgrund des technischen Wandels heute nicht mehr vollumfänglich zutreffend ist. Da diese Arbeit aber gerade darauf gerichtet ist, die heutigen Anforderungen der Digitalisierung zu bestimmen, werden in solchen Fällen Anpassungen der entsprechenden Anforderungs-Tätigkeits-Zuordnung vorgenommen.

Auf der *zweiten Stufe* erfolgt dann für alle Tätigkeiten die Zuordnung der jeweils zugehörigen Anforderungen auf Grundlage der jeweiligen Tätigkeitsprofile. Hierzu wurde in Anlehnung an Dengler et al. (2014) ein Mehrfach-Codierungs-Verfahren verwendet. Dazu haben mehrere Codierer unabhängig voneinander die insgesamt knapp 10.000 Zuordnungen zwischen Tätigkeiten und Anforderungen vorgenommen. Dieses Vorgehen erhöht die Validität der Zuordnungen insbesondere in den Fällen, in denen sich eine Zuordnung nicht unmittelbar eindeutig erschließt.

Zwischen Tätigkeiten und Anforderungen besteht dabei nicht notwendigerweise ein Eins-zu-eins-Zusammenhang. Ein Pool bestimmter Fähigkeiten kann die Ausführung verschiedener Tätigkeiten erlauben (Broecke et al. 2017: 3). Umgekehrt erfordert die Ausübung verschiedener Tätigkeiten unter Umständen die gleichen Fähigkeiten. Dementsprechend sind in der Regel mehrere Anforderungen zur Ausführung einer Tätigkeit notwendig und eine Anforderung kann Voraussetzung zur Ausführung mehrerer Tätigkeiten sein. In der Regel werden einer einzelnen Tätigkeit zwischen zehn und 20 Anforderungen zugeordnet. Das beschriebene Vorgehen ist anhand des folgenden Schaubilds (Abb. 6) illustrativ dargestellt:

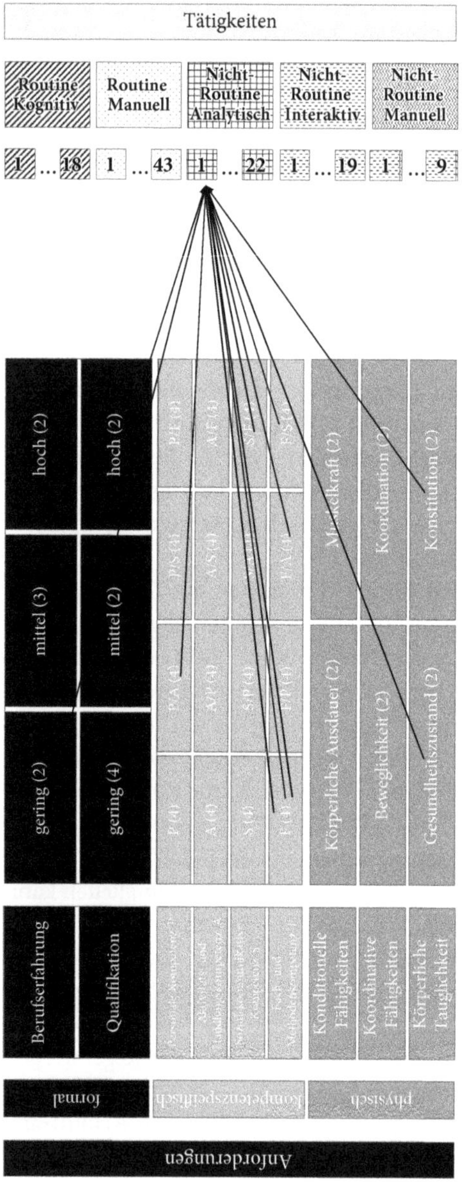

Abb. 6: Illustrative Zuordnung der Anforderungen zu Tätigkeiten

Das Schaubild erläutert vereinfachend den Vorgang der Zuordnung von Anforderungen (die zugrundeliegende Zuordnung der Einzelanforderungen ist hier aus Platzgründen nicht dargestellt) zu einer Tätigkeit aus dem Bereich der analytischen Nicht-Routine. Es wird deutlich, dass eine Tätigkeit dabei durchaus mehrere Anforderungen eines einzigen Anforderungsfeldes umfassen kann (hier: drei einzelne Anforderungen des Feldes F), teilweise aber auch zu keiner Anforderung eines Anforderungsfeldes Bezug aufweist (beispielsweise Feld A).

Ergebnis der profilbasierten Zuordnung (Stufe 2) ist damit, dass für jede Tätigkeit eine Teilmenge zugehöriger Anforderungen der Anforderungsmatrix definiert ist. Auf Ebene der Tätigkeiten liegt damit ein vollständiges Zuordnungsergebnis vor. Für die Ebene der Tätigkeitskategorien ist dies auf Stufe 2 dagegen noch nicht der Fall. Eine Zuordnung von Anforderungsfeldern zu Tätigkeiten ist auf dieser Stufe zunächst nicht möglich.

Daher wird im Rahmen der *dritten Stufe* des Zuordnungsverfahren sowohl eine Aggregation der Tätigkeiten auf die Ebene der Tätigkeitskategorien, als auch eine der Anforderungen auf Ebene der Anforderungsfelder vorgenommen. Diese Aggregation wird in erster Linie zur Erhöhung der Validität der Zuordnung durchgeführt. Wie die Mehrfach-Codierung gezeigt hat, können bezüglich einzelner Zuordnungen auf Ebene von Tätigkeit und Anforderung in manchen Fällen gewisse Unschärfen bestehen. Eine Aggregation von Tätigkeiten und Anforderungen führt in diesen Fällen zu einem konsistenteren Ergebnis. Da der tätigkeitsbasierte Ansatz ebenfalls nur auf dieser Aggregatsebene Aussagen zulässt, ist die Aggregation zu Tätigkeitskategorien mit keinem Informationsverlust verbunden. Dagegen wird ein gewisser Verlust von Information durch Aggregation auf die Ebene der Anforderungsfelder aus Gründen der Validität bewusst in Kauf genommen.

Der explizite Zusammenhang zwischen Tätigkeitskategorie und Anforderung wird bei der weiteren Analyse im Rahmen dieser Arbeit nur dort herangezogen, wo er gegenüber der Zuordnung Tätigkeitskategorie-Anforderungsfeld zusätzlichen Erkenntnisgewinn verspricht.

Da eine willkürliche Gewichtung der individuellen Zuordnungen vermieden werden soll, wird zur Aggregation auf Ebene der Anforderungsfelder ein, auf einfacher Mehrheit beruhendes, Entscheidungsverfahren verwendet. Dies bedeutet, dass einem Anforderungsfeld eine bestimmte Tätigkeitskategorie genau dann zugeordnet wird, sofern bei der profilbasierten Zuordnung (*Stufe 2*) mindestens 50 Prozent, der zu dieser Kategorie gehörenden einzelnen Tätigkeiten, eine Anforderung dieses Anforderungsfeldes zugeordnet wurde. Dieses Vorgehen hat den Vorteil, dass ein Anforderungsfeld nur dann als erforderlich für eine Tätigkeitskategorie eingestuft wird, sofern sich eine solche Einstufung mehrheitlich aus der Zuordnung der Tätigkeiten ergibt. Es können damit Zuordnungen, die mit einer gewissen Unsicherheit behaftet sind, vermieden werden.

In *Stufe 4* wird in einem letzten Schritt für jedes Anforderungsfeld die Haupttätigkeitskategorie bestimmt. Dazu wird zunächst für alle fünf Tätigkeitskategorien *j* das relative Gewicht aller Anforderungsfelder *i* bestimmt:

$$Anforderungsfeld_{i,j} = \frac{Anzahl\ der\ Tätigkeiten\ der\ Kategorie\ j\ mit\ Anforderungfeld\ i}{Anzahl\ der\ Anforderungsfelder\ der\ Tätigkeiten\ in\ Kategorie\ j}$$

Innerhalb einer Tätigkeitskategorie summieren sich demnach die relativen Gewichte aller Anforderungsfelder zu eins. Die jeweilige Kategorie mit dem höchsten relativen Gewicht eines Anforderungsfeldes wird fortan als Haupttätigkeitskategorie dieses Feldes bezeichnet. Nachfolgende Darstellung (Abb. 7) zeigt für jedes Anforderungsfeld die zugehörige Haupttätigkeitskategorie.

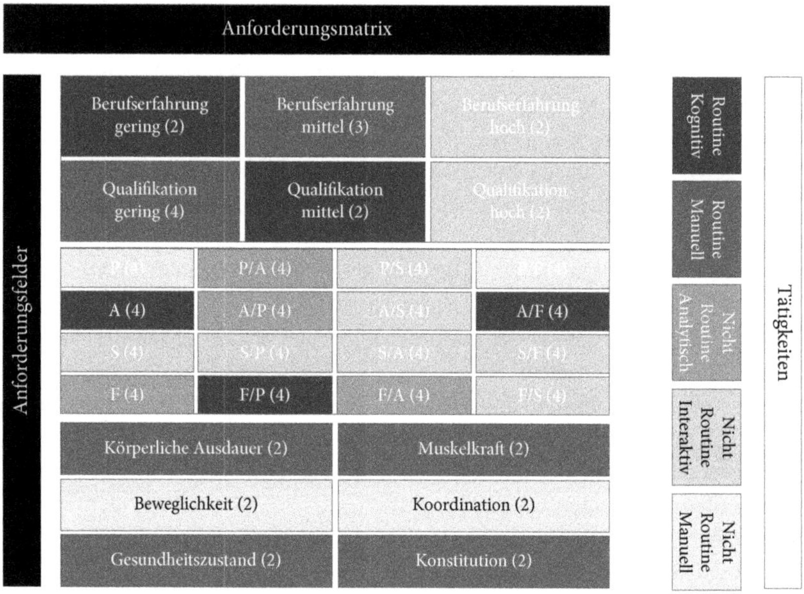

Abb. 7: Haupttätigkeitskategorie der Anforderungsfelder

Ein Anforderungsfeld ist dabei in der Farbe derjenigen Tätigkeitskategorie eingefärbt, deren relative Häufigkeit für dieses Feld den höchsten Wert aller fünf Kategorien aufweist. Dies bedeutet, dass das entsprechende Anforderungsfeld häufiger Tätigkeiten der farblich gekennzeichneten Tätigkeitskategorie zugeordnet ist, relativ zur Anzahl der insgesamt in dieser Kategorie vorgenommenen Zuordnungen, als dies für die Tätigkeiten der weiteren vier Kategorien der Fall ist.

Mit dem Abschluss der Durchführung des Zuordnungsverfahrens ist eine zuverlässige Grundlage geschaffen, um differenzierte Hypothesen bezüglich der möglichen anforderungsspezifischen Wirkungsweise der Digitalisierung ableiten zu können. Die mittels Anforderungsmatrix erfolgte Verknüpfung von Tätigkeit und Anforderung erlaubt bekannte Erkenntnisse des tätigkeitsbezogenen Ansatzes in Bezug zu beruflichen Anforderungen zu setzen. Die „verknüpfte Anforderungsmatrix" stellt somit das Verbindungsstück zwischen Tätigkeit und Anforderung dar. Erst diese Verknüpfung macht es möglich die theoretischen Wirkungszusammenhänge zwischen technologischem Wandel und einzelnen Tätigkeitskategorien bzw. zugehörigen Tätigkeiten differenziert zu nutzen.

Im Folgenden wird daher auf die in Kapitel 4 dargelegte theoretischen Grundlagen Bezug genommen und vor dem Hintergrund dieser Erkenntnisse die verknüpfte Anforderungsmatrix analysiert. Ziel ist es Schlussfolgerungen bezüglich möglicher spezifischer Anforderungen der Tätigkeitskategorien zu ziehen und, hierauf aufbauend, Hypothesen in Bezug auf spezifische Anforderungsbedarfe der Digitalisierung abzuleiten.

6.3 Analyse der verknüpften Anforderungsmatrix im Kontext des TBA

Um spezifische Aussagen zur anforderungsbezogenen Wirkungsweise der Digitalisierung treffen zu können, ist zunächst auf Basis der verknüpften Anforderungsmatrix eine Analyse des Zusammenhangs zwischen Tätigkeitskategorie und gestellten Anforderungen durchzuführen. Dies ist unbedingte Voraussetzung, um insbesondere die Erkenntnisse aus dem tätigkeitsbasierten Ansatz hinsichtlich der Wirkungsweise der Digitalisierung in Bezug auf einzelne Tätigkeitskategorien heranziehen zu können. Durch diese Vorgehensweise sind Aussagen bezüglich spezifischer Anforderungen der Digitalisierung allerdings nur dann ableitbar, sofern eine Differenzierung der Anforderungsbedarfe zwischen Berufen überhaupt feststellbar ist. Dem Vorgehen liegt dabei die Annahme zu Grunde, dass sich Berufe nicht nur in Bezug auf Tätigkeiten, sondern auch hinsichtlich der in der Anforderungsmatrix enthaltenen Anforderungen unterscheiden.

Während eine Differenzierung von Berufen in Bezug auf Tätigkeitskategorien mittels des tätigkeitsbasierten Ansatzes bereits hinlänglich dokumentiert ist

(Dengler et al. 2014; Bonin et al. 2015), ist eine Differenzierung auch in Bezug auf Anforderungen zunächst weniger naheliegend. Nicht selten wird argumentiert, Anforderungen wie beispielsweise „Teamfähigkeit" würden in allen Berufsfeldern gleichermaßen benötigt. Demzufolge gäbe es keine berufsbezogene Anforderungsdifferenzierung. Um dennoch den Bogen von Berufen auch zu Anforderungen zu schlagen, wird daher im folgenden Unterkapitel unter Zuhilfenahme der verknüpften Anforderungsmatrix zunächst erörtert, inwiefern unterschiedliche Tätigkeitskategorien auch mit unterschiedlichen Anforderungsbedarfen verbunden sind. Nur sofern dies der Fall ist, kann in Kombination mit der Differenzierung von Berufen in unterschiedliche Tätigkeiten valide auf eine anforderungsspezifische Differenzierung auch von Berufen geschlossen werden.

Erst wenn eine solche berufliche Anforderungsdifferenzierung angenommen werden kann, lassen sich die Erkenntnisse des TBA sinnvoll zur Anforderungsanalyse nutzen und anhand berufsspezifischer Stellenanzeigen empirisch überprüfen. Ziel ist es somit die Erkenntnisse bezüglich der Auswirkungen des technologischen Wandels auf unterschiedliche Tätigkeitskategorien dazu zu nutzen, um über die Anforderungsmatrix Aussagen über spezifische berufliche Anforderungen der Digitalisierung zu treffen. Es sollen also aufbauend auf bekannten Grundlagen der Theorie zu arbeitsmarktrelevanten Auswirkungen des technologischen Wandels (TBA) die Erkenntnisse aus der Anforderungszuordnung genutzt werden, um auf mögliche Auswirkungen auf einzelne Anforderungen zu schließen.

6.3.1 Anforderungen der Tätigkeitskategorien

Im Rahmen dieser Arbeit wird bei der Untersuchung zur Feststellung der beruflichen Auswirkungen der Digitalisierung ein fester, zeitpunktbezogener Zusammenhang zwischen Anforderung und Tätigkeit unterstellt. Dies bedeutet, dass nur ein einziger Zeitpunkt betrachtet wird, an dem ein bestimmter Zusammenhang zwischen Anforderung und Tätigkeit vorliegt. Ebenso wird auch die einen Beruf definierende Zusammensetzung aus Tätigkeiten als zu dem maßgeblichen Zeitpunkt fixiert angenommen. Die Kombination aus verschiedenen Tätigkeiten bestimmt schließlich die Digitalisierbarkeit eines Berufs, also den Anteil menschlicher Arbeitskraft, der in dem Beruf bereits heute maschinell substituierbar ist.

In einem zeitvariablen Modell wäre dagegen sowohl die Beschäftigungsveränderung zwischen als auch innerhalb von Berufen fortwährenden Anpassungsprozessen unterworfen. Die Digitalisierung hätte in diesem Rahmen sowohl

Auswirkungen auf die relativen Beschäftigungsanteile gesamter Berufe, als auch auf die Anteile der Tätigkeiten innerhalb von Berufen. Gleichzeitig würden sich außerdem die zur Ausführung einer Tätigkeit nötigen Anforderungen stetig verändern. Ein solches Modell mit zeitlicher Variation ist dann zweckmäßig, wenn längerfristige Auswirkungen analysiert werden sollen und somit auch Anpassungsvorgänge berücksichtigt werden müssen. Im Rahmen dieser Arbeit sollen dagegen explizit die heutigen Wirkungszusammenhänge beurteilt werden. Demnach ist die zeitliche Veränderung an dieser Stelle nicht von Bedeutung und die Unterstellung eines festen, zeitpunktbezogenen Zusammenhangs zwischen Tätigkeit und Anforderung zweckmäßig.

Die grundlegende Frage ist zunächst, ob und inwiefern die einzelnen Tätigkeitskategorien überhaupt unterschiedliche Anforderungen stellen. Obige Übersicht der Haupttätigkeitskategorien der Anforderungsfelder legt nahe, dass die Anforderungsfelder eines Anforderungshauptfeldes in der Regel nicht alle zu derselben Tätigkeitskategorie gehören. Sie könnten letzten Endes jedoch zumindest eine gewisse Tendenz hinsichtlich der in diesem Anforderungshauptfeld dominierenden Tätigkeitskategorie aufzeigen. Bereits dies deutet darauf hin, dass unterschiedliche Tätigkeitskategorien auch unterschiedliche Anforderungen stellen könnten.

Zum einen lässt sich anhand der Haupttätigkeitskategorien eine gewisse Differenzierung in Routine bzw. Nicht-Routine erkennen. Während formaler und physischer Anforderungsbereich überwiegend routinedominiert erscheinen, sind die kompetenzbezogenen Anforderungsfelder gemäß der verknüpften Anforderungsmatrix größtenteils mit, dem Nicht-Routine-Bereich zugehörigen, Tätigkeitskategorien besetzt.

Zum anderen zeigen sich aber auch unterschiedliche Anforderungscharakteristika der Kategorien innerhalb des Routine- bzw. Nicht-Routine-Bereichs. Routine-Tätigkeiten erfordern in Bezug auf formale Aspekte meist Anforderungen auf niedrigem oder mittlerem Anforderungslevel. So wird gemäß der verknüpften Anforderungsmatrix im Bereich der kognitiven Routine häufiger als in den anderen Tätigkeitskategorien geringe Berufserfahrung und mittlere Qualifikation gefordert, wohingegen Tätigkeiten der manuellen Routine besonders durch mittlere Erfahrungserfordernisse und geringe Qualifikationsbedarfe gekennzeichnet sind.

Die Auswertung der kompetenzbezogenen Anforderungsfelder zeigt, dass kein einziges der in diesem Bereich verorteten Felder besonders starken Bezug zum manuellen Routine-Bereich aufweist. Selbstverständlich erfordern auch einzelne Tätigkeiten dieses Bereichs Kompetenzen der ein oder anderen Art, die Zuordnung der Anforderungen lässt jedoch keine besondere Häufung manueller

Tätigkeiten in einem bestimmten Anforderungsfeld erwarten. Dagegen hat die Zuordnung für die Kategorie der kognitiven Routine zumindest drei kompetenzbezogene Anforderungsfelder ergeben. Mit F/P ist darunter ein Feld des fachlich-methodischen Bereichs, sowie mit A und A/F zwei Felder des aktivitäts- und handlungsbezogenen Anforderungshauptfelds. Dies lässt den Schluss zu, dass die Tätigkeiten der kognitiven Routine insbesondere Kompetenzen erfordern, die sich auf Fähigkeiten des willensstarken Umsetzens und aktiven Handelns beziehen. Da im Rahmen der Zuordnung gleich zwei der vier Anforderungsfelder dieses Hauptfelds mehrheitlich der kognitiven Routine zugeteilt wurden, liegt folgende Hypothese nahe:

Hypothese 1:
Die Kategorie der kognitiven Routine erfordert im Vergleich zu den weiteren vier Tätigkeitskategorien einen höheren Anteil aktivitäts- und handlungsbezogener Kompetenzen.

Die kognitive Routine ist dagegen nicht unter den physischen Anforderungsfeldern der verknüpften Anforderungsmatrix vertreten. Dieser Anforderungsbereich ist vor allem durch Tätigkeiten manueller Art geprägt. Insbesondere ist der Bereich der manuellen Routine gleich in vier von sechs Anforderungsfeldern stark vertreten. Dies könnte ein Indiz dafür sein, dass in diesem Tätigkeitsfeld auch heute noch zahlreiche Tätigkeiten zu finden sind, die physische Anforderungen an die, diese Tätigkeiten verrichtenden Personen, stellen. Zwar dürften, das legt zumindest die Anforderungszuordnung nahe, diese physischen Anforderungen auch im Bereich der manuellen Routine absolut betrachtet von geringer Relevanz sein, im Vergleich zu den anderen vier Tätigkeitskategorien sind die physischen Anforderungen hier gemäß der verknüpften Anforderungsmatrix jedoch am häufigsten erforderlich. Dies führt zur Ableitung folgender Hypothese:

Hypothese 2:
Die Kategorie der manuellen Routine stellt im Vergleich zu den weiteren vier Tätigkeitskategorien einen höheren Anteil an physischen Anforderungen.

Zwar stellt auch die manuelle Nicht-Routine teilweise physische Anforderungen, insgesamt lässt die Anforderungszuordnung jedoch eher einen Zusammenhang zwischen Nicht-Routine und kompetenzbezogenen Anforderungen vermuten. In 13 von 16 kompetenzbezogenen Anforderungsfeldern der verknüpften Anforderungsmatrix ist die Tätigkeitskategorie mit dem höchsten relativen Anteil dem Nicht-Routine-Bereich zugehörig. Die Kategorie der analytischen Nicht-Routine weist in vier dieser kompetenzbezogenen Anforderungsfelder den größten

Anteil auf. Mit P/A ist darunter ein Feld des personalen Kompetenzbereichs und mit A/P ebenfalls ein aktivitäts- und handlungsbezogenes.

Dass dabei das jeweils andere Kompetenzfeld den sekundären Kompetenzbereich darstellt, ist ein Indiz dafür, dass in der analytischen Tätigkeitskategorie insbesondere die Kombination aus personalen Kompetenzen einerseits und aktivitäts- und handlungsbezogenen Kompetenzen anderseits zur Ausübung der zugehörigen Tätigkeiten erforderlich sein könnte. Mit F und F/A sind in der Anforderungsmatrix darüber hinaus zwei fachlich-methodische Anforderungsfelder mit der analytischen Tätigkeitskategorie verknüpft. Dies spricht dafür, dass analytische Tätigkeiten vor allem fachlich-methodische Fähigkeiten erfordern:

Hypothese 3:
Die Kategorie der analytischen Nicht-Routine stellt im Vergleich zu den weiteren vier Tätigkeitskategorien einen höheren Anteil an fachlich-methodischen Anforderungen.

Die Kategorie mit der höchsten anforderungsspezifischen Differenzierung könnte gemäß der verknüpften Anforderungsmatrix die interaktive Nicht-Routine sein. Die ihr zugehörigen Tätigkeiten weisen zu einigen Anforderungen weit unterdurchschnittlichen Bezug auf, zu anderen wiederum einen außerordentlich hohen. Die einzelnen Tätigkeiten der Kategorie sind dabei in ihren Anforderungen sehr homogen. In insgesamt neun Anforderungsfeldern könnte die interaktive Nicht-Routine das höchste relative Gewicht haben. Dies dürfte hinsichtlich der formalen Anforderungen für die beiden hohen Niveaustufen, sowie für sämtliche kompetenzbezogenen Anforderungsfelder, die entweder einen primären oder sekundären Bezug zu sozial-kommunikativen Aspekten haben, gelten. Die Tätigkeiten des interaktiven Nicht-Routine-Bereichs erfordern demnach insbesondere Fähigkeiten der Kommunikation und Kooperation. Dementsprechend ergibt sich für diese Tätigkeitskategorie die folgende Hypothese:

Hypothese 4:
Die Kategorie der interaktiven Nicht-Routine hat im Vergleich zu den weiteren vier Tätigkeitskategorien einen höheren Anteil an sozial-kommunikativen Anforderungen.

Die fünfte und somit letzte Tätigkeitskategorie, der Bereich der manuellen Nicht-Routine, könnte gemäß der Zuordnung in zwei der sechs physischen Anforderungshauptfelder die jeweils höchsten relativen Anteile aufweisen. Die Anforderungsfelder Beweglichkeit und Koordination sind beide dem koordinativen Bereich zugehörig. Insgesamt aber scheint im physischen Bereich die manuelle Routine am stärksten vertreten zu sein. Interessanterweise zeigt die zugeordnete Anforderungsmatrix auch eine hohe Relevanz personaler Kompetenzen für die Kategorie. Mit P und P/F weisen zwei Anforderungsfelder dieses

Anforderungshauptfelds die höchsten relativen Anteile bei der manuellen Nicht-Routine auf. Daher soll folgende Hypothese überprüft werden:

Hypothese 5:
Die Kategorie der manuellen Nicht-Routine stellt im Vergleich zu den weiteren vier Tätigkeitskategorien einen höheren Anteil an personalen Anforderungen.

Insgesamt kann konstatiert werden, dass die auf Grundlage der verknüpften Anforderungsmatrix abgeleiteten Thesen hinsichtlich der jeweiligen Anforderungsbedarfe der einzelnen Tätigkeitskategorien darauf hindeuten, dass unterschiedliche Tätigkeitskategorien tatsächlich auch unterschiedliche Anforderungsbedarfe haben. Dies ist eine notwendige Vorrausetzung für die nachfolgende Analyse des Zusammenhangs zwischen Digitalisierung und beruflichen Anforderungen. Die Tätigkeitskategorien und ihre jeweiligen Anforderungsbedarfe bilden dabei den Grundstein der Analyse. Erst dieses Fundament erlaubt es über die unterschiedliche Digitalisierbarkeit der Tätigkeitskategorien auch auf die Anforderungen der Digitalisierung zu schließen.

6.3.2 Anforderungen der Digitalisierung

Die Untersuchung der Anforderungen der Digitalisierung erfolgt dabei unter Verwendung der in Kapitel 4 dargelegten theoretischen Konzepte. Die aus ihnen gewonnenen Erkenntnisse werden auf die verknüpfte Anforderungsmatrix übertragen, um auf diese Weise Schlussfolgerungen hinsichtlich möglicher digitalisierungsbedingter Anforderungsbedarfe ableiten zu können. Die Untersuchung der einzelnen Anforderungsbedarfe erfolgt dabei in Reihenfolge der Anforderungskategorien der Anforderungsmatrix. Dementsprechend werden zunächst mögliche Auswirkungen hinsichtlich formaler Aspekte erörtert. Anschließend werden die kompetenzspezifischen Anforderungen analysiert und zuletzt erfolgt die Untersuchung des physischen Anforderungsbereichs.

Steigt mit der Digitalisierung die Relevanz formaler Anforderungen wie Qualifikation und Berufserfahrung?
Eine der zentralen Erkenntnisse des tätigkeitsbasierten Ansatzes ist, dass sich technologiebedingte qualifikatorische Anforderungsveränderungen nicht zwangsläufig anhand einer monotonen Geraden des Qualifikationsniveaus abbilden lassen. Beschäftigungsrückgänge werden vor allem beim mittleren Qualifikationsspektrum verortet. Während die Nachfrage nach Hochqualifizierten auf dem Arbeitsmarkt demnach digitalisierungsbedingt steigen dürfte, sollten Niedrigqualifizierte im Nicht-Routine-Bereich zumindest nicht mit Nachfragerückgängen zu rechnen haben. Die verknüpfte Anforderungsmatrix,

die qualifikatorische Anforderungen mittels des DQR-Schemas abbildet, deutet in dieselbe Richtung. Die Qualifikation wird demnach in der Matrix in Form fester Berufsabschlussbezeichnungen des DQR erfasst, die in der Praxis durch Zeugnisse und Zertifikate dokumentiert werden. Nur eines von drei qualifikationsbezogenen Anforderungsfeldern weist hier hohen Bezug zu Nicht-Routine-Tätigkeiten auf. Sechs von acht DQR Niveaustufen sind mit Tätigkeiten aus dem Routine-Bereich verknüpft. Mit dem Rückgang dieser, meist auf mittlerem Qualifikationsniveau angesiedelten, Tätigkeiten könnte demnach auch ein Abnehmen der Relevanz formaler Qualifikationen verbunden sein. So wird gemäß dem TBA insbesondere eine Zunahme von Tätigkeiten mit adaptivem Charakter erwartet. Die demnach zunehmend geforderte Flexibilität ist aber nicht ohne weiteres mit starren Curricula und definierten Berufsabschlüssen zu vereinbaren. Erfahrungsgemäß verliert im Rahmen der Ausbildung Erlerntes schnell an Bedeutung, wenn es in der beruflichen Praxis keine Rolle mehr spielt.

Wichtig dürfte vielmehr die Fähigkeit sein, sich an neue Entwicklungen anzupassen, sich ständig weiterzubilden und sich neues Wissen sowie methodisches Know-how anzueignen. Gerade von Bewerbern, die bereits über Berufserfahrung verfügen, wird immer öfter der Nachweis über in jüngster Vergangenheit praktisch angewandte Fähigkeiten gefordert. Weniger Wert wird dagegen auf Bildungsabschlüsse gelegt, die bereits vor etlichen Jahren erworben worden sind. Klassische formale Berufsabschlüsse dürften vor diesem Hintergrund unabhängig vom Niveau des Abschlusses somit weniger Bedeutung haben. Formale Qualifikationsnachweise könnten durch die Digitalisierung an Bedeutung verlieren und folglich in Berufen mit hoher Digitalisierbarkeit bedeutsamer sein als in Berufen, die kaum maschinell ersetzbar sind. Demnach ergibt sich folgende Hypothese:

Hypothese 6:
Die Qualifikation in Form eines dokumentierten Berufsabschlusses ist in den Berufsgruppen weniger relevant, die eine geringe Digitalisierbarkeit aufweisen: formaler Qualifikationsnachweis verliert durch die Digitalisierung an Bedeutung.

Die Qualifikation als dokumentierter Berufsabschluss wird demzufolge durch die Digitalisierung insgesamt an Relevanz verlieren. Eine differenziertere Betrachtung hinsichtlich der unterschiedlichen Qualifikationsniveaus könnte jedoch Unterschiede zwischen den einzelnen Niveaustufen in Bezug auf die jeweilige Bedeutsamkeit der Qualifikation zeigen. So dürfte das Erfordernis der Qualifikation hohen Niveaus durch die Digitalisierung an Bedeutung gewinnen. SBTC und RBTC legen beide einen wachsenden Bedarf nach Hochqualifizierten nahe. Sowohl das qualifikatorische Upgrading als auch die Polarisierung entlang der Qualifikationsskala implizieren die große Bedeutung ausgezeichneter und umfassender Ausbildung in Zeiten der Digitalisierung. Die Anforderungsmatrix deutet darauf hin, dass die höchste relative Bedeutung der Qualifikationsstufe hoch (DQR-Niveaustufen 7 und 8) in dem Bereich der interaktiven Nicht-Routine liegen dürfte. Eine Tätigkeitskategorie, die gemäß RBTC durch technologischen Wandel stark an Bedeutung gewinnt. Dies lässt darauf schließen, dass mit der Digitalisierung auch höhere Qualifikationsanforderungen gestellt werden.

Hypothese 7:
Berufe, die mit einer hohen Digitalisierbarkeit assoziiert sind, weisen eine überproportional geringe Nachfrage nach Berufsabschlüssen der Niveaustufen 7 und 8 auf: die Digitalisierung stellt hohe Qualifikationsanforderungen.

Die Hypothesen 6 und 7 lassen demnach die Schlussfolgerung zu, dass die Digitalisierung insgesamt zu einem Bedeutungsverlust der formalen Qualifikation im Sinne eines dokumentierten Berufsabschlusses führen dürfte. Der Qualifikationsnachweis durch dokumentierte Berufsabschlüsse wird im Rahmen der Digitalisierung insgesamt unwichtiger. In Bezug auf das geforderte Niveau der Qualifikation dürften die Anforderungen jedoch steigen. Demnach werden in Berufen, die durch die Digitalisierung Beschäftigungszuwächse erfahren, sofern überhaupt Qualifikationsnachweise gefordert werden, insbesondere solche hohen und höchsten Niveaus verlangt. Digitalisierung erfordert demzufolge vor allem hohe und höchste Qualifikation seitens der Arbeitskräfte.

Neben dem Ausbildungs- und Berufsabschluss erfasst der Bereich der formalen Anforderungen auch die Berufserfahrung. Steigende niveaubezogene qualifikatorische Anforderungen durch die Digitalisierung dürften sich nicht nur bei den geforderten Abschlüssen zeigen. Zu erwarten ist, dass nicht nur gut ausgebildete Personen gesucht werden, sondern insbesondere solche, die über den formalen Abschluss hinaus ihre Expertise bereits im Berufsalltag haben nachweisen können. Die Anforderungsmatrix deutet für die Felder der geringen und mittleren Berufserfahrung die größten relativen Anteile bei Tätigkeiten des Routine-Bereichs an. Dagegen hat die Berufserfahrung der Niveaustufe hoch vermutlich das größte Gewicht bei der Kategorie der interaktiven Nicht-Routine. Die Erkenntnisse des RBTC lassen daher einen Beschäftigungsrückgang bei Berufen erwarten, die geringe oder mittlere Berufserfahrung benötigen, und einen Zuwachs bei solchen mit hohen Berufserfahrungserfordernissen. Dies würde bedeuten:

Hypothese 8:
Die erwartete Berufserfahrung ist umso niedriger, je höher die Digitalisierbarkeit eines Berufs ist: die Digitalisierung erfordert viel Berufserfahrung.

Hinsichtlich des formalen Anforderungsbereichs wird also überwiegend ein Anstieg der niveaubezogenen Anforderungsbedarfe erwartet, während der Stellenwert der Qualifikation insgesamt als dokumentierter Berufsabschluss jedoch an Bedeutung verliert. Die Digitalisierung stellt demnach sowohl in Bezug auf das Niveau der Qualifikation, als auch bezüglich der Berufserfahrung hohe und höchste Ansprüche an die Berufstätigen. Die Gesamtbedeutung der rein formalen Bildung dürfte jedoch abnehmen. Dokumentierte Berufsabschlüsse wären dann weniger wichtig als berufsrelevantes Wissen sowie praxisbezogene Fähigkeiten und Fertigkeiten. Folglich wären gerade kompetenzbezogene Anforderungen von immer größerer Relevanz.

Führt die Digitalisierung zu größerer Relevanz von Flexibilität und sozial-kommunikativen Anforderungen, aber auch der Belastbarkeit?

Festzuhalten wäre damit also zunächst, dass die Digitalisierung nicht nur den Bedarf an formalen Anforderungen verändert, sondern sich auch auf kompetenzspezifische Bedarfe auswirkt. Es hat sich gezeigt, dass die Digitalisierung dabei nicht nur die Bedeutung einzelner Tätigkeiten verändert, sondern insbesondere auch, dass diese Veränderungsprozesse sich deutlich schneller vollziehen, als dies im Zuge der Einführung früherer Technologien der Fall gewesen ist. Dies bedeutet, dass die Arbeitnehmer heute vermehrt gefordert sind neue Tätigkeiten rasch zu erlernen und sich an veränderte Gegebenheiten flexibel anzupassen. Die Fähigkeit sich auf ungewohnte und unabwägbare Situationen einzustellen wird zunehmend wichtiger. Situatives Handeln und Anpassungsfähigkeit sind unbedingte Voraussetzungen, um die sich wandelnden Herausforderungen bewältigen zu können. Mit der Digitalisierung wird die Flexibilität der Beschäftigten zu einer der zentralen Kompetenzen auf dem Arbeitsmarkt des 21. Jahrhunderts.

Die Anforderungsmatrix erfasst drei verschiedene Dimensionen der Flexibilität. Mobilität, Offenheit für Veränderungen und Anpassungsfähigkeit. Mobilität, also die Fähigkeit geistig und physisch beweglich zu handeln, ist im Anforderungsfeld A verortet. Als Haupttätigkeitskategorie dieses Feldes ergibt sich aus der Zuordnung der Bereich der kognitiven Routine. Insoweit könnte zunächst eine abnehmende Bedeutung der Mobilität vermutet werden. Tatsächlich dürfte das hohe relative Gewicht von A im Bereich der kognitiven Routine aber in erster Linie auf die beiden Anforderungen Tatkraft und Ausführungsbereitschaft zurückzuführen sein. Dagegen scheint die Mobilität vor allem bei den Nicht-Routine Tätigkeiten hohe relative Anteile aufzuweisen, was auf eine zunehmende Relevanz durch die Digitalisierung schließen lässt. Dies gilt gemäß der verknüpften Anforderungsmatrix gleichermaßen für die Anforderungen

Offenheit für Veränderungen und Anpassungsfähigkeit, die beide in den von Nicht-Routine geprägten Anforderungsfeldern verortet sind. Die zunehmende Bedeutung der Nicht-Routine-Tätigkeiten lässt folglich einen deutlichen Anstieg der Relevanz der Anforderungen Mobilität, Offenheit für Veränderungen und Anpassungsfähigkeit erwarten:

Hypothese 9:
Die Digitalisierung erfordert zunehmende Flexibilität: dies äußert sich in steigender Relevanz der drei Anforderungen Mobilität, Offenheit für Veränderungen und Anpassungsfähigkeit.

Hohe Flexibilitätserfordernisse könnten aber auch zu einer ansteigenden Beanspruchung der Berufstätigen führen. Die in Kapitel 3 dargelegten Erkenntnisse der Literatur zeigen, dass permanent geforderte geistige Mobilität auf höchstem Niveau erheblich belasten kann und unter Umständen dauerhaft schädigt. Darüber hinaus lässt sich eine Komplexitätszunahme im Arbeitsalltag beobachten. Das Tätigkeitsspektrum der Beschäftigten wächst, Multitaskingfähigkeiten werden immer wichtiger. Arbeitsbeschleunigung und Verdichtung sind die Folge, die Belastung im Beruf steigt.

Andererseits wird immer wieder auch mit der entlastenden Wirkung des technologischen Wandels argumentiert. Dieser sorge für einen Rückgang insbesondere der körperlichen Beanspruchung der berufstätigen Menschen. Während dies für die Automatisierung im engeren Sinne wohl zutreffend ist, dürften die entlastenden Effekte der Digitalisierung insgesamt eher gering sein. Die für Berufstätige belastenden Auswirkungen der Digitalisierung dürften gegenüber den erwarteten Entlastungseffekten deutlich überwiegen.

Die Belastbarkeit, also die Fähigkeit auch unter inneren und äußeren Belastungen stabil und zuverlässig zu agieren, ist innerhalb der Anforderungsmatrix eine Anforderung des Anforderungsfelds A/P, das gemäß der verknüpften Anforderungsmatrix insbesondere zur Ausübung analytischer Nicht-Routine-Tätigkeiten erforderlich ist. Der TBA geht von einer wachsenden Bedeutung solcher Tätigkeiten aus. Folglich lässt dies auch eine Zunahme der Beanspruchung von „Sinnen und Nerven“ erwarten. Die Kompetenz Belastbarkeit könnte daher im Rahmen der Digitalisierung an Bedeutung gewinnen.

Paradoxerweise könnte demnach gerade ein Rückgang im Bereich der rein repetitiven, monotonen und scheinbar stupiden Routine-Tätigkeiten zu einer stärkeren Beanspruchung der Berufstätigen in mentaler und psychischer Hinsicht führen.

Die Digitalisierung könnte also eine Zunahme der geistigen wie körperlichen Belastbarkeit erfordern. Die Fähigkeit mit Belastungen umzugehen dürfte zunehmend wichtiger werden.

Hypothese 10:
Berufe mit geringer Digitalisierbarkeit erfordern eine hohe Belastbarkeit der Beschäftigten.

Während es hinsichtlich der Belastungswirkung der Digitalisierung divergierende Theorien gibt, besteht in Bezug auf die Relevanz der Kompetenzen des Sozialen und der Kommunikation weitestgehend Einigkeit in der Literatur. Dies wird nicht zuletzt daran deutlich, dass mit den interaktiven Nicht-Routine-Tätigkeiten eine eigene Tätigkeitskategorie existiert, die Tätigkeiten des Umgangs der Menschen miteinander erfasst und für die allgemein eine zunehmende Bedeutsamkeit erwartet wird.

Wenig überraschend deutet die verknüpfte Anforderungsmatrix für diesen Tätigkeitsbereich einen hohen Bezug zum Anforderungshauptfeld S an. Sämtliche Anforderungsfelder von S weisen hier den höchsten relativen Anforderungsanteil in der Kategorie der interaktiven Nicht-Routine auf. Gleiches gilt auch für die drei weiteren Anforderungsfelder, deren sekundärer Part dem sozial-kommunikativen Bereich zuzuordnen ist, Anforderungsfelder also, die teilweise sozial-kommunikative Aspekte aufweisen.

Zwar deutet die verknüpfte Anforderungsmatrix darauf hin, dass zumindest der kognitive Routine-Bereich teilweise ebenfalls überdurchschnittlich hohe Anteile im sozial-kommunikativen Kompetenzbereich aufweisen könnte, mögliche Bedeutungsverluste durch einen Rückgang von Routine-Tätigkeiten, dürften aber durch eine Zunahme der Relevanz von insbesondere im interaktiven Bereich verorteten Nicht-Routine-Tätigkeiten überkompensiert werden.

In reinster Form finden sich sozial-kommunikative Anforderungen im Anforderungsfeld S. Dieses umfasst die vier Anforderungen Anpassungsfähigkeit, Beziehungsmanagement, Kommunikationsfähigkeit und Kooperationsfähigkeit. Mit den Aspekten der Anpassungsfähigkeit an Menschen, des Umgangs mit Menschen, sowie den Fähigkeiten mit ihnen effektiv zu kommunizieren und zusammenzuarbeiten enthält es den Kern der sozial-kommunikativen Kompetenzen. Die Auswertung der Anforderungsmatrix deutet darauf hin, dass die vier genannten Anforderungen im Zuge der Digitalisierung an Bedeutung gewinnen könnten.

Hypothese 11:
Sozial-kommunikative Kompetenzen und somit die Anforderungen Anpassungsfähigkeit, Beziehungsmanagement, Kommunikationsfähigkeit sowie Kooperationsfähigkeit gewinnen durch die Digitalisierung an Bedeutung.

Alle drei der hier aufgestellten Hypothesen implizieren eine Zunahme der Kompetenzbedarfe durch die Digitalisierung. Vermutlich gilt dies aber nicht für alle Kompetenzen gleichermaßen. Vielmehr dürfte es auch einige Kompetenzfelder geben, deren Relevanz im Zuge der Digitalisierung abnimmt. Zwar deutet die verknüpfte Anforderungsmatrix auf eine klare Dominanz der Nicht-Routine-Tätigkeiten für den kompetenzbezogenen Anforderungsbereich hin, jedoch weist das Hauptfeld A in zumindest zwei von vier Anforderungsfeldern das höchste relative Gewicht für die kognitive Routine auf. Dies könnte ein Indiz dafür sein, dass Kompetenzbereiche, in denen Aspekte des Ausführens und der Durchführungsweise vorherrschen, weniger wichtig werden. Größere Relevanzverluste als im Bereich der kompetenzspezifischen Anforderungen, so lässt es jedenfalls eine erste kursorische Betrachtung der Anforderungsmatrix vermuten, sind ihm Rahmen der Digitalisierung dagegen für den physischen Anforderungsbereich zu erwarten.

Bewirkt die Digitalisierung eine zunehmende Verlagerung von physischen hin zu kognitiven Anforderungen?

Als eine der positiven Auswirkungen der Digitalisierung, wie auch der Automatisierung, wird oftmals angeführt, dass sie zu einer Humanisierung der Arbeit beitragen können, indem sie eine Verlagerung von Tätigkeiten mit hoher körperlicher Belastung von Mensch zu Maschine bewirken. Eine Fokussierung auf kognitive Tätigkeiten und eine Reduktion körperlich anspruchsvoller Aufgabenstellungen würde demzufolge zu einer physischen Entlastung des Menschen beitragen.

Zwar lässt die zunehmende technologische Leistungsfähigkeit erwarten, dass bisher noch dem Menschen vorbehaltene Tätigkeiten zunehmend maschinell ersetzbar werden, jedoch dürfte dieser Aspekt der körperlichen Entlastung im Rahmen heutiger Substituierungsprozesse nur noch von nachrangiger Bedeutung sein. Der überwiegende Teil des Prozesses der Übernahme solcher, physische Stärke erfordernder, Tätigkeiten durch Maschinen ist bereits im Zuge der Automatisierung weitgehend vollzogen worden. Die Digitalisierung hat diesbezüglich vermutlich nur in Randbereichen Auswirkungen.

Hinweise darauf, dass diese Vermutung zutreffend ist, gibt die verknüpfte Anforderungsmatrix. Physische Stärke bezieht sich insbesondere auf die Anforderungen der Kondition, Körperkraft sowie die der Körperlichen Leistungsfähigkeit. Diese sind in den Anforderungsfeldern Körperliche Ausdauer, Muskelkraft und Gesundheitszustand verortet. In allen drei Feldern zeigt die verknüpfte Anforderungsmatrix die höchsten relativen Anforderungsanteile für die Kategorie der manuellen Routine, was zunächst auf einen Bedeutungsverlust der zugehörigen Anforderungen hindeutet. Tatsächlich sind die Anteile der manuellen Routine in den drei Anforderungen Kondition, Körperkraft und Körperliche Leistungsfähigkeit gemäß der verknüpften Anforderungsmatrix zwar die höchsten aller fünf Tätigkeitskategorien, absolut betrachtet sind sie jedoch vergleichsweise klein. Dementsprechend verschwindend gering dürfte deren Bedeutung somit sein. Physische Stärke wäre demnach heute auch im manuellen Tätigkeitsbereich nur bei einer sehr kleinen Zahl von Tätigkeiten erforderlich. Dementsprechend dürfte die Digitalisierung nur geringfügige Auswirkungen auf den Anforderungsbedarf an physischer Stärke haben.

Hypothese 12:
Digitalisierung spielt keine Rolle für den Bedarf an physischer Stärke: die Bedeutung von Kondition, Körperkraft und Körperlicher Leistungsfähigkeit weist keinen Zusammenhang zur Digitalisierung auf.

Physische Anforderungen, die sich dagegen weniger auf den Aspekt der rein körperlichen Inanspruchnahme, sondern mehr auf den des Könnens beziehen, dürften aber auch in Zeiten der Digitalisierung nach wie vor von Bedeutung sein. Diese Vermutung liegt nahe, da sich Tätigkeiten mit solchen Anforderungen gemäß der verknüpften Anforderungsmatrix gerade im Bereich der manuellen Nicht-Routine wiederfinden. Sowohl das Anforderungsfeld der Beweglichkeit als auch das der Koordination könnten demnach für diese Tätigkeitskategorie die höchsten relativen Anteile aufweisen.

Das theoretische RBTC-Modell von Autor et al. (2003) liefert jedoch keine eindeutige Aussage bezüglich des Zusammenhangs zwischen Computerisierung und der Kategorie der manuellen Nicht-Routine-Tätigkeiten. Vielmehr postuliert es hier nur „begrenzte Möglichkeiten zur Substitution oder Komplementarität" (Autor et al. 2003: 1286). Empirische Untersuchungen deuten auf einen allenfalls schwachen Zusammenhang hin (Spitz-Oener 2006: 250). Nach wie vor gelten manuelle Routine-Tätigkeiten als nur schwer maschinell ersetzbar. Dazu kommt, dass die Anforderungs-Tätigkeits-Zuordnung deutlich gemacht hat, dass auch heute noch eine Reihe von Tätigkeiten koordinative Fähigkeiten erfordern. Es lässt sich demnach zwar kein eindeutiger Relevanzzuwachs durch die Digitalisierung ableiten, es dürfte jedoch auch nicht zu einer geringer werdenden Bedeutsamkeit solcher Anforderungen kommen. Damit ergibt sich folgenden Hypothese:

Hypothese 13:
Die Digitalisierung führt zu keinem Bedeutungsverlust koordinativer Fähigkeiten in Form von Beweglichkeit und Koordination.

Durch die Digitalisierung könnte aber zumindest eine physische Anforderung an Relevanz deutlich gewinnen, nämlich die Sinnesstärke. Sinnesstärke, also beispielsweise gutes Seh- oder Hörvermögen, ist heute in der Regel weniger als „menschliches Messinstrument" gefordert, sondern ist in aller Regel eine conditio sine qua non zur Erfüllung hochkomplexer Tätigkeiten, wie sie beispielsweise Piloten, Fluglotsen oder Chirurgen wahrnehmen. Sinnesstärke wird gerade auch in Berufsfeldern verlangt, die in der Regel hohe Qualifikationsanforderungen stellen.

Die Anforderungszuordnung lässt einen besonders hohen Anforderungsbedarf an die Sinnesstärke bei manuellen Nicht-Routine-Tätigkeiten vermuten. Zwar gibt es gemäß des RBTC bei dieser Tätigkeitskategorie keinen klaren Wirkungszusammenhang mit der Digitalisierung, jedoch kann, da die Anforderung besonders häufig bei Tätigkeiten höchster Komplexität erforderlich ist, ein digitalisierungsbedingter Bedeutungszuwachs zumindest vermutet werden. Andererseits ist die absolute Relevanz der Sinnesstärke gemäß der verknüpften Anforderungsmatrix nicht allzu groß. Insgesamt dürfte damit die Bedeutung der Sinnesstärke im Rahmen der Digitalisierung leicht zunehmen.

Hypothese 14:
Sinnesstärke seitens der Arbeitnehmer wird vor allem in Berufen mit geringer Digitalisierbarkeit erwartet.

Insgesamt deuten die dargelegten Zusammenhänge und die abgeleiteten Hypothesen darauf hin, dass die Digitalisierung berufliche Anforderungen in unterschiedlichem Maße beeinflusst. Demnach könnten bestimmte Anforderungen im Zuge der Digitalisierung an Bedeutung gewinnen, wohingegen für andere Bedeutungsverluste zu erwarten sind. Die bisherigen Ausführungen bezogen sich dabei explizit auf die Relevanz einzelner Anforderungen. Es wurden bis hierher also nur Hypothesen bezüglich der digitalisierungsbedingten Bedarfe der individuellen Anforderungen aufgestellt, nicht jedoch für ein Bündel mehrerer kombinierter Einzelanforderungen. Die in Kapitel 3 dargelegten Erkenntnisse der Literatur legen aber nahe, dass die Digitalisierung nicht nur einzelne Anforderungen verändert, sondern auch die Zahl, der in Berufen gleichzeitig geforderten Anforderungen, erhöht. Um diesen Aspekt der digitalisierungsbedingten Komplexitätserhöhung nicht außer Acht zu lassen, wird im abschließenden Unterkapitel auf diese multidimensionale Anforderungsperspektive näher eingegangen.

6.3.3 Kombinierte Betrachtung von Einzelanforderungen

Die bisher formulierten Hypothesen wurden insbesondere auf Grundlage der jeweiligen Haupttätigkeitskategorie der Anforderungsfelder getroffen. Die Hypothesen 1–14 beziehen sich somit jeweils auf einzelne Anforderungsfelder bzw. Anforderungen. Diese Herangehensweise vernachlässigt jedoch, dass viele Anforderungsfelder Bezug zu mehreren Tätigkeitskategorien aufweisen. Die Anforderungs-Tätigkeitszuordnung hat deutlich gemacht, dass die Ausübung von Tätigkeiten häufig die Erfüllung einer ganzen Reihe verschiedener Anforderungen voraussetzt. Darüber hinaus verlangen Berufe die Ausübung mehrerer verschiedener Tätigkeiten. In Konsequenz bedeutet dies, dass ein einzelner Beruf unter Umständen zahlreiche Einzelanforderungen stellt.

Die Erkenntnisse der Literatur lassen im Zuge der Digitalisierung eine weitere Zunahme der Zahl der individuellen Anforderungsbedarfe vermuten. Dass diese Vermutung tatsächlich zutreffend ist, deutet die verknüpfte Anforderungsmatrix an. Hier zeigt sich, dass die Tätigkeiten aus dem Nicht-Routine-Bereich im Schnitt einer größeren Zahl von Einzelanforderungen zugeordnet sind, als dies für Routine-Tätigkeiten der Fall ist.

Der ausschließliche Fokus auf die reine Zahl der Anforderungen greift jedoch vermutlich zu kurz. Weniger die Anzahl, als vielmehr die konkrete Kombination bestimmter Einzelanforderungen zu einem gemeinsamen Anforderungsbündel dürfte in Zeiten der Digitalisierung von Bedeutung sein. Da es faktisch jedoch unmöglich ist jede beliebige Anforderungskombination auf Basis der 91 Einzelanforderungen spezifisch zu untersuchen, wird zu Analysezwecken ein Perspektivwechsel vollzogen: Vor dem Hintergrund der vermuteten Digitalisierungsrelevanz bestimmter Bündel von Einzelanforderungen für bestimmte Berufe, müsste sich umgekehrt aus dem gemeinsamen Vorkommen bestimmter einzelner Anforderungen auf die zugehörige Digitalisierbarkeit eines Berufs schließen lassen. Während die Hypothesen 1–14 also unterstellen, dass die Digitalisierung die Bedarfe einzelner beruflicher Anforderungen verändert, müsste im Umkehrschluss aus einer Kombination mehrerer Anforderungen die Digitalisierbarkeit des zugehörigen Berufs bestimmt werden können.

Tatsächlich werden in Stellenanzeigen so gut wie immer mehrere einzelne Anforderungen genannt, deren individuelle Bedeutung im Rahmen der Digitalisierung variiert und nur bedingt Aussagen hinsichtlich der Digitalisierbarkeit des jeweiligen Berufs zulässt. Die Kombination mehrerer Einzelanforderungen sollte jedoch, so die Hypothese, ein Indikator für die Digitalisierbarkeit des zu der Stellenanzeige gehörigen Berufs sein. Diese Überlegungen legen daher den Schluss nahe:

Hypothese 15:
Aus den in einer Stellenanzeige enthaltenen Anforderungen kann auf die Digitalisierbarkeit des zugehörigen Berufs geschlossen werden.

Sofern Hypothese 15 verifiziert werden kann, wäre dies auch eine weitere Bestätigung der Prüfung der Hypothesen 1 bis 14. Die grundsätzliche Bedeutung der Digitalisierung für berufliche Anforderungen könnte damit über eine zweite Herangehensweise ebenso bestätigt werden, wie auch die Bedeutung spezifischer Kombinationen von Einzelanforderungen in Zeiten der Digitalisierung.

Zudem ergäbe sich hieraus eine unmittelbare Praxisrelevanz der Ergebnisse dieser Arbeit. Diese könnten beispielsweise dazu genutzt werden, das Zukunftspotenzial eines Berufs anhand der in Stellenanzeigen verlangten Anforderungen abzuschätzen. Dies wäre insbesondere auch für Berufe möglich, deren Digitalisierbarkeit bisher noch nicht anderweitig quantifiziert wurde, was insbesondere bei Berufen oder Berufsfeldern der Fall sein dürfte, die gerade erst neu entstanden sind oder deren Berufsbild sich seit dem Zeitpunkt der letzten Quantifizierung der Digitalisierbarkeit deutlich verändert hat.

Letzten Endes machen aber einen Beruf nicht nur seine Anforderungen aus. Erst im Zusammenhang mit den jeweils durchzuführenden Tätigkeiten ergibt sich ein vollständiges Bild. Dies bedeutet, dass die Einbeziehung von in Stellenanzeigen enthaltener Information[12], die über die gestellten Anforderungen hinausgeht, zu weiteren Verbesserungen und insbesondere einer Erhöhung der Beurteilungsqualität bei der Einschätzung der Digitalisierbarkeit von Berufen führen könnte. Dementsprechend ergibt sich folgende Hypothese:

Hypothese 16:
Die Verwendung der gesamten Information einer Stellenanzeige verbessert die Beurteilung der Digitalisierbarkeit des zugehörigen Berufs im Vergleich zur Beschränkung auf berufliche Anforderungen.

Sofern diese Hypothese verifiziert werden kann, würde dies zeigen, dass ein Beruf mehr ist als die Summe seiner Anforderungen. Die Kenntnis der Anforderungen alleine erlaubt ein Berufsbild zu skizzieren, aber erst in Kombination mit den für den Beruf einschlägigen Tätigkeiten werden die Konturen wirklich klar. Dies liegt nicht zuletzt daran, dass ein bestimmter Pool an Anforderungen nicht eindeutig die Ausübung auch nur einer fixen Kombination von Tätigkeiten erlaubt. Demnach ließe sich aus einem Bündel an Anforderungen alleine nicht eindeutig der zugehörige Beruf identifizieren, da dieses unter Umständen die

---

12 Dies können die Tätigkeiten des Berufs sein, aber auch jedwede weitere Angabe wie Arbeitsort, Gehaltsangaben, etc.

Ausübung einer Reihe verschiedener Tätigkeitsbündel und somit unterschiedlicher Berufe ermöglicht.

Ebenso wichtig wie das Bestreben, ein möglichst umfassendes Verständnis über den Zusammenhang zwischen Tätigkeit und Anforderung zu gewinnen, ist es, die Anforderungsanalyse so differenziert wie möglich zu gestalten. Dies gilt insbesondere deshalb, weil die Wirkung der Digitalisierung wohl nur ausnahmsweise ganze Tätigkeiten erfasst, sondern in aller Regel nur einzelne, zu ihrer Ausführung benötigte Teilelemente. Nur eine differenzierte, aber zugleich umfassende Analyse kann diese diffizilen Wirkungszusammenhänge wirklich erfassen. Zwar wurde bei der Wahl der Hypothesen versucht die jeweils wichtigsten Aspekte sowohl der Tätigkeits- als auch der Anforderungskategorien abzudecken, dennoch wäre darüber hinaus eine Vielzahl weiterer Hypothesen ableitbar gewesen. Der Übersichtlichkeit halber wurden jedoch nur die oben formulierten Hypothesen zur detaillierten Überprüfung ausgewählt. Ob damit aber wirklich sämtliche wichtigen Anforderungen der Digitalisierung erfasst wurden, lässt sich im Vorfeld der Untersuchung nicht sagen. Damit die Auswahl der Hypothesen nicht zu einer Selektion führt, die nur einzelne Aspekte der anforderungsspezifischen Digitalisierungswirkung berücksichtigt und möglicherweise ebenso relevante vernachlässigt, wird im Ergebnisteil dieser Arbeit nach Überprüfung der einzelnen Hypothesen auch eine Zusammenstellung der wichtigsten Anforderungen der Digitalisierung erfolgen. Damit ist sichergestellt, dass auch solche Anforderungen identifiziert werden, die nicht durch die Hypothesenprüfung abgedeckt sind.

7. Methodisches Vorgehen

7.1 Die Stellenanzeigenanalyse

Die erarbeiteten Hypothesen sollen im Zuge der weiteren Arbeit empirisch überprüft und somit je nach Ergebnis verifiziert bzw. widerlegt werden. In der einschlägigen empirischen Literatur zur Untersuchung der beruflichen Anforderungen im Kontext der Digitalisierung werden vor allem Befragungsdaten – arbeitsangebots- wie arbeitsnachfrageseitig – verwendet. Demnach wird sowohl zur Bestandsaufnahme der Fähigkeiten und Kompetenzen bereits Berufstätiger, als auch zur Abschätzung der entsprechenden Anforderungsbedarfe in der Regel auf Personenbefragungen zurückgegriffen.

Auf der Angebotsseite werden dazu insbesondere Erwerbstätigenbefragungen (Hall et al. 2015) verwendet. Dabei wird ein möglichst repräsentativer Teil der Erwerbsbevölkerung zu arbeitsmarktbezogenen Variablen befragt, aber auch zahlreiche weitere Merkmale erfasst. Üblicherweise werden sozioökonomische Variablen des Befragten und differenzierte Angaben zu ausgeübtem Beruf, Qualifikation und am Arbeitsplatz verrichteten Tätigkeiten erhoben.

Gerade bei großer Fall- und Variablenzahl ist eine solche Erhebungsform mit erheblichem Zeit- und Arbeitsaufwand verbunden. Dies hat zur Folge, dass zwischen Befragungszeitraum und Bereitstellung des Datensatzes unter Umständen mehrere Jahre liegen können. Die erhobenen Daten können also, insbesondere bei einem sich so schnell verändernden Untersuchungsgegensand wie der Digitalisierung, zum Zeitpunkt ihrer Veröffentlichung bereits wieder veraltet sein. Erwerbstätigenbefragungen bieten daher in gewisser Weise eher einen retroperspektivischen Überblick der, aus der Beschäftigtensicht im Rahmen der täglichen Arbeit verlangten, Erfordernisse.

Erhebungen, die darauf ausgelegt sind nachfrageseitig die Auswirkungen der Digitalisierung zu erfassen, sind dagegen bereits häufig explizit auf zukünftige Entwicklungen gerichtet. Hierzu werden beispielsweise Personalabteilungen von Unternehmen nach ihren Einschätzungen hinsichtlich der zukünftigen Arbeitsanforderungen an die Belegschaft befragt. Mit diesem Vorgehen soll die Aktualität der Daten somit implizit über den zukunftsbezogenen Befragungshorizont sichergestellt werden. Nichtdestotrotz ist auch in solchen Fällen unter Umständen mit veralteten Daten zu rechnen, sofern zwischen Befragung und Bereitstellung der Daten ein längerer Zeitraum liegt. Möglicherweise käme eine erneute Befragung desselben Personenkreises zum Zeitpunkt der Datenbereitstellung aus der ersten Erhebung zu anderen Ergebnissen, sofern sich die Einschätzung der Befragten aufgrund eines neuen Kenntnisstandes ihrerseits bereits wieder verändert hat.

Gerade für eine Untersuchung der beruflichen Anforderungen der Digitalisierung ist die Aktualität der Daten aber von ungemeiner Bedeutung. Dazu kommt, dass die oftmals solchen Unternehmensbefragungen zugrundeliegende Zukunftsperspektive nicht den Kern des hier angedachten Forschungsvorhabens mit dem Ziel einer Untersuchung, der bereits heute auf dem deutschen Arbeitsmarkt gestellten Anforderungen, trifft. Daher eignen sich auch solche nachfrageseitigen Befragungsdaten nur bedingt zur Analyse heutiger Anforderungsbedarfe der Digitalisierung.

Angebots- wie nachfrageseitig durchgeführte Personenbefragungen können darüber hinaus nur ausgewählte Merkmale erfassen. Für Erhebungen per Befragungsbogen muss die Anzahl der erfassten Variablen beschränkt und eine selektive Auswahl getroffen werden. Sofern keine offene Befragungsform gewählt wird, die beliebige Antwortmöglichkeiten erlaubt, können auf diese Art und Weise erhobene Daten, Verzerrungen aufweisen. Variablenauswahl und Antwortmöglichkeiten können unter Umständen einen Bias des Erstellers des Fragebogens beinhalten.

Diese Limitationen von Befragungsdaten durch beschränkte Stichprobengröße und Variablenzahl sowie Selektivität haben zur Folge, dass sich mit einem solchen methodischen Ansatz allenfalls ein mehr oder weniger großer Ausschnitt aller beruflichen Arbeitsanforderungen der Digitalisierung erfassen lässt. Dazu kommt, dass mit diesem Vorgehen erhobenes Datenmaterial, nicht immer höchsten Ansprüchen bezüglich der Aktualität der Daten gerecht wird.

Aus diesem Grund wird in dieser Arbeit auf die Methodik der Stellenanzeigenanalyse zurückgegriffen, mit der den dargestellten Schwächen von Befragungen begegnet werden kann. Dieses Verfahren, dessen Untersuchungsgegenstand die Stellenanzeige in textlicher Form ist, wird zur übergeordneten Gattung der Textanalyse gezählt. Die hier verwendete Variante der Stellenanzeigenanalyse ist dabei der maschinellen Textanalyse zuzuordnen, einem Teilbereich der Computerlinguistik, der sich weniger mit der inhaltlichen Auseinandersetzung und Interpretation einzelner Texte, sondern der statistischen Auswertung einer Vielzahl von Texten beschäftigt. Sie ist also als datengeleitete Methode nicht am Einzelfall, sondern an allgemeinen Mustern interessiert (Bubenhofer & Scharloth 2015: 3).

In Vorbereitung dieser Analyse werden die oftmals unstrukturierten, nur als Fließtext vorliegenden, Daten mittels Methoden des Natural Language Processing (NLP) für die Analyse vorbereitet. Dazu wird der zu untersuchende Text maschinell extrahiert, bearbeitet und strukturiert. Ziel des NLP ist es, Textdaten so aufzubereiten, dass sie informationstechnisch ausgewertet und analysiert werden können (Conneau et al. 2017).

Die in dieser Arbeit verwendete Textbasis, die Stellenanzeigen, weisen gegenüber anderen Datengrundlagen zur Anforderungsanalyse eine Reihe von Vorteilen auf. Stellenanzeigen sind im Internet weitestgehend frei zugänglich und können grundsätzlich unmittelbar zu Analysezwecken verwendet werden (Gallivan et al. 2004; Pefanis Schlee & Harich 2010; da Cunha 2009). Im Gegensatz zu anderen Datenquellen ist die Auswertung also nicht an vorgefertigte Datensätze definierter Variablen gebunden, vielmehr kann die Auswahl der Daten zielgerichtet für die jeweilige Problemstellung getroffen werden. Der verhältnismäßig einfache Zugang zu Stellenanzeigen über das Internet erlaubt es innerhalb kurzer Zeit umfangreiche Datensätze zu generieren (Harper 2012: 39). Stichproben solcher Größenordnung führen in aller Regel zu einem genaueren Abbild der in der Grundgesamtheit tatsächlich vorliegenden Gegebenheiten (Pickard 2013).

Eine Stellenanzeige ist in ihrer Ausgestaltung an keinerlei vordefinierte Formen oder Inhalte gebunden. Vielmehr sind jedes Unternehmen und jeder Betrieb frei, diese auf beliebige Art und Weise nach eigenen Vorstellungen zu gestalten. Dies bedeutet, dass im Hinblick auf die Arbeitsanforderungen in den Stellenanzeigen, keine beschränkte Anzahl oder eine bereits im Vorfeld der Untersuchung festgelegte Auswahl, sondern theoretisch eine unbeschränkte Vielfalt unterschiedlicher Anforderungen vorliegt. Somit bietet die Stellenanzeigenanalyse die Möglichkeit einer Untersuchung der beruflichen Anforderungen in beinahe beliebiger Breite und Tiefe und erlaubt insbesondere auch die Identifikation neuer, also nicht bereits bei Erhebungsvorbereitung definierter Arbeitsanforderungen.

Da Stellenanzeigen tagesaktuell geschaltet und unmittelbar automatisiert erfasst werden können, ermöglichen sie ein Abbild der heute am deutschen Arbeitsmarkt geforderten Anforderungen von größter Aktualität. Darüber hinaus wird ihnen insofern ein Prognosecharakter zugeschrieben, als dass sie eine gewisse Einschätzung seitens der Unternehmen hinsichtlich zukünftiger, die Arbeitsanforderungen betreffender, erwarteter Veränderungen implizieren.

Dieser besondere Echtzeit-Charakter der Stellenanzeigen bietet die Möglichkeit Arbeitsmarkttrends frühzeitig zu erkennen. Ein Abgleich von Angebot (gegebener Qualifikations- und Kompetenzpool der Berufstätigen) und Nachfrage (Anforderungen durch Unternehmen) kann somit helfen, Informationsasymmetrien abzubauen und erlaubt es auch in Zeiten großer dynamischer Veränderungen rechtzeitig entsprechende Anpassungsmaßnahmen aufseiten des Angebots durch Arbeitnehmer oder Politik vorzunehmen (Carnevale et al. 2014: 1).

Diesen Vorteilen der Stellenanzeigenanalyse stehen einige Nachteile im Vergleich zu anderen Datenquellen gegenüber. Letzten Endes kann auch eine Stellenanzeigenanalyse kein absolut akkurates und vollumfängliches Abbild der tatsächlich am Arbeitsmarkt geforderten Anforderungen geben. Dies liegt unter anderem daran, dass nicht alle offenen Stellen auch tatsächlich online[13] ausgeschrieben werden. In Abhängigkeit von Wirtschaftszweig und Beruf werden nur ca. 60 bis 70 Prozent der Arbeitsplätze über eine Veröffentlichung im Internet besetzt. Während der Anteil der Job-Ausschreibungen für Akademiker zwischen 80 und 90 Prozent beträgt, liegt er bei niedriger Qualifizierten unter Umständen deutlich darunter (Carnevale et al. 2014: 11).

Online geschaltete Stellenanzeigen liefern also nicht zwangsläufig ein repräsentatives Bild über die tatsächliche Zahl der offenen Stellen. Aussagen hinsichtlich absoluter Arbeitsmarkteffekte könnten folglich verzerrt sein. Im Rahmen dieser Arbeit wird daher die relative Relevanz einzelner Anforderungen in Zeiten der Digitalisierung untersucht. Es wird somit insbesondere die relative Häufigkeit des Auftretens von Anforderungen in Stellenanzeigen verschiedener Berufstypen untersucht und auf diese Weise auf ihre jeweilige Bedeutsamkeit geschlossen. Um an dieser Stelle eine Verzerrung aufgrund unterschiedlich großer Stichproben zu vermeiden, wird für alle Berufe eine vergleichbare Anzahl an Stellenanzeigen herangezogen.

Es lässt sich jedoch auch mit balancierten Stichproben nicht vermeiden, dass Stellenanzeigen letzten Endes nur eine geäußerte Wunschvorstellung seitens des Arbeitgebers darstellen. Es kann also im Einzelfall sein, dass die in der Stellenanzeige formulierten Anforderungen nicht mit den im späteren Arbeitsalltag tatsächlich benötigten Anforderungen übereinstimmen. Dieses Problem kann durch eine ausreichend große Stichprobe insofern entschärft werden, als dass mit steigender Fallzahl die einzelne Stellenanzeige an statistischer Bedeutung verliert, also nur noch geringen Beitrag zum Gesamtergebnis leistet.

Abschließend kann somit festgehalten werden, dass die Stellenanzeigenanalyse eine hervorragende methodische Herangehensweise für dieses Forschungsvorhaben ist. Die dargestellten Eigenschaften der Stellenanzeigenauswertung zeigen ihre große Eignung zur Untersuchung der dieser Arbeit zu Grunde liegenden Problemstellung. Sie stellt somit ein ideales Instrument zur Analyse der beruflichen Anforderungen der Digitalisierung dar.

---

13 Im Rahmen dieser Arbeit wurden nur im Internet veröffentliche Stellenanzeigen untersucht. In Printmedien geschaltete Anzeigen oder nur unternehmensintern ausgeschriebene Stellen konnten nicht erfasst werden.

7.2 Prozess der Datengenerierung

7.2.1 Extraktion der Stellenanzeigen

Zunächst erfolgte die Schaffung einer geeigneten Datengrundlage auf Basis einzelner Stellenanzeigen. Zur Generierung des im Folgenden verwendeten Datensatzes wurde auf das Verfahren des „Web Crawlings", also dem automatisierten Abruf und Auslesen von Webseiten im Internet, zurückgegriffen. Zu diesem Zweck wurde für den spezifischen Einsatz des Zugriffs auf Stellenanzeigen bei Online-Job-Portalen eigens ein Web Crawler entwickelt. Eingesetzt wurde er bei einer der größten deutschen Metasuchmaschinen für Stellenangebote. Metasuchmaschinen nutzen ihrerseits zahlreiche weitere Portale und Suchmaschinen und aggregieren aus den auf den einzelnen Seiten gefundenen Stellenanzeigen eine Gesamtübersicht ausgeschriebener Jobs. Das Vorgehen über die Extraktion der Stellenanzeigen mittels einer Metasuchmaschine wurde gewählt, um eine möglichst hohe Zahl an Stellenanzeigen mithilfe eines einzigen Web Crawlers abrufen zu können. Darüber hinaus hat es den Vorteil, dass auf diese Weise eine höhere Differenzierung der aggregierten Stellenanzeigen erfolgt und mögliche Selektionseffekte bei Abruf der Stellenanzeigen von nur wenigen, ausgewählten Portalen vermieden werden können.

Somit konnte eine umfangreiche und zugleich möglichst repräsentative Stichprobe, der in Deutschland online geschalteten Stellenanzeigen, gezogen werden. Um saisonale Effekte zu vermeiden, wurden die Stellenanzeigen über den Zeitraum eines gesamten Jahres, vom 18.12.2016 bis zum 17.12.2017, abgerufen. Insgesamt wurden in diesem Erhebungszeitraum 129.644 Stellenanzeigen abgerufen und zunächst in unveränderter Rohform als HTML-Dokument lokal gespeichert.

Um den in Kapitel 6 für die Anforderungsmatrix erarbeiteten Grundprinzipien auch in der empirischen Auswertung gerecht werden zu können, muss insbesondere eine Vergleichbarkeit der Auswertungsergebnisse sichergestellt werden. Zu diesem Zweck wurde die Kategorisierung der Stellenanzeigen gemäß der vielfach verwendeten Klassifizierung der Berufe 2010 (KldB 2010) (Bundesagentur für Arbeit 2011) der Bundesagentur für Arbeit vorgenommen. Dazu wurden insgesamt 862 Berufsbezeichnungen ausgewählt und mithilfe des Web Crawlers die zu diesen Bezeichnungen gehörigen Stellenanzeigen über die Metasuchmaschine extrahiert. Die Auswahl der Berufsbezeichnungen erfolgte dabei mit dem Ziel, ein möglichst repräsentatives Abbild des deutschen Arbeitsmarktes auf Ebene der in der KldB 2010 als „Berufsgruppen" (sogenannte „3-Steller") bezeichneten Berufsordnung zu erreichen. Für jede der 144 Berufsgruppen[14]

14 Untersucht wurden sämtliche Berufsgruppen der KldB 2010 mit Ausnahme der vier dem Berufsbereich „Militär" zugehörigen.

wurden zwischen fünf und zehn unterschiedliche Bezeichnungen ausgewählt, die als Suchbegriffe in der Metasuchmaschine Verwendung fanden. Die Wahl der Suchbegriffe wurde so getroffen, dass insbesondere die heute beschäftigungsmäßig größten Berufsuntergruppen bzw. Berufsgattungen der einzelnen Berufsgruppen repräsentiert sind. Darüber hinaus wurden die, für die einzelnen Berufsgruppen jeweils zahlenmäßig größten Studiengänge und Ausbildungsberufe, bei der Wahl der Suchbegriffe berücksichtigt. Ziel dieses Vorgehens war es, für sämtliche Berufsgruppen ein möglichst repräsentatives Sample der zugehörigen Einzelberufe zu ziehen. Um die Ausgewogenheit des generierten Datensatzes in Bezug auf die einzelnen Berufsgruppen sicherzustellen, wurden für jede Berufsgruppe jeweils ca. 1.000, mindestens jedoch 500 einzelne Stellenanzeigen extrahiert.

Nach Abruf sämtlicher Stellenanzeigen wurden die einzelnen HTML-Dokumente maschinell eingelesen, um nicht auszuwertende Elemente (z.B. Werbeanzeigen) bereinigt und in einen strukturierten Datensatz überführt. Ziel war es, den Datensatz zunächst für die Verwendung eines Bag-of-Words-Modells aufzubereiten. Bei diesem Vorgehen wird ein „Dokument als ungeordnete Ansammlung seiner Wörter modelliert" (Paltoglou & Thelwall 2010: 1388). Es sind dabei weder Grammatik noch Reihenfolge der Wörter von Belang, sondern einzig das Auftreten bzw. die Häufigkeit des Auftretens eines Wortes das ausschlaggebende Kriterium der Analyse eines Textes. Ehe eine solche Analyse möglich ist, muss der Datensatz entsprechend vorbereitet, d.h. eine Vorverarbeitung der Daten, das sogenannte „Data Preprocessing", durchgeführt werden.

7.2.2 Data Preprocessing

Zur Vorbereitung des Datensatzes auf die Modellierung erfolgte zunächst eine Tokenisierung, also eine Segmentierung der Stellenanzeigen in ihre jeweiligen Einzelbestandteile. Dazu wurden Leer-, Satz- und Sonderzeichen aus den Stellenanzeigen entfernt und verbliebene Textbausteine in einzelne Wörter (Unigramme) separiert. Im Zuge dessen wurden die Texte auch um Stoppwörter bereinigt. Als Stoppwörter werden die Wörter bezeichnet, die in der zu untersuchenden Datenbasis sehr häufig auftreten und daher über allenfalls geringe inhaltliche Relevanz verfügen[15]. Da die Bedeutung eines einzelnen Wortes

15 Beispiele für Stoppwörter sind etwa Artikel oder Präpositionen.

oftmals stark von seinem Kontext, also anderen, innerhalb unmittelbarer Nähe des Wortes auftretenden Wörtern beeinflusst wird[16], wurde zusätzlich zum Bag-of-Words-Modell mit Unigrammen eine Separierung der Textbausteine in Bi- und Trigramme (sämtliche Kombinationen zweier bzw. dreier in einem Dokument aufeinanderfolgenden Wörter) vorgenommen, um die Aussagekraft der späteren Analyse zu erhöhen.

Anschließend wurden sämtliche Wörter und Wortkombinationen lemmatisiert, d.h. die Wörter auf ihre jeweilige Grundform (Lemma) zurückgeführt[17]. Dies ist insofern wichtig, als dass die spätere Analyse die Häufigkeiten des Auftretens der Wörter zu Grunde legt. Durch die Lemmatisierung werden die verschiedenen Flexionsformen eines Wortes mit jeweils geringen Einzelhäufigkeiten auf ihre gemeinsame Grundform gebracht, deren Häufigkeit der Summe der Einzelhäufigkeiten entspricht. Daher kann es durch die Lemmatisierung zu deutlicher Veränderung der relativen Worthäufigkeiten innerhalb eines Dokuments kommen.

Zur Lemmatisierung wurde der Treetagger-Algorithmus (Schmid 1995) genutzt. Dieser wurde auch zum Part-of-speech-Tagging, der Zuordnung von Wörtern zu Wortarten verwendet. Die Wortart ist insofern von Relevanz, als dass sie beispielsweise als Filtermechanismus genutzt werden kann, um zwischen bedeutenden und unbedeutenden Wörtern zu differenzieren und so die gesamte Wortmenge zu reduzieren.

Nach Lemmatisierung und Part-of-speech-Tagging wurden doppelte Stellenanzeigen aus dem Datensatz entfernt. Dies geschah in zwei Schritten: In einem ersten Schritt wurden perfekte Duplikate (vollkommene Übereinstimmung einer Stellenanzeige mit einer anderen) eliminiert. Um jedoch auch nahezu deckungsgleiche Stellenanzeigen zu ermitteln, die sich beispielsweise nur im Ansprechpartner oder dem Ort der ausgeschriebenen Stelle unterscheiden, musste ein

16 Beispielsweise ist der Informationsbeitrag zur Interpretation einer Stellenanzeige des Wortes „Berufserfahrung" (Unigramm) alleine deutlich geringer als gemeinsam mit seinem Kontext „keine Berufserfahrung erforderlich" (Trigramm). Der Kontext hilft also oftmals zur Beurteilung der Art der Anforderung in dem Sinne, als dass er einen Schluss über den Grad der Bedeutsamkeit zulässt. Beispielsweise ist eine „wünschenswerte" Eigenschaft hinsichtlich ihrer Relevanz anders einzuschätzen als eine, die als „unbedingte Voraussetzung" charakterisiert wird.

17 So würden etwa die Wörter „Hauses" und „Häuser" beide auf dieselbe Grundform in Form des Nominativs Singular „Haus" zurückgeführt. Bei Verben wird in der deutschen Sprache als Lemma der Infinitiv Präsens Aktiv verwendet, d.h. „baute" und „baut" werden beide auf die Form „bauen" gebracht.

zweiter Schritt vollzogen werden. Um Stellenanzeigen mit sehr hoher Ähnlichkeit, aber keiner vollkommenen Übereinstimmung zu identifizieren, wurde auf das Kosinus-Ähnlichkeits-Maß (Haenelt 2009) zurückgegriffen, das etwa bei Textvergleichen zur Plagiatsfindung häufig eingesetzt wird:

$$sim(d,q)=\frac{\sum_{i=1}^{x} w_{i,m} w_{i,q}}{\sqrt{\sum_{i=1}^{x} w_{i,m}^{2}}\sqrt{\sum_{i=1}^{x} w_{i,q}^{2}}}$$

Dabei wird die Ähnlichkeit zwischen zwei Dokumenten (d, q) anhand des Cosinus des Winkels zweier Vektoren bestimmt. Als Vektoren dienen dabei die Häufigkeitsverteilungen[18] w der einzelnen Wörter innerhalb der Dokumente.

Um die Häufigkeiten quantifizieren zu können, wurden die Stellenanzeigen vektorisiert, d.h. der Text der Stellenanzeige wird in einen Vektor des Vorkommens aller Wörter überführt. Jedem Uni-, Bi- und Trigramm wird somit die Zahl seines Auftretens in einer Stellenanzeige zugewiesen. Sofern ein Wort innerhalb einer bestimmten Stellenanzeige nicht auftritt, aber im Datensatz aller Stellenanzeigen vorkommt, wird ihm der Wert 0 zugeschrieben. Der gesamte Datensatz kann somit als Matrix abgebildet werden, in der die Zeilen den einzelnen Stellenanzeigen und die Spalten den enthaltenen Wörtern entsprechen. Auf dieser Grundlage lässt sich dann das Kosinus-Ähnlichkeits-Maß bestimmen und somit im Datensatz Stellenanzeigen mit großer Übereinstimmung identifizieren und eliminieren.

Das Kosinus-Ähnlichkeits-Maß wurde im Rahmen dieser Arbeit darüber hinaus genutzt, um Ähnlichkeiten zwischen einzelnen Begriffen zu bestimmen. Hierbei werden nicht Ähnlichkeiten zwischen Texten, sondern zwischen einzelnen Wörtern bestimmt. Neben dem Kosinus-Maß wurde dazu mit dem Jaccard-Koeffizient (Jaccard 1901, 1912) noch ein weiteres, im Rahmen von Textanalysen vielfach verwendetes, Ähnlichkeits-Maß genutzt:

$$J\ (A,B)=\frac{|A\cup B|}{|A\cap B|}$$

Dieser Koeffizient setzt also das gemeinsame Vorkommen von Elementen in Relation zu ihrem absoluten Auftreten (Niwattanakul et al. 2013: 381). Die

18 Die Häufigkeitsverteilung kann dabei mittels eines Häufigkeitsmaßes bestimmt werden. Im Rahmen dieser Arbeit wurde dazu das TF-IDF-Maß verwendet.

formale Definition der gewichteten Erweiterung von Grefenstette (1994) ist (Ljubešić et al. 2008: 3):

$$sim_J(A,B) = \frac{\sum_{i=1}^{x} \min(A_i, B_i)}{\sum_{i=1}^{x} \max(A_i, B_i)}$$

Der Jaccard-Koeffizient ist dabei der Quotient der Summe des gemeinsamen gewichteten Vorkommens von Termen und der Summe des unabhängigen, also nicht gemeinsamen Vorkommens (Huang 2008: 52).

Mit Abschluss des Data Preprocessings ist der Datensatz somit um irrelevante Information bereinigt und seine Stellenanzeigen zu Analysezwecken in Einzelelemente separiert.

7.2.3 Dimensionsreduktion

Nach Entfernung der Duplikate enthielt der Datensatz ca. 500.000 unterschiedliche Unigramme und ein Vielfaches an Bi- und Trigrammen. Zur Dimensionsreduktion, d.h. um diese große Datenmenge auf ein handhabbares Maß zu reduzieren und letzten Endes eine Systematisierung anhand der Anforderungsmatrix zu ermöglichen, wurden zwei Verfahren verwendet: Filterung und lexikalische Suche.

Zum Zwecke der Filterung wurden die einzelnen Stellenanzeigen zeitweilig gemäß zugehöriger Berufsgruppen aggregiert und anschließend auf Berufsgruppenebene deren Wörter gemäß des TF-IDF-Maßes gewichtet. Mit diesem Vorgehen konnten diejenigen Wörter identifiziert werden, die für eine bestimmte Berufsgruppe im Vergleich zu den anderen Berufsgruppen von besonders hoher Relevanz sind. Die Bestimmung des TF-IDF-Wertes eines Terms erfolgt dabei gemäß folgender Berechnungsgrundlage:

$$w_i = tf_i * idf_i = tf_i * log\frac{N}{df_i}$$

Das Gewicht w_i eines Terms *i* in einem Dokument *D* ergibt sich demnach aus der Multiplikation der Häufigkeit des Auftretens tf_i des Terms *i* (term frequency) in *D* und der inversen Dokumentenhäufigkeit idf_i (inverse document frequency). Zweitere ist definiert als der Logarithmus des Quotienten aus absoluter Anzahl der Dokumente *N* und der Zahl der Dokumente df_i, die Term *i* enthalten (Paltoglou & Thelwall 2010: 11). Dieser Ansatz wird gewählt, da sich alleine aus der absoluten Häufigkeit eines Terms in einem Dokument nur bedingt Aussagen hinsichtlich seiner Relevanz für das Dokument treffen lassen. Erst der Vergleich mit der Häufigkeit seines Auftretens innerhalb der Sammlung aller Dokumente, dem sogenannten Korpus, lässt fundierte Aussagen zu.

Durch Filterung nach Bedeutsamkeit mittels TF-IDF-Maß und Wortart[19] wurden die, in Bezug auf ihre Besonderheit für einzelne Berufsgruppen wichtigsten Terme mit Anforderungsrelevanz, in den Stellenanzeigen identifiziert und anschließend den einzelnen Anforderungen zugeordnet. Diese Zuordnung der in den Stellenanzeigen enthaltenen Begriffe zu den Anforderungen der Anforderungsmatrix erfolgte primär auf Basis der in der Anforderungsmatrix verwendeten Begrifflichkeiten. Sofern eine eindeutige Zuordnung eines Terms nicht unmittelbar anhand der Anforderungsmatrix möglich war, wurden zusätzliche Quellen herangezogen. Für die Zuordnung der Kompetenzbegriffe wurde dazu auf den „SynonymAtlas“ von Heyse und Erpenbeck (2007) zurückgegriffen. Dieser enthält zu allen ursprünglichen 64 Kompetenzbegriffen des „KompetenzAtlas“ weitere „Synonyme und eng verbundene Begriffe“ (Heyse & Erpenbeck 2007: 28), die in zwei Untersuchungen zum spezifischen Zweck der Synonymfindung ermittelt wurden. Bei der Begriffszuordnung zu physischen Anforderungen wurde insbesondere das Berufsinformationssystem des Arbeitsmarktservices Österreich (AMS 2018) verwendet, das eine sehr umfangreiche und detaillierte Zusammenstellung physischer Anforderungen und entsprechender begrifflicher Beschreibungen umfasst. Im Bereich der formalen Anforderungen stellte vor allem die Zuordnung der Qualifikations- bzw. Abschlusstypen eine Herausforderung dar. Diese wurde in erster Linie mittels der offiziellen Zuordnungsliste des DQR (DQR 2017) bewältigt.

Diese durch Filterung der Stellenanzeigen ermittelten Begrifflichkeiten wurden mittels lexikalischer Suche um weitere Terme ergänzt, d.h. die Stellenanzeigen wurden hinsichtlich des Auftretens bestimmter, also bereits im Vorfeld der Suche festgelegter Worte bzw. Wortkombinationen überprüft. Bei diesen Wörtern handelte es sich sowohl um die direkt der Anforderungsmatrix entnehmbaren Anforderungsbezeichnungen als auch zu diesen Bezeichnungen in unmittelbarem Bezug stehende, etwa im „SynonymAtlas“ enthaltene Begrifflichkeiten. Mithilfe der Filterung und der lexikalischen Suche konnten so insgesamt ca. 1.700 Terme mit Bezug zur Anforderungsmatrix ermittelt und den einzelnen Anforderungen zugeordnet werden. Somit ist es gelungen mithilfe der beschriebenen Verfahren der Dimensionsreduktion den ursprünglichen Datensatz in

19 Zur Identifikation von Anforderungen in Stellenanzeigen eignen sich insbesondere Adjektive und Nomen.

seiner Größe deutlich zu verringern, ohne dass für die weitere Analyse wesentliche Information verloren gegangen ist.

7.2.4 Operationalisierung der Digitalisierbarkeit

In einem letzten Schritt der Generierung des Datensatzes erfolgte die Operationalisierung des Begriffs der Digitalisierung. Um die Stellenanzeigen gemäß der Digitalisierung gruppieren zu können, musste zunächst für alle Berufe des Datensatzes eine adäquate Operationalisierung des zugehörigen Digitalisierbarkeitswerts vorgenommen werden. In der Literatur wird hierzu vielfach auf die von Frey und Osborne (2017) berechneten Substituierungswahrscheinlichkeiten einzelner Berufe zurückgegriffen. Diese wurden allerdings mithilfe des amerikanischen Occupational Information Network (O*NET) berechnet und sind dementsprechend gemäß der dort üblichen Klassifikation der Berufe, der Standard Occupational Classification (SOC), codiert. Diese Codierungen lassen sich zwar mithilfe von Umsteigeschlüsseln in die Systematik der KldB 2010 überführen, aufgrund der grundsätzlich anderen Arbeitsmarktgegebenheiten in den USA ist eine direkte Übertragung der Substituierungswahrscheinlichkeiten auf Berufe in Deutschland aber nur bedingt sinnvoll (Dengler und Matthes 2015b: 10).

Daher schlagen Bonin et al. (2015) eine indirekte Übertragung vor. Diese setzt nicht direkt auf Berufsebene an, sondern fußt auf den zugrundeliegenden beruflichen Tätigkeiten. Allerdings basiert auch diese Übertragung auf der Annahme, dass die technologische Entwicklung Tätigkeiten in den USA auf dieselbe Weise wie in Deutschland beeinflusst.

Aufgrund dieser Übertragbarkeitsproblematik haben Dengler und Matthes (2015b) berufliche Substituierbarkeitspotenziale für Deutschland auf Basis von Informationen aus der Expertendatenbank BERUFENET[20] der Bundesagentur für Arbeit berechnet. Diese Datenbank enthält unter anderem Beschreibungen der in einzelnen Berufen jeweils auszuführenden Tätigkeiten. Somit konnte für jeden Beruf eine Tätigkeits-Komposition bestimmt werden, die als Grundlage für die Bestimmung seiner Substituierbarkeit herangezogen wurde. Als Maß für die jeweilige potenzielle Ersetzbarkeit verwenden sie den Anteil der Routine-Tätigkeiten an allen Tätigkeiten eines Berufs. Als Routine wurden dabei nur solche Tätigkeiten eingestuft, die bereits heute potenziell maschinell ausgeführt werden können. Gemäß der Arbeit von Dengler und Matthes (2015b) wird die Digitalisierbarkeit demnach als die bereits heute mögliche Substituierbarkeit eines

20 http://berufenet.arbeitsagentur.de/berufe/index.jsp

Berufes verstanden. Entscheidend ist dabei „ob die jeweilige Arbeitsanforderung aktuell (im Jahr 2013) von Computern oder computergesteuerten Maschinen ausgeführt werden könnte“ (Dengler & Matthes 2015b: 11)[21]. Mithilfe dieses Vorgehens konnten sie berufsspezifische Substituierungspotenziale bestimmen. Der Ansatz von Dengler und Matthes (2015) hat in der deutschen Forschungslandschaft großen Anklang gefunden und wird seitdem vielfach zur beruflichen Operationalisierung von Digitalisierung verwendet. Insbesondere aufgrund der Berücksichtigung der Spezifika des deutschen Arbeitsmarktes und Bildungssystems werden die von Dengler und Matthes (2015b) ermittelten Werte daher auch in dieser Arbeit als Maß der beruflichen Digitalisierbarkeit herangezogen.

Diese berufsbezogene Bewertung erlaubt es zu jeder Stellenanzeige den zugehörigen Digitalisierbarkeitswert zuzuordnen. Da Dengler und Matthes (2015b) ihre Ergebnisse auf Berufshauptgruppenebene ausweisen, wurden die Stellenanzeigen in dieser Arbeit ebenfalls auf die Berufshauptgruppenebene aggregiert. Theoretisch wäre es nun möglich, jeder Stellenanzeige eine exakte Digitalisierbarkeitsbewertung zuzuordnen. Um jedoch der Tatsache Rechnung zu tragen, dass die ermittelten Digitalisierbarkeitswerte eine zwar bereits heute theoretisch zu realisierende Substituierbarkeit von Berufen signalisieren, dies aber nicht zwangsläufig auch eine schon erfolgte vollumfängliche Realisierung dieses Potenzials bedeutet, wurde darauf im Rahmen dieser Arbeit verzichtet. Stattdessen wurden die Stellenanzeigen in fünf Gruppen unterschiedlich hoher Digitalisierbarkeit aufgeteilt. Dies erfolgte auf Basis der Verteilung der Digitalisierbarkeitswerte anhand fünf Quantilen (Tab. 3):

Tab. 3: Zuordnung Digitalisierbarkeit und Gruppenbezeichnung

Quantil der Digitalisierbarkeit	**Gruppenbezeichnung**
0%–20%	Sehr gering
20%–40%	Gering
40%–60%	Mittel
60%–80%	Hoch
80%–100%	Sehr hoch

21 Da somit zum Zeitpunkt der Anfertigung dieser Arbeit bereits fünf Jahre seit der Beurteilung der Substituierbarkeit vergangen sind und die technischen Möglichkeiten in diesem Zeitraum zugenommen haben, dürften die ermittelten Substituierbarkeitswerte aus heutiger Sicht konservativ geschätzt sein.

Um differenziertere Aussagen bezüglich einzelner Berufe treffen zu können, erfolgte nach Zuordnung zu den fünf Digitalisierbarkeitsgruppen eine Disaggregation von Berufshauptgruppenebene zu Berufsgruppenebene. Daraus folgt zwar zwangsläufig, dass sämtliche einer Berufshauptgruppe zugehörigen Berufsgruppen ein und derselben Digitalisierbarkeitsgruppe zugeordnet wurden, das Vorgehen ermöglicht aber, die Unterschiede zwischen den Berufsgruppen in der Analyse zu berücksichtigen. Die Berufsgruppen unterscheiden sich somit zwar nicht in ihrer Digitalisierbarkeitsgruppe, können aber sehr wohl divergierende Anforderungen aufweisen und diese Disaggregation somit zusätzlichen Erkenntnisgewinn bringen.

Mit Abschluss der Operationalisierung der Digitalisierung und der Zuordnung zu den Stellenanzeigen war auch der Prozess der Datengenerierung abgeschlossen. Nach Extraktion der Stellenanzeigen, der Durchführung des Preprocessings, der Dimensionsreduktion und der abschließenden Digitalisierungsoperationalisierung umfasste der finale Datensatz schließlich 54.886 Stellenanzeigen mit 1.684 Anforderungs-Variablen sowie 139 Berufs- und fünf Digitalisierbarkeitsgruppen. Damit war eine geeignete Datengrundlage geschaffen worden, um eine Auswertung des Datensatzes mittels Methoden des Text Minings und Machine Learnings zu ermöglichen.

7.3 Text Mining

Text Mining ist ein Oberbegriff für Verfahren aus der Linguistik, der Statistik und des Machine Learnings zur computergestützten Informationsgewinnung aus Texten. Ziel ist dabei, die Elemente des Textes zu identifizieren, die statistisch signifikante Besonderheiten aufweisen und somit die Grundlage einer Analyse und Interpretation von Texten sein können.

7.3.1 Extraktion von Key Words

Solche Elemente werden im Rahmen des Text Minings als „Keywords" bezeichnet. Schlüsselwörter von Texten werden dabei häufig identifiziert, indem die Häufigkeiten des Auftretens von Wörtern in mehreren Texten verglichen werden. Der Grundgedanke dabei ist, dass ein Term, der innerhalb eines Texts signifikant häufiger vorkommt, als dies aufgrund seines Vorkommens in vergleichbaren Texten zu erwarten wäre, für diesen speziellen Text eine besonders große Bedeutung hat.

Von Interesse im Rahmen des Text Minings sind aber nicht nur die Häufigkeit des Auftretens einzelner Wörter, sondern darüber hinaus auch auffällig häufiges gemeinsames Vorkommen, die Kookkurrenz mehrerer Wörter innerhalb einer Untersuchungseinheit.

Zur Bemessung der Bedeutung von einzelnen Termen innerhalb eines Textes bzw. ihrem gemeinsamen Vorkommen gibt es zwei grundsätzliche Vorgehensweisen:

Regelbasierte Strategien kommen insbesondere bei überschaubaren Datenmengen oder spezifischen linguistischen Anfordernissen zum Einsatz. Die Bedeutung der Wörter wird dabei mithilfe im Vorfeld definierter, fester Regeln gemessen. Beispiele für solche Regeln könnten etwa die Untersuchung nur von Termen mit vor der Analyse dezidiert festgelegter Vorkommenshäufigkeit („mindestens x Mal") oder die Beschränkung auf eine bestimmte Wortart („nur Nomen-Verb-Kombinationen") sein. Vorteil eines solchen Vorgehens liegt in der potenziell hohen Spezifität der Analyse. Eine entsprechende Regel erlaubt das spezifische Erfassen auch von Termen mit geringer Häufigkeit, die andernfalls möglicherweise durch ein grobmaschiges Raster gefallen wären. Andererseits basieren solche Regeln üblicherweise auf einem bereits vor der Untersuchung vermuteten Zusammenhang zwischen Text und bestimmten Wörtern, eignen sich also meist nicht dazu, neue Text-Wort-Assoziationen zu identifizieren. Darüber hinaus benötigen solche Regeln zumeist nähere sprachliche Bestimmung und sind bei großen Datenmengen mit hohem händischen Aufwand verbunden (Kolesnikova 2016: 341).

Daher wird insbesondere im Fall großer Datensätze meist auf *Assoziationsmaße* zurückgegriffen. Mit ihrer Hilfe lassen sich durch statistische Verfahren die Bedeutung von einzelnen Termen bzw. Zusammenhänge zwischen Termen und Texten quantifizieren. Da solche Maße unabhängig von im Vorfeld der Untersuchung vermuteten Bedeutsamkeiten arbeiten, liefern sie in der Regel ein im Vergleich zum regelbasierten Ansatz objektiveres Ergebnis. Andererseits erfordern sie für verlässliche Aussagen eine hohe Fallzahl und das Vorliegen der den Maßen zugrunde liegenden Verteilungsannahmen (Kolesnikova 2016: 328). Welche unterschiedlichen Assoziationsmaße existieren und inwiefern sich diese für die hier angedachte Untersuchung eignen, wird nachfolgend diskutiert.

7.3.2 Assoziationsmaße

Die Literatur nennt zahlreiche Assoziationsmaße unterschiedlichster Ausgestaltung und Besonderheiten. Somit kann nicht zuletzt auch die Wahl des Maßes die Ergebnisse einer Untersuchung beeinflussen. Pecina beschreibt insgesamt 82 verschiedene Assoziationsmaße, die auf unterschiedlichsten Prinzipien beruhen (Pecina 2009).

Die Berechnung der einzelnen Maßzahlen lässt sich anhand einfacher Kontingenztabellen der beobachteten bzw. erwarteten Häufigkeiten des Auftretens der Terme in den Texten leicht verständlich machen (Evert 2005: 49), wie in Tab. 4 dargestellt:

Tab. 4: Kontingenztabelle der Häufigkeiten

beobachtet	**Text 1**	**Text 2**		**erwartet**	**Text 1**	**Text 2**
Term	O_{11}	O_{12}	$= R_1$	**Term**	$E_{11} = \frac{R_1 C_1}{N}$	$E_{12} = \frac{R_1 C_2}{N}$
nicht Term	O_{21}	O_{22}	$= R_2$	**nicht Term**	$E_{21} = \frac{R_2 C_1}{N}$	$E_{22} = \frac{R_2 C_2}{N}$
	$= C_1$	$= C_2$	N			

Die grundlegende Idee der allermeisten Maßzahlen ist es, die tatsächlichen Häufigkeiten des Auftretens eines Terms innerhalb eines Texts mit der zu erwartenden Häufigkeit zu vergleichen. Die erwartete Häufigkeit ergibt sich dabei aus der Größe des untersuchten Textes und der Häufigkeit des Terms in allen Texten. Je deutlicher die tatsächliche von der erwarteten Häufigkeit abweicht, desto spezifischer ist der jeweilige Term für den jeweiligen Text. Die Terme mit den größten Abweichungen von tatsächlicher zu erwarteter Häufigkeit werden als Schlüsselwörter des Textes bezeichnet.

Auf dieselbe Art und Weise lassen sich auch Zusammenhänge zwischen verschiedenen Termen bestimmen. Hierbei wird nicht das Auftreten eines Terms innerhalb eines Textes mit dem im Gesamttext verglichen, sondern das gemeinsame Vorkommen zweier Terme mit ihrem jeweiligen individuellen Auftreten. Assoziationsmaße erlauben somit sowohl die Identifikation von Keywords in Texten, als auch die Bestimmung der Zusammenhänge zwischen einzelnen Termen. Je nachdem welches Maß gewählt wird, können aber sowohl identifizierte Keywords, als auch der ermittelte Zusammenhang zwischen Termen variieren. Nach Evert (2005) lassen sich die Assoziationsmaße grob in vier Gruppen unterteilen, die unterschiedliche Aspekte eines Zusammenhangs erfassen:

Die *Gruppe der Signifikanz der Assoziation* enthält Kennzahlen, die auf statistischen Hypothesen-Tests beruhen. Sie quantifizieren, inwiefern die beobachtete Häufigkeit des gemeinsamen Auftretens der Terme gegen die Hypothese einer Nicht-Assoziation spricht.

Die *Gruppe des Grads der Assoziation* umfasst die Maße, die die Stärke der Assoziation schätzen. Die berechnete Kennzahl drückt dabei eine Effektgröße anhand eines Koeffizienten als Maß für die Stärke aus.

Die *Gruppe der Informationstheorie* fasst Maße zusammen, die auf informationstheoretischen Konzepten etwa der Entropie, Kreuz-Entropie und Transinformation beruhen.

Die vierte Gruppe besteht schließlich aus heuristischen Formeln, die üblicherweise eine Kombination von Maßen der ersten drei Gruppen oder Abwandlungen dieser Maßzahlen sein können.

Die Berechnung sämtlicher 82 Maße würde den Rahmen dieser Arbeit sprengen. Um die Ergebnisse der Untersuchung möglichst unabhängig von den Spezifika eines einzigen Maßes zu machen und ein möglichst breites und ausgewogenes Spektrum der verschiedensten Aspekte der Assoziationsbestimmung abzubilden, wird daher für die Berechnungen der Arbeit aus den ersten drei der oben dargestellten Gruppen verschiedener Maße jeweils eines herangezogen. Auf die Vor- und Nachteile der wichtigsten Maße der einzelnen Gruppen wird nachfolgend näher eingegangen und so die Wahl des jeweils gewählten Maßes begründet.

Unter den Maßen der *Gruppe der Signifikanz der Assoziation* findet sich der in der Vergangenheit vermutlich am häufigsten verwendete Test der linguistischen Textanalyse, der Pearson Chi-Quadrat-Homogenitätstest (Evert 2005: 80 f.):

$$Chi2 = \frac{N\left(O_{11}O_{22} - O_{12}O_{21}\right)^2}{R_1 R_2 C_1 C_2}$$

Der Chi-Quadrat-Test neigt allerdings zu einer Überbetonung sehr häufiger Terme (Kilgarriff 1996: 170). Dazu leistet er bei geringen Stichprobenumfängen nur eine sehr schlechte Approximation der korrekten Verteilung (Evert 2005: 81). Daher wird oftmals die Yates-Korrektur[22] (Yates 1934, 1934) verwendet, sobald die kleinste erwartete Häufigkeit geringer als fünf ist.

Dieses Erfordernis großer Fallzahlen hat zur Verdrängung des Chi-Quadrat-Tests und zur zunehmenden Verwendung der Log-Likelihood-Statistik (LogL) (Dunning 1993: 71) geführt:

$$LogL = 2\sum_{ij} O_{ij} log \frac{O_{ij}}{E_{ij}}$$

---

22 $\chi_y^2 = \frac{N\left(\left|O_{11}O_{22} - O_{12}O_{21}\right| - \frac{1}{2}\right)^2}{R_1 R_2 C_1 C_2}$ Evert (2005: 82)

Wie der Chi-Quadrat-Test ist auch der Likelihood-Ratio-Test zweiseitig (Evert 2005: 83 f.), eignet sich aber im Gegensatz zum Chi-Quadrat-Test auch zur Verwendung bei deutlich kleineren Textmengen (Dunning 1993: 71).

Auch der exakte Fisher-Test[23] liefert bei geringer Stichprobengröße zuverlässige Ergebnisse. Er ist jedoch mit hohem Rechenaufwand[24] verbunden (Evert 2005: 80) und findet nicht zuletzt aus diesem Grund in der linguistischen Analyse deutlich seltener Anwendung als der Likelihood-Ratio-Test. Daher wird für die Gruppe der Signifikanz der Assoziation der Likelihood-Ratio-Test herangezogen.

Aus der Gruppe des *Grads der Assoziation* wird zur linguistischen Analyse hin und wieder der McNemar-Test (McNemar 1947) verwendet. Zu bevorzugen ist aber der exakte Liddell-Test (Liddell) (Liddell 1976), der gerade bei geringen Stichprobenumfängen bessere Ergebnisse liefert (Wooldridge et al. 2014: 5):

$$Liddell = \frac{N\left(O_{11} - E_{11}\right)}{C_1 C_2} = \frac{O_{11}O_{22} - O_{12}O_{21}}{C_1 C_2}$$

Auswertungen mittels des Liddell-Tests weisen allerdings in der Regel eine starke Korrelation zu absoluten Häufigkeiten auf. Demnach führt ein hohes absolutes Auftreten eines Terms oftmals auch zu hohen Liddell-Testwerten. Aufgrund der Zuverlässigkeit auch bei geringen Stichprobenumfängen wird der Liddell-Test, der einen Punktschätzer der Assoziationsstärke darstellt (Evert 2005: 84 f.), als Maß für diese Gruppe gewählt.

Dagegen weist die für die *Gruppe der Informationstheorie* gewählte (Pointwise) Mutual Information (Pmi) eine gewisse Verzerrung zu Gunsten seltener Terme auf (Pantel & Lin 2002: 3). Demnach kann auch geringes absolutes Auftreten einen hohen Pmi-Testwert zur Folge haben. Die Pmi ist dabei definiert als:

$$Pmi = log \frac{O_{11}}{E_{11}}$$

23 $Fisher = \sum_{k=O_{11}}^{\min\{R_1, C_1\}} \frac{\binom{C_1}{k}\binom{C_2}{R_1 - k}}{\binom{N}{R_1}}$ Evert (2005: 80)

24 Tatsächlich stellt dies bei der heute verfügbaren Rechenleistung in der Regel nur noch bei sehr großen Datenmengen ein Hindernis dar. Aufgrund der höheren Verbreitung im Bereich der Textanalyse wird der Vergleichbarkeit wegen in dieser Arbeit dennoch die Log-Likelood-Statistik gegenüber dem Fisher-Test bevorzugt.

Die Pmi wird als logarithmiertes Verhältnis der gemeinsamen Verteilung zu den individuellen Verteilungen (bei Unabhängigkeit) (Evert 2005: 88) bestimmt.

Die drei gewählten Maße weisen verschiedene Stärken und Schwächen auf. Insbesondere die absolute Häufigkeit des Auftretens ist bei den drei Maßen von jeweils unterschiedlich hoher Relevanz für das Zustandekommen des zugehörigen Testwerts. Während im Liddell-Test insbesondere Terme mit großer absoluter Häufigkeit auch hohe Testergebnisse aufweisen, ist dies bei der Pmi von nachrangiger Bedeutung, sofern die relative Häufigkeit eines Terms nur ausreichend groß ist. Die Log-Likelood-Statistik befindet sich hinsichtlich der Bedeutung der absoluten Häufigkeiten in der Regel zwischen den beiden anderen Maßen.

Um die individuellen Besonderheiten eines der drei einzelnen statistischen Maße nicht zu stark ins Gewicht fallen zu lassen, wird ein übergeordnetes Hybridverfahren, also die Kombination von regelbasierter Vorgehensweise und Assoziationsmaßen (Kolesnikova 2016: 341), gewählt.

Dazu wird zunächst die Regel festgelegt, dass sämtliche Terme, die insgesamt nicht mindestens 40 Mal[25] in den Stellenanzeigen des Datensatzes auftreten, nicht berücksichtigt werden. Anschließend werden die drei gewählten Maßzahlen unabhängig voneinander berechnet. Im Rahmen der Text Analyse gelten solche statistische Verfahren dabei in erster Linie als hilfreich zur Gewinnung einer Rangordnung. „Das Signifikanzniveau als solches ist weniger nützlich" (Weikum 2002: 166). Die jeweiligen Koeffizienten der drei Maße werden daher als Kriterium zur Ordnung der Terme gemäß der Bedeutsamkeit innerhalb der jeweiligen Auswertungskategorie verwendet. Die Reihenfolge wird dabei nach der absoluten Höhe der jeweiligen Maßzahl erstellt. Somit ergeben sich drei Einzelrankings, aus deren Mittelwert sich ein Gesamtranking bestimmen lässt:

$$RangGesamt = \frac{1}{3}\left(RangLogL + RangLiddell + RangPmi\right)$$

Das Gesamtranking bietet somit die Möglichkeit, die durchschnittliche Bedeutung aller drei Maßzahlen zu erfassen. Dieses Gesamtranking wird im Rahmen dieser Arbeit als Instrument zur Bewertung der einzelnen Anforderungen verwendet. So wird die Bedeutsamkeit der Anforderungen nach der Höhe ihres jeweiligen Gesamtrangs[26] in aufsteigender Reihenfolge ausgedrückt. In dem

25 Durch die Wahl eines Mindestvorkommens von 40 kann sichergestellt werden, dass ein Term zumindest etwa in jeder 1000. Stellenanzeige des Datensatzes enthalten ist.

26 Sofern der Gesamtrang mehrerer Anforderungen identisch ist werden sie gemäß ihrer zugehörigen absoluten Häufigkeit in absteigender Reihenfolge geordnet.

dieses Gesamtranking für alle fünf Gruppen der Digitalisierbarkeit berechnet wird, lassen sich also die einzelnen Anforderungen hinsichtlich ihrer Relevanz in Zeiten der Digitalisierung bewerten. Zu diesem Zweck werden die resultierenden Gesamtrankings der Digitalisierbarkeitsgruppen verglichen. Somit kann beurteilt werden, welche Anforderungen insbesondere in Berufen geringer bzw. hoher Digitalisierbarkeit verlangt werden. Die Anforderungen, die vor allem bei Stellenanzeigen von Berufen geringer Digitalisierbarkeit gefordert sind, werden fortan als „Anforderungen der Digitalisierung“[27] bezeichnet.

Die dargestellte Vorgehensweise mittels Text Minings und der Berechnung von Assoziationsmaßen eignet sich insbesondere zur Identifizierung einzelner, besonders relevanter Anforderungen. Untersucht werden soll darüber hinaus jedoch auch die Bedeutung des gemeinsamen Auftretens mehrerer Anforderungen innerhalb einer Stellenanzeige. Um beurteilen zu können, inwieweit die Digitalisierung von Berufstätigen die Erfüllung einer Reihe von Anforderungen zugleich verlangt, wird auf Methoden des Machine Learnings zurückgegriffen.

7.4 Machine Learning

Zur Überprüfung der Hypothesen, die nicht die Relevanz von Einzelanforderungen, sondern das Zusammenwirken einer Reihe von Anforderungen betreffen, werden in dieser Arbeit Methoden des sogenannten Machine Learnings („Maschinelles Lernen“) verwendet. Unter Machine Learning wird ganz allgemein eine „automatische Wissensakquisition“ (Dillmann 2013: 4) verstanden. Das Lernen, also „das Aneignen von Hypothesen über Gesetzmäßigkeiten der Welt anhand von Erfahrungen“ (Wiedmann et al. 2001: 21) ist dabei insofern maschinell, als dass es auf computergestützte Art und Weise, d.h. „in algorithmischen Verfahren“ (Fischer 2013: 2) erfolgt. Üblicherweise wird dabei grob zwischen drei verschiedenen Lernverfahren unterschieden:

Das *Unsupervised Learning* („Unüberwachtes Lernen“) wird eingesetzt, sofern keine Kennzeichnung des Outputs vorliegt. Es sollen somit Gemeinsamkeiten oder Strukturen der Daten identifiziert werden.

27 Diese Auswertung kann somit nicht den faktischen Nachweis der Kausalität zwischen Digitalisierung und geforderter Anforderung erbringen. Vielmehr wird mit gewählter Methodik identifiziert, welche Anforderungen in Stellenanzeigen von Berufen geringer Digitalisierbarkeit auffällig häufig auftreten. Dieses übermäßig häufige Auftreten muss aber nicht zwangsläufig Resultat der Digitalisierungswirkung sein, sondern könnte unter Umständen auch durch latente, nicht beobachtete Variablen ausgelöst werden.

Beim *Supervised Learning* („Überwachtes Lernen") liegen dagegen sowohl die Ausprägungen von Input- als auch Output-Variablen vor. Lernziel ist es, den unbekannten Zusammenhang zwischen Input und Output zu erfassen.

Als *Reinforcement Learning* („Bestärkendes Lernen") wird ein Agent-Lernproblem zur Beurteilung einer Situation bezeichnet. Ziel ist es zu lernen, wie Situationen mit hoher Belohnung für den Agenten schnell und häufig herbeigeführt werden können (Lippold 2005: 6 ff.).

Alle drei Lernverfahren werden im Rahmen der Sozialwissenschaften, einem von vielen Anwendungsgebieten des maschinellen Lernens, genutzt. Nicht zuletzt die Digitalisierung hat dem maschinellen Lernen, einem eigentlich bereits seit mehreren Jahrzehnten bekannten Konzept, in jüngster Vergangenheit neuen Auftrieb verliehen. Die Verfahren des Machine Learnings können je nach Anwendungsfall unter Umständen substanzielle Verbesserungen gegenüber klassischer Forschungsmethodik bringen. Dazu argumentiert beispielsweise Scharkow, „dass sich durch die methodische Weiterentwicklung der Inhaltsanalyse einerseits die Reichweite und Genauigkeit der Inferenzen erhöhen lässt, andererseits viele neue Forschungsfragen erst im großen Maßstab überhaupt empirisch fassbar werden" (Scharkow 2012: 207). Hierunter fallen insbesondere Fragestellungen, bei denen im Vorfeld der Untersuchung kein gutes Verständnis über den zu modellierenden Prozess als regelbasierten Zusammenhang vorliegt (Guido & Müller 2017: 1), was in der Text Analyse naturgemäß der Fall ist. Beispielsweise lassen sich meist nicht ohne Weiteres Aussagen bezüglich der Bedeutung eines einzelnen Wortes für die inhaltliche Interpretation eines gesamten Textes treffen. Dies gilt erst recht, wenn die Relevanz des Auftretens nicht einer, sondern mehrerer Anforderungen zugleich bestimmt werden soll.

Maschinelles Lernen hat also genau dort seine Vorteile, wo derart komplexe Zusammenhänge vorzufinden sind, dass es in erster Linie darum geht, ein Verständnis für diese zu gewinnen, indem Muster oder Gesetzmäßigkeiten in den Daten identifiziert werden. Maschinelles Lernen analysiert dazu auf automatisierte Weise vergangene Beobachtungen, um anschließend erlernte modellinhärente Beziehungen zwischen Input und Output für möglichst genaue Vorhersagen bei neuen Beobachtungen zu nutzen (Schapire 2003: 149).

Die Verfahren des maschinellen Lernens sind demnach ein adäquates Instrumentarium für die angedachte empirische Auswertung von Stellenanzeigen. Der generierte Datensatz erfüllt die grundlegenden Voraussetzungen zur Anwendung von Machine Learning auf idealtypische Weise. Die Stellenanzeigen liegen in Form unstrukturierter Text Daten vor, sodass ein Zusammenhang zwischen der Digitalisierung und beruflichen Anforderungen nicht unmittelbar ersichtlich ist, sondern sich ein solcher möglicherweise nur durch die maschinelle

Auswertung einer großen Zahl von Stellenanzeigen und zugehöriger Outputvariable in Form der jeweiligen Digitalisierbarkeit erschließen lässt. Mit seinen über 50.000 Stellenanzeigen, denen die Digitalisierbarkeit des zugehörigen Berufs zugeordnet wurde, erfüllt der generierte Datensatz diese Voraussetzung hinreichend. Somit lässt er sich im Sinne eines Überwachten Lernens nutzen, um Unterschiede der Anforderungen in Bezug auf ihre Digitalisierungsrelevanz zu ergründen. Darüber hinaus können Methoden des Unüberwachten Lernens der Aufdeckung grundlegender Zusammenhänge in Vorbereitung der eigentlichen Analyse dienen und die anschließende konkrete Hypothesenprüfung erleichtern. Das Bestärkende Lernen, mit seinem spezifischen Anwendungsbezug als Agent-Lernproblem, ist zur Untersuchung der Fragestellungen dieser Arbeit kaum geeignet.

Es kommen somit Ansätze zweier Bereiche des Machine Learnings zur Verwendung: Unsupervised und Supervised Learning.

7.4.1 Unsupervised Learning

Zu den Verfahren des Unsupervised Learnings gehört u. A. das sogenannte „Topic Modelling“. Dies ist eine Methode zur automatischen Extraktion der Topics, also der Themen aus Dokumenten. Oftmals wird hierzu das probabilistische Modell der Latent Dirichlet Allocation (LDA) eingesetzt (Blei et al. 2003). In diesem Modell besteht ein Textkorpus aus mehreren Dokumenten. Jedes Dokument wiederum aus einer endlichen Anzahl von Themen, die sich auf Basis einer Sammlung einzelner Wörter definieren. Die Zuordnung der Wörter zu den Themen erfolgt auf Grundlage eines Wahrscheinlichkeitsmodels der Häufigkeiten der Kookkurrenzen der einzelnen Terme. Ein Topic besteht somit aus einer Reihe zusammengehöriger Wörter. Auf maschinelle Weise lässt sich somit einzig unter Vorgabe der Anzahl der Themen eine inhaltliche Struktur in Dokumenten identifizieren. Diese Technik wird in dieser Arbeit dazu genutzt, um eine mögliche Strukturierung des Datensatzes der Stellenanzeigen aufzudecken und so möglicherweise Zusammenhänge zwischen den einzelnen Bestandteilen der Stellenanzeigen erkennbar zu machen. Vorstellbar ist etwa, dass sich auf diese Weise Kategorien von Anforderungen identifizieren lassen, die Gemeinsamkeiten in Bezug auf ihre Digitalisierbarkeit aufweisen.

Ebenfalls dem unüberwachten Lernen zuzurechnen ist „GloVe“ („Global Vectors for Word Representation“) (Pennington et al. 2014). Dieser Algorithmus wird zur Generierung von verdichteten Vektordarstellungen, sogenannten „Worteinbettungen“ („Word Embeddings“), von Wörtern verwendet. Ziel ist es, die latente Information von Wörtern anhand eines üblicherweise etwa 300

Dimensionen umfassenden Vektors abzubilden. Ziel ist eine semantische Einbettung der Wörter in einen Vektorraum, bei dem semantisch ähnliche Wörter näher zusammen liegen als semantisch unähnliche (Liebeck et al. 2017: 551). Dies geschieht mittels der Matrix der Wahrscheinlichkeiten der Kookkurrenz aller Wörter des Korpus. Eine Kookkurrenz zweier Wörter *i* und *j* besteht dabei immer dann, wenn Wort *j* im Kontext von *i* enthalten ist. Als Kontext wird eine definierte Anzahl von Wörter vor und nach *i* verstanden. Minimiert wird mittels gewichteter Kleinster-Quadrate-Schätzung folgende Kostenfunktion:

$$J = \sum_{i=1}^{V} \sum_{j=1}^{V} f\left(X_{ij}\right)\left(w_i^T w_j + b_i + b_j - logX_{ij}\right)^2$$

Das Ziel des Algorithmus ist es, die Wortvektoren so zu wählen, dass das Skalarprodukt eines Wortpaares der logarithmierten Wahrscheinlichkeit ihrer Kookkurrenz entspricht. Eine Gewichtungsfunktion *f* wird verwendet, um eine Übergewichtung von sehr seltenen oder sehr häufigen Kookkurrenzen zu verhindern. b_i und b_j sind dabei skalare Faktoren für Haupt- bzw. Kontextwort (Pennington et al. 2014: 4).

Resultat ist ein Vektorraum zur repräsentativen Darstellung sämtlicher Wörter eines Textes, der zur Erfassung linguistischer oder semantischer Gesetzmäßigkeiten genutzt werden kann. Vergleiche zeigen, dass GloVe etwa bei der Ähnlichkeitsbestimmung zwischen Wörtern bessere Ergebnisse liefert als andere Verfahren (Pennington et al. 2014: 10).

In dieser Arbeit wird der GloVe-Algorithmus verwendet, um semantisch verwandte Begriffspaare zu identifizieren. So können auf Basis bereits vorliegender Anforderungsbegriffe synonyme Begrifflichkeiten aus den Stellenanzeigen extrahiert werden. Darüber hinaus wird er verwendet, um mögliche Unterschiede bei Nutzung des Anforderungsbegriffs in Stellenanzeigen in Kombination mit bzw. separiert von dem Begriff der Digitalisierung zu identifizieren. Es wird untersucht, in welchem Verhältnis die Begriffe Anforderung und Digitalisierung zueinanderstehen und welche weiteren Terme jeweils besonders große Ähnlichkeit in der Verwendung innerhalb von Stellenanzeigen aufweisen.

Das Unsupervised Learning wird im Rahmen dieser Arbeit also in erster Linie dafür verwendet mögliche anforderungsbezogene Strukturen innerhalb des Datensatzes zu identifizieren. Zudem wird es genutzt, um Ähnlichkeiten zwischen Begriffen aufzuzeigen und korrespondierende Begriffspaare zu erkennen. Das unüberwachte Lernen kommt in dieser Arbeit folglich insbesondere in der Analysevorbereitung zum Einsatz. Dagegen wird das Supervised Learning zur konkreten Hypothesenprüfung verwendet.

7.4.2 Supervised Learning

Der Bereich des überwachten Lernens umfasst zahlreiche Verfahren, deren Lernen auf Basis der bereits bekannten Ausprägungen einer Zielvariablen erfolgt. Der Lernerfolg kann also anhand tatsächlicher Werte überwacht werden. Ein Teilgebiet des überwachten Lernens ist die Klassifikation, also die automatisierte Zuordnung von Objekten zu unterschiedlichen Klassen.

Beispielsweise könnte durch Analyse der Werke eines Bibliotheksbestands maschinell beobachtet werden, dass das Wort „Mörder“ besonders häufig in Büchern, die dem Genre „Krimi“ zugeordnet sind, vorkommt. Diese Information kann anschließend dazu genutzt werden, ein nicht zum Bestand der Bibliothek gehöriges und somit noch nicht genremäßig verortetes Buch, in dem der Begriff „Mörder“ oft auftaucht korrekterweise als Krimi einzustufen.

Dies ist ein typisches Beispiel für eine Textklassifikation, eine Aufgabenstellung des maschinellen Lernens, die für die vorliegende Arbeit von besonders großer Relevanz ist. Es handelt sich dabei um einen automatischen, induktiven Prozess von hoher Effektivität mit dem Ziel ein Klassifikationskonzept zu entwickeln, in dem die Charakteristika der Klassen anhand eines Bestands an bereits klassifizierten Dokumenten gelernt werden (Sebastiani 2002: 1). Bei solchen Prozessen der Klassifizierung sind bereits seit Jahren Methoden des maschinellen Lernens anderen Verfahren, etwa aus dem Bereich der Statistik, hinsichtlich der Klassifikationsgenauigkeit überlegen (Breiman et al. 1984; Weiss & Kapouleas 1990).

Im Rahmen dieser Arbeit kommt der Spezialfall der binären Klassifikation zur Anwendung, bei der die Einteilung der Objekte erfolgt auf genau zwei verschiedene Klassen erfolgt. Es handelt sich dabei um zwei Klassen verschieden hoher Digitalisierbarkeit. Zu diesem Zweck werden die ursprünglich fünf verschiedenen Gruppen der Digitalisierbarkeit zu zwei Gesamtklassen zusammengefasst. Die Klasse „hoch“ umfasst dabei die ursprünglichen Teilklassen „sehr hoch“ und „hoch“, analog die Klasse „gering“ die Teilklassen „sehr gering“ und „gering“. Ziel ist es nun sämtliche Stellenanzeigen automatisiert einer der beiden Klassen zuzuweisen, ohne im Vorfeld die tatsächliche Klassenzugehörigkeit zu kennen. Ziel ist es auf diese Weise den offensichtlich komplexen Zusammenhang zwischen den Anforderungen der Stellenanzeigen und ihrer jeweiligen Digitalisierbarkeit zu ergründen. Dazu wird mithilfe von Klassifikationsverfahren überprüft, inwieweit es möglich ist einzig aus den in einer Stellenanzeige enthaltenen beruflichen Anforderungen auf die Digitalisierbarkeit des zugehörigen Berufs zu schließen. Diese Klassifikation sollte mit möglichst hoher Zuverlässigkeit gelingen, um die Relevanz mehrerer, gemeinsamer Anforderungen in Zeiten der Digitalisierung zeigen zu können.

Dieses Vorgehen erlaubt eine Validierung der Ergebnisse der mittels der Assoziationsmaße ermittelten Bedeutsamkeit einzelner Anforderungen in Zeiten der Digitalisierung. Sofern nämlich mit der Digitalisierung tatsächlich unterschiedliche berufliche Anforderungen einhergehen, bedeutet dies umgekehrt auch hohen Informationsgehalt der Anforderungen für die Digitalisierbarkeit. Dementsprechend müsste es gelingen die Stellenanzeigen im Rahmen einer gewissen Genauigkeitsbandbreite nur mithilfe der enthaltenen Anforderungen in geringe bzw. hohe Digitalisierbarkeit zu unterteilen.

Abgesehen vom Aspekt der Validierung der Ergebnisse dient die Klassifikation der Stellenanzeigen insbesondere dazu, die Relevanz des gemeinsamen Auftretens mehrerer Anforderungen zu ermitteln. Das Verfahren der Klassifikation wird dazu verwendet, um die aufgestellte Hypothese zu überprüfen, dass sich aus dem gemeinsamen Vorkommen bestimmter einzelner Anforderungen auf die zugehörige Digitalisierbarkeit eines Berufs schließen lässt. Die Kombination mehrerer Einzelanforderungen sollte, so die Hypothese (H15), ein Indikator für die Digitalisierbarkeit des zu der Stellenanzeige gehörigen Berufs sein. Wenn dies tatsächlich der Fall wäre, müsste eine Klassifikation der Stellenanzeigen gemäß ihrer Digitalisierbarkeit einzig auf Grundlage der enthaltenen Anforderungen mit hoher Genauigkeit gelingen.

Da letztlich aber eine Stellenanzeige nicht nur aus beruflichen Anforderungen besteht, sondern zahlreiche weitere Informationen umfasst, wird abschließend auch geprüft, inwiefern sich Stellenanzeigen in ihrer Gesamtheit eignen die Digitalisierbarkeit eines Berufes zu bestimmen. Aufgrund beschränkter Rechenkapazitäten lassen sich nicht sämtliche, in den Stellenanzeigen enthaltenen Begriffe, zum Zwecke der Klassifizierung verwenden. Daher wurde zunächst eine Dimensionsreduktion durchgeführt. Zu diesem Zweck wurden aus allen in den Stellenanzeigen enthaltenen Begriffen zunächst die Begriffe mit der höchsten Relevanz für eine Klassifikation der Stellenanzeigen gemäß ihrer Digitalisierbarkeit ausgewählt. Dazu wurden die Begriffe mit den höchsten TF-IDF-Werten vorselektiert, unter denen anschließend mittels Random Forest Feature Selection[28], die für eine Klassifikation der Stellenanzeigen relevantesten Begriffe

28 Als Feature Selection wird der Prozess der Auswahl einer Teilmenge von Variablen unter allen Variablen des Datensatzes bezeichnet. Ziel ist es diejenigen Variablen zu selektieren, die den größten Informationsgehalt zum jeweiligen Lernalgorithmus beitragen. Random Forest ist ein Lernalgorithmus des Supervised Learnings, der im Weiteren genauer vorgestellt wird.

identifiziert wurden. Die selektierten Begriffe dienen schließlich als Inputvariablen für die Klassifikation der Stellenanzeigen.

Aus allen in den Stellenanzeigen enthaltenen Begriffen und Begriffskombinationen wurde somit eine Auswahl getroffen, auf Basis derer die Stellenanzeigen gemäß ihrer jeweiligen Digitalisierbarkeit klassifiziert werden sollen. Es existieren unzählige Verfahren, um solche Klassifikationen automatisiert vorzunehmen. Da im Vorfeld einer Klassifikation nicht bekannt ist, welches Verfahren für den jeweiligen Datensatz die besten Klassifikationsergebnisse erreicht, werden in der Regel eine Reihe verschiedener Algorithmen verwendet, um ein möglichst akkurates Klassifikationsergebnis zu erreichen. Für die Arbeit wurden daher insgesamt 14 Algorithmen ausgewählt, die sich in der Vergangenheit zur Textklassifikation als besonders geeignet erwiesen haben. Dabei handelt es sich im Einzelnen um:

1. Generalized Linear Model (GLMNET)
2. C5.0 Rules (C5)
3. Repeated Incremental Pruning (JRIP)
4. Random Forest (RF)
5. Gradient Boosting Machine (GBM)
6. Extreme Gradient Boosting (XGB)
7. LightGBM (LGBM)
8. Neural Network (NNET)
9. Averaged Neural Network (AVNNET)
10. Multi Layer Perceptron (MLP)
11. Sparse Linear Discriminant Analysis (SLDA)
12. Fast K-Nearest-Neighbour (FKNN)
13. Support Vector Machine Linear Kernel (SVML)
14. Support Vector Machine Radial Kernel (SVMR)

Generalisierte lineare Modelle mittels Penalisierung (**GLMNET**) stellen eine Verallgemeinerung des klassischen Regressionsmodells dar. Zu diesem Zweck erfolgt eine Regularisierung der Schätzfunktion durch Hinzunahme eines Bestrafungsparameters. Beim sogenannten LASSO (Least Absolute Shrinkage and Selection Operator) erfolgt dies durch Aufnahme der Summe der Absolutbeträge der Regressionskoeffizienten (L1-Regularisierung), bei der Ridge-Regularisierung durch die Summe der quadrierten Koeffizienten (L2-Regularisierung). Während es auf diese Weise bei der Ridge-Regression zur Schrumpfung der Koeffizienten kommt, können beim LASSO einzelne Variablen vollständig eliminiert werden. Das in dieser Arbeit verwendete Elastic-Net stellt die Kombination beider Verfahren dar und löst folgende Gleichung:

$$\min R_{\gamma}(\beta_0,\beta_1) = \min\left[\frac{1}{2N}\sum_{i=1}^{N}\left(y_i - \beta_0 - x_i^T\beta\right)^2 + \gamma P_{\alpha}(\beta)\right]$$

Wobei:

$$P_{\alpha} = \sum_{j=1}^{p}\left[\frac{1}{2}(1-\alpha)\beta_j^2 + \alpha\left|\beta_j\right|\right]$$

P_{α} stellt dabei die Elastic-Net Penalisierung als Mischung aus LASSO und Ridge-Regression dar. Bei $\alpha = 0$ und $\alpha = 1$ liegen demnach die Extremfälle von Ridge bzw. LASSO vor (Friedman et al. 2010: 4). Der Parameter α determiniert also die Art der Penalisierung zwischen Ridge und LASSO, während γ die Stärke der Regularisierung bestimmt.

C5.0 Rules ist ein regelbasierter Klassifikationsalgorithmus. Dazu werden auf der Grundlage eines Entscheidungsbaums Regeln zur Klassifikation abgeleitet. Jede Beobachtung kann anschließend mithilfe des ermittelten Regel-Sets klassifiziert werden. Sofern sich dabei mehrere Regeln hinsichtlich der Einteilung einer Beobachtung widersprechen, wird zur Entscheidungsfindung eine gewichtete Summe aus den Klassifikationswahrscheinlichkeiten der betroffenen Regeln gebildet. Das regelbasierte Vorgehen kann einerseits der Komplexitätsreduktion dienen, führt andererseits teilweise auch zu einer höheren Prognosegenauigkeit als bei Verwendung von Entscheidungsbäumen (Mazo 2006: 4477).

JRip ist ebenfalls ein regelbasiertes Lernverfahren und war zumindest in Vergangenheit nicht zuletzt aufgrund seiner Einfachheit einer der meistverwendeten Klassifikationsalgorithmen überhaupt (Rajput et al. 2011: 206). Zur Vermeidung einer Überanpassung setzt er das Verfahren des wiederholten inkrementellen Prunings zur Fehlerreduktion ein (Repeated Incremental Pruning to Preduce Error Reduction – Ripper) (Cohen 1995). Das Regelwerk wird dabei solange durch zusätzliche Bedingungen erweitert, bis alle positiven Beobachtungen erfasst werden. Anschließend erfolgt eine Optimierungsphase zur Verkleinerung des Regelsatzes und verbesserten Anpassung an den Trainingsdatensatz (Mastorakis et al. 2010: 790). Trotz seiner einfachen Methodik hat sich der Algorithmus als einer der kompetitivsten erwiesen (Fürnkranz et al. 2012: 52).

Random Forests (**RF**) sind eine Weiterentwicklung einzelner Entscheidungsbäume. Statt eines einzigen Baumes wird dabei ein Wald von Bäumen angelegt, die jeweils auf Basis einer individuell aus der Grundgesamtheit gezogenen Stichprobe mit Zurücklegen modelliert werden („Bootstrap"). Zur Klassifizierung werden dann per Mehrheitswahl die Vorhersagen aller einzelnen Bäume aggregiert („Bagging" bzw. „Bootstrap Aggregating"), was eine Überanpassung an den

Trainingsdatensatz vermeidet. Indem bei jeder Knotenbildung jeweils nur eine zufällige Auswahl aller Prädikatoren verwendet wird, wird eine allzu ähnliche Struktur der einzelnen Bäume verhindert und deren Korrelation untereinander geringgehalten. Dieses Vorgehen erlaubt es die Varianz deutlich zu reduzieren (Breiman 2001: 25).

Ähnlich den Random Forests wird beim „Boosting" die finale Vorhersage auf Grundlage der Prognosen mehrerer baumbasierter Einzelmodelle getroffen. Hier werden die einzelnen Bäume jedoch nicht unabhängig voneinander modelliert, sondern sind abhängig von den jeweils vorhergehenden. Die Idee ist dabei, mehrere schwache Modelle zu einem gemeinsamen starken zu kombinieren (Schapire 1990: 197). Dieser Grundgedanke wurde in zahlreichen Algorithmen auf unterschiedliche Art und Weise umgesetzt. Die Generalized Boosting Models (**GBM**) (Ridgeway 2007) stellen dabei eine Implementierung auf Grundlage des Adaboost-Algorithmus (Freund & Schapire 1995) und Friedmans Gradient Boosting Machine (Friedman 2001, 2002) dar. Neuere Implementierungen, beispielsweise die Variante des Extreme Gradient Boostings (**XGB**) (Chen & He 2015), berücksichtigen auch Besonderheiten wie dünnbesetzte Datenmatrizen oder liefern, wie der LightGBM-Algorithmus (**LGBM**) (Ke et al. 2017), Performance-Verbesserungen bei großen Datenmengen ohne Einbußen bei der Prognosegenauigkeit hinnehmen zu müssen.

Neuronale Netze sind grob der Funktionsweise des menschlichen Gehirns nachempfundene künstliche Netze. Diese können aus mehreren Schichten nichtlinear miteinander verbundener Neuronen bestehen. In ihrer einfachsten Form, den sogenannten Feed-Forward Neural Networks (**NNET**), erfolgt der Informationsfluss nur in eine Richtung und ohne Rückkoppelung (Fine 2006: 2 ff.). Sie eignen sich aufgrund ihrer hohen Flexibilität für eine Vielzahl verschiedener praktischer Einsatzzwecke (Ripley 1996: 4).

Sofern das neuronale Netz nicht akkurat modelliert wird, kann es zu einer Überanpassung an den Trainingsdatensatz kommen. Um dies zu vermeiden, können mehrere Netze modelliert werden und die gemittelten Prognosen der einzelnen Netze verwendet werden (**AVNNET**). Mit dieser Technik kann bei gleichbleibendem Bias die Varianz deutlich reduziert werden (Naftaly et al. 1997: 283).

Eine typische Variante der Feed-Forward Neural Networks stellt das mehrlagige Perzeptron (**MLP**) dar, das neben der Ein- und Ausgabeschicht über mindestens eine weitere, prinzipiell aber beliebig viele verdeckte Schichten verfügt. Die einzelnen Schichten sind dabei über gewichtete Verbindungen zwischen den in ihnen enthaltenen Neuronen miteinander verbunden (Pal & Mitra 1992: 684).

Die in dieser Arbeit verwendeten Modelle enthalten jeweils eine (NNET, AVNNET) bzw. drei (MLP) verdeckte Schichten.

Sparse Linear Discrimant Analysis (**SLDA**) ist eine Weiterentwicklung der bekannten linearen Diskriminanzanalyse (LDA). Diese liefert, solange die Anzahl der Beobachtungen im Verhältnis zur Variablenzahl ausreichend groß ist, gute Ergebnisse (Shao et al. 2011: 2). Gerade im Rahmen von Textklassifizierungen übersteigt die Zahl der Prädikatoren die der Beobachtungen jedoch oftmals um ein Vielfaches, was eine LDA teilweise unbrauchbar machen kann. Die Implementierung einer Form der Penalisierung, etwa mittels Elastic-Net, erlaubt es auch in solchen Fällen eine Analyse durchzuführen (Clemmensen et al. 2011: 406).

Der Fast k-Nearest-Neighbor-Algorithmus (**FKNN**) ist eine moderne Variante des populären KNN-Klassifikationsverfahrens, bei dem die Klasseneinteilung einer Beobachtung anhand seiner k nächsten Nachbarn erfolgt. Im einfachsten Fall wird dazu die mehrheitliche Klasse der umliegenden Beobachtungen verwendet. Ebenfalls möglich ist eine gewichte Entscheidungsfindung anhand der Distanz der jeweiligen Nachbarn zum zu klassifizierenden Objekt. Da die Berechnung der jeweiligen Distanzen im hochdimensionalen Raum sehr rechenintensiv ist, setzt der FKNN-Algorithmus auf die Bestimmung einer Approximation der Distanzen. Diese reduziert den benötigten Rechenaufwand deutlich, ohne allzu große Einbußen hinsichtlich der Prognosegüte in Kauf nehmen zu müssen (Arya et al. 1998).

Support Vector Machines (SVM) basieren auf dem Ansatz der Identifikation derjenigen Separatoren, die die verschiedenen Klassen am besten trennen. In einem Vektorraum wird also diejenige Hyperebene gewählt, die in der Lage ist, die Klassen mit dem größten Abstand zu allen Datenpunkten zu separieren, d.h. es wird eine Trennung mit maximalem Trennabstand angestrebt („Large Margin Classifier"). Zu diesem Zweck prüft der Algorithmus die geeignetste Kombination der Variablen, was ihn besonders robust auch bei hoher Datendimensionalität macht. Ein solche hohe Dimensionalität ist eine Eigenschaft über die Textdaten naturgemäß verfügen (Aggarwal & Zhai 2012: 195 f.). Da eine Hyperebene grundsätzlich nur zur linearen Trennung geeignet ist, verwenden SVM oftmals den sogenannten „Kernel-Trick". Mittels Kernel-Funktionen wird ein so hochdimensionaler impliziter Vektorraum geschaffen, dass dieser wieder per Hyperebene trennbar ist (Vert et al. 2004: 1 f.). Die Kernel-Funktionen können ihrerseits linear (**SVML**) sein oder beispielsweise durch Verwendung der radialen Basisfunktion (**SVMR**) auch nicht-linearen Charakter aufweisen (Scholkopf et al. 1997).

Mithilfe dieser 14 Modelle wird die Klassifikation der Stellenanzeigen gemäß der Digitalisierbarkeit der jeweiligen Berufe vorgenommen. Zu diesem Zweck wird zunächst der Gesamtdatensatz aller Stellenanzeigen in einen für alle Modelle verwendeten Trainings- und Testdatensatz aufgeteilt. Der Trainingsdatensatz dient dabei zur Anpassung der Modelle, während der Testdatensatz ausschließlich zur Validierung ihrer Leistungsfähigkeit verwendet wird. Dieses Verfahren hat den Vorteil, dass sich so besser auf die Verallgemeinerbarkeit der Klassifikationsergebnisse schließen lässt, da die Modelle anhand von Daten getestet werden, die selbst nicht zur Entwicklung verwendet worden sind. Die Aufteilung in Trainings- und Testdatensatz erfolgt dabei mittels eines zufälligen 80/20-Splits des Gesamtdatensatzes. Demnach enthält der Trainingsdatensatz 80 und der Testdatensatz 20 Prozent aller Daten. Einziges Splittingkriterium ist dabei, dass die Verteilung der Digitalisierungsklassen in Training- und Testdatensatz, der des Gesamtdatensatzes entspricht.

Als unabhängige Variablen werden dabei in einem ersten Schritt ausschließlich die Anforderungen aus der Anforderungsmatrix, bzw. die zugehörigen Begrifflichkeiten, verwendet. Auf diese Weise soll überprüft werden, inwieweit alleine die Anforderungen als Indikator für die Digitalisierbarkeit eines Berufs dienen können.

In einem zweiten Schritt wird dann sämtliche Information (mit Ausnahme der jeweiligen Berufsbezeichnungen) der Stellenanzeigen berücksichtigt. Dem liegt die Annahme zu Grunde, dass die Stellenanzeigen über die Anforderungen hinaus Informationen zur Bestimmung der Digitalisierbarkeit enthalten. Dies könnten Tätigkeitsbeschreibungen, aber auch jegliche weitere Angabe sein. Daher werden, wie oben dargestellt, aus allen Begrifflichkeiten der Stellenanzeigen die, für eine Klassifikation der Stellenanzeigen relevantesten, Begriffe als Inputvariablen ausgewählt.

So stehen schließlich sowohl zur Klassifikation auf Basis der Anforderungen, als auch zur Klassifikation mittels sämtlicher Information der Stellenanzeigen jeweils knapp 2.000 unabhängige Variablen zur Verfügung. Die absolute Häufigkeit deren jeweiligen Auftretens in den Stellenanzeigen wird zur Verbesserung der Klassifikation in TF-IDF-Werte transformiert. Somit fließen in die Modelle nicht die absolute Anzahl des Vorkommens eines Wortes in einer Stellenanzeige ein, sondern der jeweilige TF-IDF-Wert.

Bei allen Einzelmodellen müssen zunächst die jeweils optimalen Modellparameter ermittelt werden, damit die Modelle die Klassifizierung möglichst genau vornehmen können. Zur Wahl der optimalen Parameter eines jeden Modells, dem sogenannten Hypertuning, wird das Verfahren der wiederholten Kreuzvalidierung verwendet. Dazu wird zunächst der Trainingsdatensatz zufällig in k gleichgroße Teilmengen aufgeteilt. Anschließend werden iterativ jeweils k-1 Teilmengen zum Training des Modells verwendet, während die k-te Menge jeweils zur Validierung des Modells dient. In k Durchgängen wird das Modell somit mit jeweils anderen Teil-Datensätzen trainiert und eine neue Teilmenge zur Validierung genutzt. Die Gesamtgenauigkeit der Klassifizierung ergibt sich als Mittelwert der Genauigkeiten der k Durchläufe. Als besonders empfehlenswert hat sich dabei ein k von 10 erwiesen (Kohavi 1995: 7). In dieser Arbeit wird daher ebenfalls eine 10-fache Kreuzvalidierung mit fünf Wiederholungen verwendet. Das fünffache Wiederholen der Kreuzvalidierung hilft die Varianz der Ergebnisse weiter zu reduzieren (Filzmoser et al. 2009: 167).

Nach Wahl der optimalen Parameter werden die Modelle anhand des gesamten Trainingsdatensatzes trainiert und anschließend mittels des Testdatensatzes die Güte der Modelle evaluiert. Als Kriterium wird dabei die Korrektklassifikationsrate, also der Anteil der Stellenanzeigen des Testdatensatzes, der korrekt in niedrige bzw. hohe Digitalisierbarkeit eingeteilt wurde, herangezogen. Dieses Vorgehen zur Wahl der Parameter und Überprüfung der Prognosegüte wird auf ähnliche Art und Weise für alle vorgestellten Algorithmen vorgenommen, sodass schließlich für beide Klassifikationen jeweils 14 verschiedene Basismodelle und Klassifikationsergebnisse zur Verfügung stehen.

Aus diesen einzelnen Basismodellen wird anschließend ein gemeinsames Gesamtmodell („Stacking-Modell") entwickelt. Grundidee des Stackings ist, dass verschiedene Modelle verschiedene Informationen des Datensatzes erfassen. Dies bedeutet, dass ein Gesamtmodell aus der Kombination mehrerer Basismodelle zu einer höheren Prognosegenauigkeit als die des besten individuellen Einzelmodells führen kann. Idealerweise weisen dabei die Grundmodelle sowohl eine hohe individuelle Prognosegenauigkeit, als auch eine geringe Korrelation untereinander auf.

Anhand dieser beiden Kriterien wird aus den 14 Grundmodellen eine Auswahl von Modellen getroffen, die als Grundlage des Gesamtmodells dienen. Dieses wird mithilfe der Vorhersagen der Grundmodelle aus der Kreuzvalidierung im Trainingsdatensatz trainiert, d.h. es werden jeweils die Prognosewerte der Grundmodelle für den k-ten Teil des Trainingsdatensatzes als Trainings-Input für das Stacking-Modell verwendet. Dieses Vorgehen sorgt dafür, dass die Information über die tatsächlichen Werte der abhängigen Variablen des Trainingsdatensatzes das Training des Stacking-Modells nicht beeinflusst. Demnach besteht der Trainingsdatensatz des Gesamtmodells nicht aus den unabhängigen Variablen der Grundmodelle, sondern aus deren vorhergesagten Wahrscheinlichkeiten für die abhängige Variable des Trainingsdatensatzes, also die Höhe der Wahrscheinlichkeit der Digitalisierbarkeit der jeweiligen Stellenanzeige.

Nachdem das Gesamtmodell mit diesem Trainingsdatensatz trainiert wurde, können die Prognose-Wahrscheinlichkeiten der Grundmodelle für den Testdatensatz als Input für das trainierte Gesamtmodell verwendet werden. Mit dieser Vorgehensweise lässt sich schließlich die Klassifikationsgenauigkeit auch für das Stacking-Modell bestimmen.

Anhand des Anteils der korrekt in Bezug auf ihre jeweilige Digitalisierbarkeit klassifizierten Stellenanzeigen kann schließlich eine Überprüfung der Hypothesen erfolgen. Je höher die Korrektklassifikationsrate, desto größer der inhaltliche Unterschied zwischen den Stellenanzeigen unterschiedlicher Digitalisierbarkeit. Wenn es gelänge die Stellenanzeigen zuverlässig gemäß ihrer Digitalisierbarkeit zu klassifizieren, bedeutete dies, dass das gemeinsame Vorkommen bestimmter Anforderungen in Stellenanzeigen Indiz für die Digitalisierbarkeit des zugehörigen Berufs ist. In Konsequenz könnte geschlossen werden, dass die Digitalisierung die gemeinsame Kombination bestimmter Einzelanforderungen bedarf. Abschließend lässt sich durch die Klassifikation mithilfe der gesamten Stellenanzeigeninformation die finale Hypothese (H16) überprüfen, nämlich dass die Verwendung der gesamten Information einer Stellenanzeige die Beurteilung der Digitalisierbarkeit des zugehörigen Berufs im Vergleich zur Beschränkung auf berufliche Anforderungen verbessert. Dies würde bedeuten, dass die Digitalisierung zwar spezifische berufliche Anforderungen stellt, die Digitalisierbarkeit eines Berufes aber auch von anderen Aspekten abhängig ist. Ein Beruf somit mehr ist, als nur die Summe seiner Einzelanforderungen.

Dieses Kapitel hat die Eignung der vorgestellten Methoden zur empirischen Überprüfung der aufgestellten Hypothesen gezeigt. Die Stellenanzeigenanalyse mit den Verfahren aus Text Mining und Machine Learning bietet die Möglichkeit, die am heutigen deutschen Arbeitsmarkt geforderten wichtigsten beruflichen Anforderungen der Digitalisierung zu ermitteln. Der für diese Untersuchung generierte Datensatz unterschiedlicher Stellenanzeigen ist eine geeignete Grundlage der Analyse.

Um ein tieferes Verständnis über den Datensatz, seine Struktur und die in den einzelnen Stellenanzeigen enthaltenen Informationen zu vermitteln, wird im nachfolgenden Kapitel zunächst ein kurzer Überblick über den Datensatz gegeben, bevor er hinsichtlich der einzelnen Hypothesen gezielt ausgewertet wird.

8. Berufliche Anforderungen der Digitalisierung – Eine Stellenanzeigenanalyse

Die empirische Überprüfung der in Kapitel 6 entwickelten Hypothesen erfolgt auf Grundlage der aus Online-Job-Portalen extrahierten Stellenanzeigen. Im nachfolgenden wird dazu zunächst ein kurzer Überblick über den generierten Datensatz an Stellenanzeigen gegeben, um ein besseres Verständnis für seine Ausprägungen und Struktur zu gewinnen. Anschließend erfolgt eine sequentielle Validierung der einzelnen Hypothesen. Dabei ist zunächst der Zusammenhang zwischen Tätigkeiten und Anforderungen zu analysieren, um anschließend mögliche Unterschiede in den Anforderungsbedarfen in Abhängigkeit von der Digitalisierbarkeit der jeweiligen Berufe identifizieren zu können. Der dritte Teil der Auswertung untersucht die Generalisierbarkeit der vorhergehenden Einzelergebnisse. Es wird also die Fragestellung analysiert, inwieweit die gewonnenen Erkenntnisse in Bezug auf digitalisierungsbedingte Bedarfe einzelner Anforderungen auch auf das gemeinsame Auftreten mehrerer Anforderungen in einer Stellenanzeige übertragbar sind. Dem liegt die Annahme zu Grunde, dass die Anforderungen eines Berufs Indikator für seine Digitalisierbarkeit sein können.

8.1 Die Stellenanzeigen im Überblick

Insgesamt wurden rund 150.000 Stellenanzeigen aus diversen Jobportalen im Internet extrahiert. Der finale Datensatz besteht nach Entfernung sämtlicher Duplikate und der Stellenanzeigen, die sehr große inhaltliche Ähnlichkeit zu anderen Stellenanzeigen aufweisen, aus insgesamt 54.886 individuellen Stellenanzeigen. Nachdem diese um Begriffe mit sehr niedriger und sehr hoher Häufigkeit bereinigt wurden, enthalten sie 38.271 verschiedene und in Summe 15.765.996 Begriffe. Nachfolgende Übersicht (Abb. 8) stellt die 50 häufigsten Begriffe und ihr absolutes Vorkommen im Datensatz dar.

Die Abbildung zeigt, dass insbesondere Begrifflichkeiten der Erfahrung in Stellenanzeigen vermehrt verwendet werden. Mit weitem Abstand am häufigsten, nämlich 51.778 Mal tritt das Wort „erfahren" auf. 79,7 Prozent, d.h. knapp vier von fünf aller Stellenanzeigen, enthalten diesen Begriff. Darüber hinaus sind auch „Berufserfahrung" und „Erfahrung" unter den zehn häufigsten Begriffen. Nicht einmal unter den 50 häufigsten Termen ist der Term „Anforderung". Er tritt insgesamt nur 864 Mal bzw. in 588 verschiedenen Stellenanzeigen auf. In

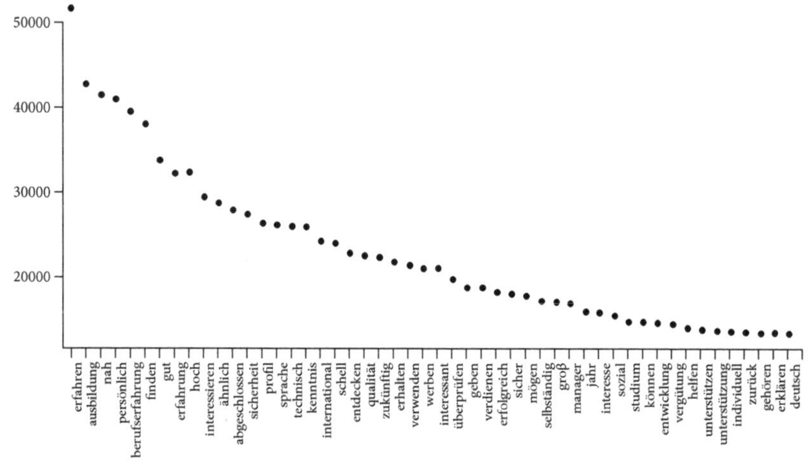

Abb. 8: Übersicht der häufigsten Begriffe

Kombination mit „Arbeit", d.h. als „Arbeitsanforderung" kommt er sogar insgesamt nur 10 Mal vor.

Ebenfalls nicht unter den häufigsten Begriffen vertreten ist der Term „Digitalisierung". Er kommt aber zumindest 11.914 Mal bzw. in 8.716 Stellenanzeigen vor. Während berufliche Anforderungen demnach in den Stellenanzeigen unter der Bezeichnung „Anforderung" nicht sonderlich oft genannt werden, ist die Häufigkeit des Vorkommens von „Digitalisierung" durchaus beachtlich.

8.1.1 Verwendung der Begriffe „Anforderung" und „Digitalisierung"

Die Relevanz und insbesondere der Gebrauch der beiden Begriffe in Stellenanzeigen lässt sich besser beurteilen, indem Begriffe mit ähnlicher Verwendung betrachtet werden. Um einen Eindruck der Bedeutung und Verwendung beider Begriffe zu gewinnen, ist es daher zweckmäßig, die Terme mit den jeweils größten Ähnlichkeiten zu den Begriffen „Anforderung" bzw. „Digitalisierung" zu bestimmen. Um diese Bestimmungen vorzunehmen, werden die Maße der Kosinus- bzw. Jaccard-Ähnlichkeit herangezogen. Nachfolgende Tab. 5 zeigt die zehn Begriffe mit den höchsten Ähnlichkeiten zum Term „Anforderung" in den analysierten Stellenanzeigen auf. Die Begriffe sind dabei absteigend gemäß ihrer jeweiligen Ähnlichkeit geordnet.

Tab. 5: Ähnlichkeiten zu Begriff „Anforderung“

Kosinus-Ähnlichkeit	Jaccard-Ähnlichkeit
Berufserfahrung	persönlich
Profil	abgeschlossen
Erfahrung	Kenntnis
Kenntnis	gut
Bringen	Berufserfahrung
Qualifikation	Ausbildung
Ausbildung	Erfahrung
abgeschlossene Ausbildung	sicher
Voraussetzung	Qualität
Bereitschaft	Tätigkeit

„Anforderung“ wird demnach vor allem mit Begriffen der beruflichen Erfahrung, der erworbenen Kenntnisse und der abgeschlossenen Ausbildung verbunden. Insbesondere Aspekte der formalen Qualifikationen weisen demnach in Stellenanzeigen hohe Ähnlichkeit zum Anforderungsbegriff auf. Bei Verwendung des Jaccard-Ähnlichkeitsmaßes ist auch der Term „Tätigkeit“ unter den zehn Begriffen mit den höchsten Ähnlichkeiten. Dies deutet darauf hin, dass in den Stellenanzeigen Tätigkeitsbeschreibungen in Kombination mit der Nennung beruflicher Anforderungen verwendet werden.

Der Term der „Digitalisierung“ weist dagegen keine auffällige Ähnlichkeit zu Begriffen der beruflichen Anforderungen auf. Wie folgende Übersicht der zehn Begriffe mit den höchsten Ähnlichkeitswerten (Tab. 6) zeigt, wird „Digitalisierung“ in den Stellenanzeigen sehr allgemein verwendet.

Tab. 6: Ähnlichkeiten zu Begriff „Digitalisierung“

Kosinus-Ähnlichkeit	Jaccard-Ähnlichkeit
Schienenverkehr	Transformation
Transformation	Division
Handlungsbedarf	einschalten
Digital	westlich
Einschalten	Metropolregion
Kooperationsvertrag	weiterlesen
Zeitalter	voran
Weiterlesen	digital
Metropolregion	treiben
Digitalisieren	Prozess

Im Rahmen der Stellenanzeigen wird der Begriff der Digitalisierung im Sinne eines digitalen Transformationsprozesses verwendet. Gemeinsamkeiten zu Begrifflichkeiten wie beispielsweise den „digitalen Kompetenzen" zeigen sich nicht. Stattdessen finden sich hohe Ähnlichkeiten zu Termen wie „einschalten" und „weiterlesen", die sich inhaltlich nicht unmittelbar erschließen.

„Anforderung" und „Digitalisierung" weisen in den untersuchten Stellenanzeigen hinsichtlich ihrer Verwendung, wenig überraschend, kaum Gemeinsamkeiten auf. Weder zeigen sie hohe gegenseitige Ähnlichkeitswerte, noch überschneiden sich die Begrifflichkeiten mit den jeweils höchsten Ähnlichkeiten zu beiden Begriffen.

Letzten Endes ist für diese Arbeit aber weniger die unabhängige Interpretation der beiden Terme „Digitalisierung" und „Anforderungen" in Stellenanzeigen entscheidend, sondern ihr kontextueller Bezug zueinander. Hilfreich können dabei Vektorraummodelle sein. Diese modellieren einen vollständigen Vektorraum aller in einem Korpus enthaltenen Begriffe. Diese Grundlage erlaubt es arithmetische Operationen auf Basis der Wort-Repräsentationen in Vektorform vorzunehmen, sodass sich beispielweise Operationen folgender Form durchführen lassen:

$$König - Mann + Frau = Königin$$

Dieses plastische Beispiel wird häufig zur Illustration der Möglichkeiten eines solchen Vektorraummodells herangezogen. Dabei zeigt sich, dass das Verhältnis der Vektoren von König zu Mann, annähernd dem von Königin zu Frau entspricht. Die Modelle erfassen dabei sowohl syntaktische als auch semantische Gesetzmäßigkeiten von Sprache (Mikolov et al. 2013: 746). In dieser Arbeit wird zur Generierung der Wort-Vektoren GloVe (Global Vectors for Word Representation) verwendet. GloVe ist ein unüberwachter Lernalgorithmus, der eine vektorbasierte Darstellung von Wörtern ermöglicht (Pennington et al. 2014). Auf Grundlage der generierten Wort-Vektoren können die Vektoren von „Digitalisierung" und „Anforderung" zueinander in Bezug gesetzt werden und die jeweils ähnlichsten Begriffe zum Resultat der Vektoraddition bzw. Subtraktion identifiziert werden. Die fünf ähnlichsten Terme der Vektorkombinationen „Anforderung + Digitalisierung" einerseits und „Anforderung – Digitalisierung" andererseits sind in nachfolgender Tab. 7 dargestellt:

Tab. 7: Vektorkombination „Anforderung“ und „Digitalisierung“

Anforderung + Digitalisierung	Anforderung – Digitalisierung
Weiterentwicklung	abgeschlossene Berufsausbildung
Prozesse	Qualifikationen
Umsetzung	Weiterbildung Abschluss Hochschule Berufsakademie
Verantwortlich	erforderliche Qualifikation
Technischen	abgeschlossene Ausbildung

Die Begriffe mit der höchsten Kosinus-Ähnlichkeit zur Vektoraddition Anforderungen + Digitalisierung weisen kaum Überschneidung zu den vorher identifizierten Begriffen mit Ähnlichkeit zum Anforderungsbegriff auf. Zu den Begriffen mit hoher Ähnlichkeit zu „Digitalisierung“ kann zumindest ein gewisser Bezug festgestellt werden. Auch die explizite Vektorkombination von „Anforderung“ und „Digitalisierung“ bringt somit nur bedingt spezifische Digitalisierungsanforderungen zutage. Die Kombination der Vektoren von Anforderung und Digitalisierung zeigen eine hohe Ähnlichkeit zu Begrifflichkeiten, die zur Beschreibung einer Anforderung zur verantwortungsvollen technischen Weiterentwicklung und Umsetzung von Prozessen verwendet werden würde.

Wird dagegen die Differenz der beiden Vektoren gebildet, zeigt sich ein deutlich anderes Bild. Wird der Digitalisierungskontext bei den Anforderungen explizit ausgeschlossen, weist der resultierende Vektor hohe Ähnlichkeit vor allem zu Begriffen auf, die formalqualifikatorische Aspekte in Form verschiedenster Ausbildungsabschlüsse reflektieren. Dies könnte ein Anzeichen dafür sein, dass die Qualifikation als formale Anforderungen durch die Digitalisierung an Bedeutung einbüßt.

Die Analyse der beiden Begriffe der „Anforderung“ und der „Digitalisierung“ hinsichtlich ihres Auftretens und ihrer Verwendung in den extrahierten Stellenanzeigen hat wichtige Erkenntnisse gebracht. Zum einen wird der Term „Anforderung“ als solcher in Stellenanzeigen nur selten verwendet. Begrifflichkeiten mit ähnlicher Verwendung wie „Kenntnis“, „Qualifikation“ oder „Voraussetzung“ weisen deutlich höhere absolute Häufigkeiten auf. Der Digitalisierungsbegriff tritt dagegen deutlich häufiger auf, zeigt aber kaum expliziten Bezug zum Kontext der beruflichen Anforderungen, sondern wird ähnlich wie charakterisierende Begriffe des digitalen Transformationsprozesses verwendet. Die additive Kombination der beiden Begriffe weist vor allem Ähnlichkeit mit Begriffen im Rahmen der Umsetzung dieses Prozesses auf. Sie bezieht sich somit in erster

Linie auf spezifische technische Digitalisierungsaspekte und weniger auf breitere mit der Digitalisierung verbundene berufliche Anforderungen. Rückschlüsse darüber, welche Anforderungen möglicherweise im Rahmen der Digitalisierung weniger verlangt werden, lassen sich dagegen durch Ausschluss des Digitalisierungsbezugs ziehen. So zeigt der aus der Subtraktion „Anforderung – Digitalisierung“ resultierende Vektor insbesondere Ähnlichkeit mit Begriffen der formalen Qualifikation. Dies könnte ein Indiz dafür sein, dass im Zuge der Digitalisierung formalqualifikatorische Aspekte an Bedeutung verlieren.

8.1.2 Vorkommen der Anforderungen

Die Verwendung der beiden Begriffe „Anforderung“ und „Digitalisierung“ in den Stellenanzeigen kann somit nur erste Hinweise bezüglich der beruflichen Anforderungen der Digitalisierung geben. Entscheidend bei der Analyse wird vielmehr sein, inwiefern unterschiedliche Begriffe in Stellenanzeigen von Berufen mit hoher bzw. geringer Digitalisierbarkeit besonders häufig auftreten. Im Rahmen dieser Arbeit sind nicht sämtliche der, in den Stellenanzeigen enthaltenen Begriffe, von Belang, sondern in erster Linie solche mit Bezug zu beruflichen Anforderungen. Einer einzelnen Anforderung kann dabei eine Vielzahl verschiedener Begriffe zugeordnet sein. Die Summe des Auftretens der zu einer Anforderung gehörigen Begriffe im Datensatz ergibt somit die absolute Häufigkeit einer Anforderung. Nachfolgende Darstellung (Abb. 9) zeigt die absoluten Häufigkeiten der Anforderungen, die mindestens 500 Mal in den ausgewerteten Stellenanzeigen auftreten in absteigender Reihenfolge.

Die Abbildung zeigt, dass das Beurteilungsvermögen mit einer absoluten Häufigkeit von 32.362 die mit weitem Abstand am meisten gestellte Anforderung im Datensatz ist. Beurteilungsvermögen erlaubt es Sachverhalte und Problemsituationen einzuschätzen. Erfahrungswerte helfen dies auch bei unsicherem oder fehlendem Wissen zu tun (Heyse & Erpenbeck 2007: 40). Auf Grundlage des „SynonymAtlas“ sind der Anforderung daher unter anderem die Begriffe „Erfahrung“, „Urteilskraft“ und „Urteilsfähigkeit“ zugeordnet (Heyse & Erpenbeck 2007: 30). Die Tatsache, dass sich mit „Erfahrung“ unter den zur Anforderung gehörigen Begriffen auch einer der absolut häufigsten Terme in Stellenanzeigen befindet, erklärt das hohe absolute Niveau des Vorkommens des Beurteilungsvermögens.

Unter den am häufigsten vorkommenden Anforderungen sind darüber hinaus zahlreiche weitere Kompetenzen zu finden. Dies liegt nicht zuletzt auch daran, dass diese Anforderungsart mit 64 von 88 in der Anforderungsmatrix enthaltenen Anforderungen einen Großteil aller Einzelanforderungen ausmacht. Dass

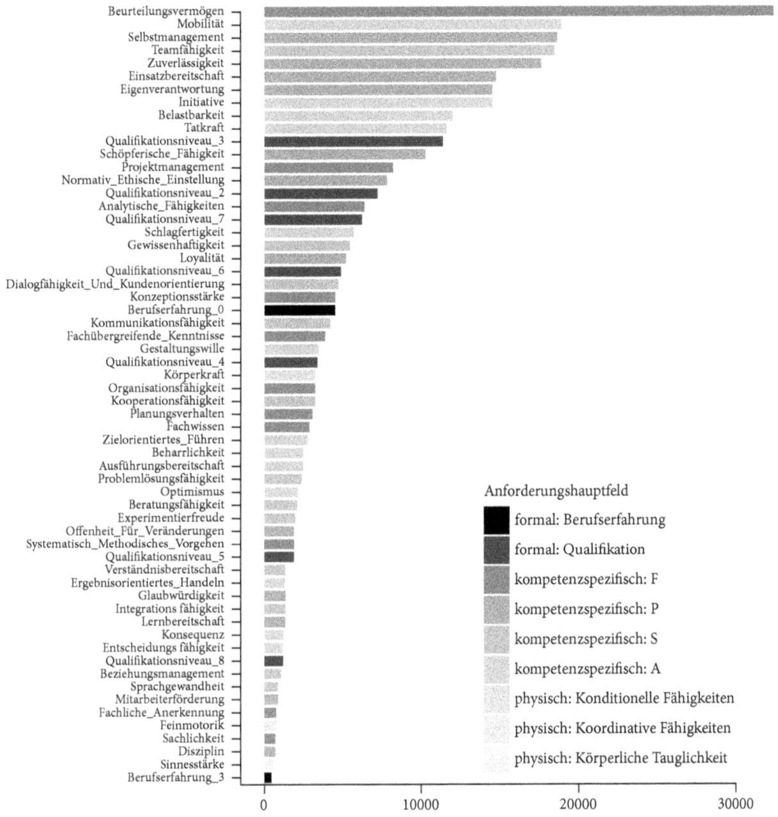

Abb. 9: Häufigste Anforderungen absolut

viele der dargestellten Kompetenzen aber auch hohe absolute Häufigkeiten aufweisen, könnte Indiz dafür sein, dass der Kompetenzbereich im Vergleich zu den beiden anderen Anforderungsarten insgesamt eine höhere Relevanz in Stellenanzeigen hat.

Ebenfalls unter den Anforderungen mit den absolut höchsten Häufigkeiten befinden sich mehrere Anforderungen des formalen Bereichs. Insbesondere das Anforderungshauptfeld der Qualifikation ist an vorderster Stelle im Ranking vertreten. Demnach findet sich in vielen Stellenanzeigen die Forderung nach formaler Qualifikation unterschiedlicher Art.

Dagegen kommen Anforderungen physischer Art unter den Anforderungen mit mindestens 500-maligem Auftreten kaum vor. Mit 3.258 Nennungen ist die

Muskelkraft noch die häufigste dieses Anforderungsbereichs. Sämtliche weiteren physischen Anforderungen treten weniger als 1.000 Mal auf. Physische Anforderungen scheinen somit im Vergleich zu den beiden anderen Anforderungsarten von geringerer Bedeutung zu sein.

Die Übersicht der Anforderungen mit den größten absoluten Häufigkeiten hat gezeigt, dass in den Stellenanzeigen vor allem Kompetenzen häufig verlangt werden. Auch formale Anforderungen werden vielfach verlangt. Dagegen finden sich nur in vergleichsweise wenigen Stellenanzeigen Anforderungen des physischen Bereichs.

8.1.3 Zwischenfazit

Absolute Häufigkeiten sind aber alleine nur bedingt geeignet, um Rückschlüsse auf die jeweilige Bedeutsamkeit einer Anforderung zu ziehen. Für spezifischere Aussagen gilt es einen Kontextbezug herzustellen. Es muss also untersucht werden, ob in Stellenanzeigen bestimmter Art eine Anforderung häufiger auftritt als in anderen Stellenanzeigen. Die Häufigkeiten des Auftretens der Anforderungen werden daher in verschiedenen Teilmengen des gesamten Datensatzes verglichen. Relevante Teilmengen zur Untersuchung der entwickelten Hypothesen sind dabei insbesondere Tätigkeitskategorien und Gruppen von Stellenanzeigen mit unterschiedlich hoher Digitalisierbarkeit. Dementsprechend wird in der weiteren Analyse vor allem die Häufigkeit einer Anforderung in Bezug auf die Gesamtgröße der jeweiligen Teilmenge und diesbezüglichen Unterschieden zwischen verschiedenen Teilmengen des Datensatzes untersucht.

8.2 Tätigkeitskategorien und ihre Anforderungen

In einem ersten Schritt der Analyse soll untersucht werden, inwiefern unterschiedliche Tätigkeiten auch unterschiedliche Anforderungen stellen. Die Analyse der Tätigkeiten erfolgt dabei auf Grundlage der üblichen Tätigkeitseinteilung in die fünf Kategorien, für die eine spezifische Wirkung der Digitalisierung in der Literatur hergeleitet wurde. Demzufolge sind, insbesondere in Bezug auf die Unterscheidung der Tätigkeiten in Routine bzw. Nicht-Routine, verschiedene Effekte der Digitalisierung zu erwarten. Interessanterweise zeigt die Untersuchung des Auftretens des Digitalisierungsbegriffs im Zusammenhang mit den fünf Tätigkeitskategorien deutliche Unterschiede zwischen den einzelnen Kategorien. Nachfolgende Tab. 8 weist die Korrelationen zwischen den nach den Tätigkeitskategorien geclusterten Stellenanzeigen und dem Begriff der Digitalisierung aus:

Tab. 8: Korrelation Tätigkeitskategorie und „Digitalisierung“

Tätigkeitskategorie	Korrelation zum Begriff „Digitalisierung“
Analytische Nicht-Routine	0,1077
Interaktive Nicht-Routine	0,0576
Manuelle Nicht-Routine	0,0058
Kognitive Routine	-0,0011
Manuelle Routine	-0,0098

Die Übersicht zeigt eine schwache, positive Korrelation aller drei Nicht-Routine Tätigkeitskategorien. Demnach tritt der Begriff der Digitalisierung in den Stellenanzeigen häufig auf, in den auch Tätigkeiten des Nicht-Routine Bereichs vermehrt zu finden sind. Die Kategorie Analytisch weist dabei mit 0,11 den höchsten Korrelationswert auf.

Die Korrelationskoeffizienten der Routine-Kategorien zu „Digitalisierung“ zeigen dagegen beide ein negatives Vorzeichen. Allerdings sind die entsprechenden Ausprägungen so gering, dass hier keine Anzeichen für einen Zusammenhang zwischen den Tätigkeiten und dem Digitalisierungsbegriff vorliegen.

Die Korrelationsanalyse zu den Tätigkeitskategorien kann allenfalls ein sehr schwaches und insbesondere nur indirektes Indiz dafür sein, dass die Digitalisierung Auswirkungen auf Anforderungsbedarfe hat. Um einen direkten Bezug zwischen Digitalisierung und Anforderungen herstellen zu können, muss zunächst geprüft werden, ob es hinsichtlich der Häufigkeiten der Anforderungen in den Stellenanzeigen Unterschiede zwischen den fünf Tätigkeitskategorien gibt.

Um zu untersuchen, inwiefern verschiedene Tätigkeitskategorien auch unterschiedliche Anforderungen benötigen, werden die Kookkurrenzen, also das gemeinsame Vorkommen von Tätigkeiten und Anforderungen in einer Stellenanzeige analysiert. Anhand des Vergleichs der Kookkurrenzen lässt sich auf die Bedeutsamkeit einer Anforderung für die jeweilige Tätigkeitskategorie schließen. Der Grad der Bedeutsamkeit wird dabei mittels dreier Assoziationsmaße[29] ermittelt. Auf dieser Basis werden sodann drei separate Einzelrankings zur Beurteilung der Relevanz der Anforderungen gemäß dem jeweiligen Maß gebildet. Auf der Grundlage dieser drei Rankings wird anschließend ein finales

29 Kapitel 7 beschreibt die Auswahl gewählten Assoziationsmaße. Um die spezifischen statistischen Charakteristika eines einzelnen Maßes nicht zu stark ins Gewicht fallen zu lassen, wird die Bedeutsamkeit einer Anforderung aus der Kombination dreier Maße bestimmt.

Gesamtranking als Mittelwert der jeweiligen Einzelränge der Anforderungen bestimmt. Dieses Gesamtranking wird als letztendlich maßgebliches Kriterium zur Beurteilung der Bedeutsamkeit herangezogen. Je geringer der Gesamtrang einer Anforderung ist, desto höher ist dementsprechend ihre jeweilige Bedeutung.

Jede Tätigkeitskategorie wird dabei gesondert hinsichtlich der drei Anforderungsebenen, Anforderungshauptfelder, Anforderungsfelder und Anforderungen ausgewertet. Auf Basis dieser Auswertung kann abschließend eine Entscheidung für eine Bestätigung oder die Verwerfung der aufgestellten Hypothesen getroffen werden.

8.2.1 Kognitive Routine

Für den Bereich der kognitiven Routine-Tätigkeiten wurde dabei die Hypothese (H1) aufgestellt, dass diese Kategorie in besonders starkem Maß aktivitäts- und handlungsbezogene Kompetenzen erfordert. Um dies zu überprüfen, wird die Tätigkeitskategorie auf allen drei Anforderungsebenen (Anforderungshauptfelder, Anforderungsfelder, Anforderungen) gesondert ausgewertet. In einem ersten Analyseschritt werden die drei wichtigsten Anforderungshauptfelder der Kategorie bestimmt.

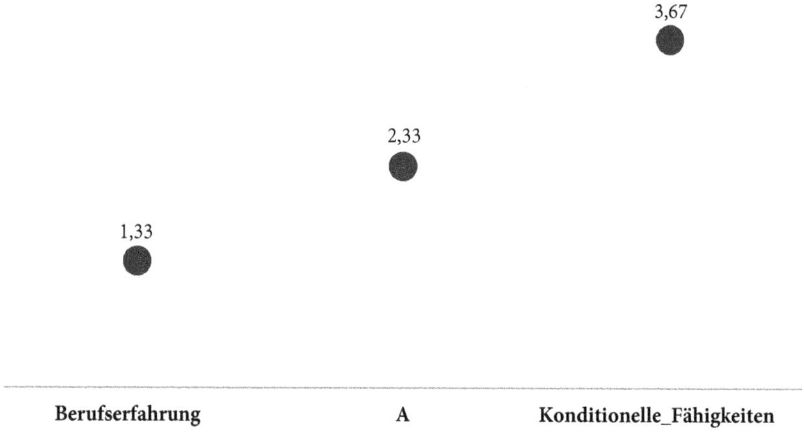

Abb. 10: Kognitive Routine-Tätigkeiten – Anforderungshauptfelder

Wie Abb. 10 zeigt, finden sich unter den drei Anforderungshauptfeldern mit den geringsten Gesamträngen innerhalb der Tätigkeitskategorie an zweiter Stelle die aktivitäts- und handlungsbezogenen Kompetenzen mit einem Gesamtrang von 2,33. Noch davor liegt jedoch die Berufserfahrung mit einem durchschnittlichen Rang von 1,33. Überaschenderweise weisen die konditionellen Fähigkeiten den drittniedrigsten Gesamtrang in der Kategorie auf. Dies ist ein Hinweis darauf, dass in Berufen, die von kognitiven Routine-Tätigkeiten geprägt sind, auch physische Anforderungen gestellt werden. Die aktivitäts- und handlungsbezogenen Kompetenzen sind somit das zweitwichtigste Anforderungshauptfeld der Kategorie, was stark für die Bestätigung der aufgestellten Hypothese (H1) spricht. Ob sich diese hohe Bedeutsamkeit der aktivitäts- und handlungsbezogenen Kompetenz auch auf der spezifischeren Ebene der Anforderungsfelder bestätigt, wird mittels der Auswertung der fünf wichtigsten Anforderungsfelder der Tätigkeitskategorie (Abb. 11) untersucht.

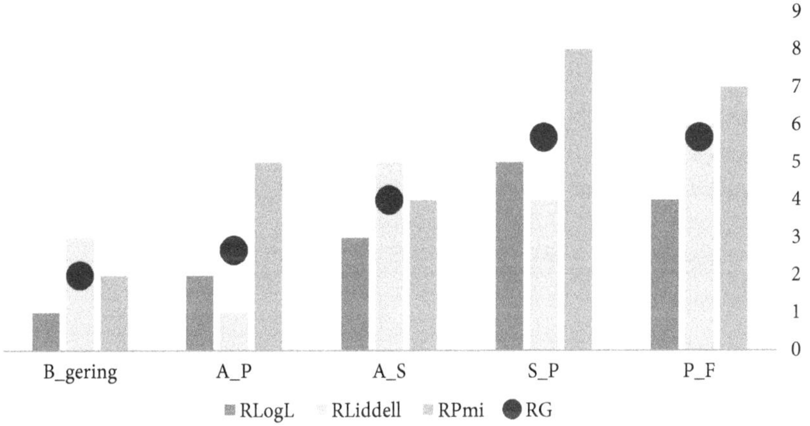

Abb. 11: Kognitive Routine-Tätigkeiten – Anforderungsfelder

Zwei von fünf Anforderungsfeldern sind dem aktivitäts- und handlungsbezogenen Bereich zuzuordnen. Mit Gesamträngen von 2,67 bzw. 4 finden sich die beiden Kompetenzen A/P und A/S auf den Plätzen Zwei bzw. Drei wieder. Gemäß der Liddell-Teststatistik läge A/P sogar an vorderster Position. Im Gesamtranking befindet sich dort jedoch, wie schon bei den Anforderungshauptfeldern, ein Feld aus dem formalen Anforderungsbereich. Die Berufserfahrung der Niveaustufe gering weist den kleinsten Durchschnittsrang aller Anforderungsfelder der Kategorie auf. Demnach sind kognitive Routine-Tätigkeiten besonders häufig mit geringen beruflichen Erfahrungsanforderungen verbunden. Auf den Plätzen Vier und Fünf befinden sich mit einem Gesamtranking von jeweils 5,67 die beiden Kompetenzfelder S/P bzw. P/F.

Die Analyse der wichtigsten Anforderungsfelder bestärkt somit die Hypothese (H1) der hohen Bedeutsamkeit von aktivitäts- und handlungsbezogenen Kompetenzen im Bereich der kognitiven Routine-Tätigkeiten. Um zu einem abschließenden Urteil zu kommen, ist auch eine Auswertung auf Ebene der einzelnen Anforderungen notwendig. Zu diesem Zweck werden die zehn Anforderungen mit den niedrigsten Gesamträngen der Kategorie bestimmt:

Tab. 9: Kognitive Routine-Tätigkeiten – Anforderungen

Anforderung	n	LogL	Liddel	Pmi	RLogL	RLiddel	RPmi	RG
Dialogfähigkeit und Kundenorientierung	1568	121,10	0,0058	0,2436	1	1	6	2,67
Berufserfahrung_0	1181	80,28	0,0041	0,2287	2	3	7	4,00
Belastbarkeit	3054	45,52	0,0052	0,1046	4	2	13	6,33
Schlagfertigkeit	1786	35,39	0,0035	0,1217	6	5	9	6,67
Marktkenntnisse	173	52,58	0,0012	0,4961	3	17	1	7,00
Sachlichkeit	283	40,99	0,0014	0,3385	5	15	2	7,33
Qualifikationsniveau_4	846	33,73	0,0023	0,1745	7	8	8	7,67
Kommunikationsfähigkeit	1272	17,57	0,0021	0,1017	8	9	14	10,33
Gestaltungswille	1028	16,36	0,0018	0,1094	9	10	12	10,33
Selbstmanagement	4547	15,49	0,0037	0,0492	10	4	24	12,67

Die tabellarische Übersicht (Tab. 9) zeigt die Dialogfähigkeit und Kundenorientierung mit einem Gesamtrang von 2,67 als bedeutsamste Anforderung der Tätigkeitskategorie. Gemäß LogL- und Liddell-Testwerten ist sie dies mit großem Abstand vor den jeweils zweithöchstgerankten Anforderungen. Nach Pmi-Ranking liegt die Dialogfähigkeit und Kundenorientierung dagegen nur an sechster Position. Hier rangieren die Marktkenntnisse mit einer absoluten Häufigkeit von nur 173 an oberster Stelle.

An zweiter Stelle im Gesamtranking liegt die Berufserfahrung der Niveaustufe 0, auf der keinerlei berufliche Erfahrung benötigt wird. Diese Anforderung ist somit hauptverantwortlich für den ersten Platz des Anforderungsfelds Berufserfahrung mit Niveau gering. Demnach werden zur Ausübung kognitiver Routine-Tätigkeiten insbesondere auch Berufsanfänger gesucht.

Mehrheitlich finden sich aber aktivitäts- und handlungsbezogene Kompetenzen unter den wichtigsten Anforderungen der Kategorie. Mit Belastbarkeit (Rang 3), Schlagfertigkeit (Rang 4) und Gestaltungswille (Rang 9) sind drei der ersten zehn Anforderungen diesem Kompetenzbereich zuzuordnen. Auch die Untersuchung auf Ebene der einzelnen Anforderungen bekräftigt somit die Hypothese (H1).

Um sicherzustellen, dass diese hohe Bedeutsamkeit der aktivitäts- und handlungsbezogenen Anforderungen tatsächlich spezifisch für den Bereich der kognitiven Routine ist, wird abschließend ein Vergleich auf Ebene der Anforderungshauptfelder zwischen den fünf Tätigkeitskategorien gezogen.

Der Vergleich der Positionierung des aktivitäts- und handlungsbezogenen Anforderungshauptfelds über alle fünf Tätigkeitskategorien hinweg (Abb. 12) verdeutlicht dessen besondere Bedeutsamkeit im Bereich der kognitiven Routine. Hier weist das Hauptfeld mit 2,33 den geringsten Gesamtrang aller Kategorien auf. Während er sich bei den Nicht-Routine-Tätigkeiten zwischen 3 und 3,67 bewegt, liegt er insbesondere im Bereich der manuellen Routine mit einem Wert von 8 deutlich höher als bei der kognitiven Routine.

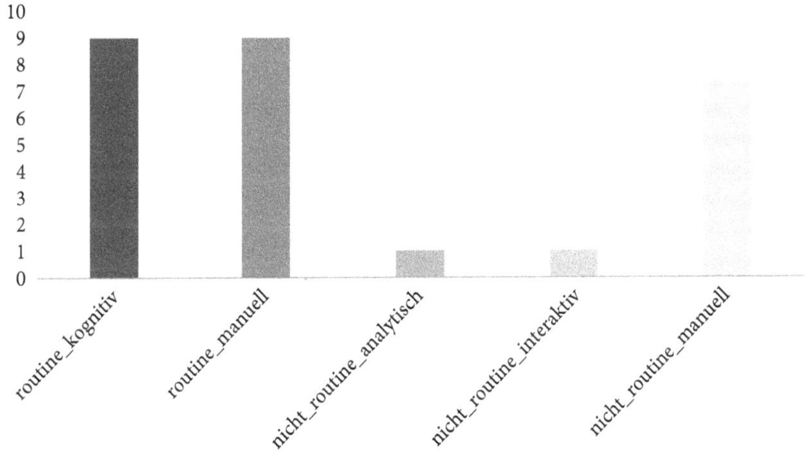

Abb. 12: Aktivitäts- und handl. Anforderungshauptfeld – Tätigkeitskategorien

Insgesamt kann nach Auswertung auf den drei Anforderungsebenen und dem Vergleich zwischen den Tätigkeitskategorien festgehalten werden, dass die kognitiven Routine-Tätigkeiten tatsächlich in besonderem Maß mit aktivitäts- und handlungsbezogenen Anforderungen einhergehen. Die aufgestellte These (H1) wird damit bestätigt.

8.2.2 Manuelle Routine

Die Analyse des Bereichs der kognitiven Routine hat bereits einige Unterschiede zur manuellen Routine offenbart. Vor allem der aktivitäts- und handlungsbezogene Kompetenzbereich scheint bei manuellen Routine-Tätigkeiten nur eine untergeordnete Rolle zu spielen. Gemäß der aufgestellten Hypothese (H2) sind im manuellen Routine-Bereich im Vergleich zu den anderen Tätigkeitskategorien physische Anforderungen von besonderer Bedeutung. Demnach sollten sich unter den wichtigsten Anforderungshauptfeldern der Kategorie insbesondere auch solche befinden, die dem physischen Bereich zugehören.

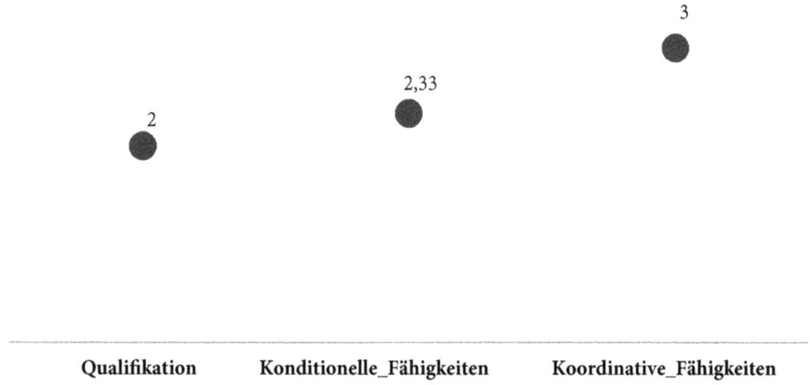

Abb. 13: Manuelle Routine-Tätigkeiten – Anforderungshauptfelder

Tatsächlich sind, wie Abb. 13 zeigt, zwei der drei bedeutendsten Anforderungshauptfelder der Tätigkeitskategorie aus dem physischen Anforderungsbereich. Mit der Qualifikation weist jedoch ein formales Anforderungshauptfeld den geringsten Gesamtrang auf. An zweiter und dritter Stelle folgen allerdings unmittelbar zwei Hauptfelder aus der Kategorie der physischen Anforderungen. Die konditionellen Fähigkeiten, die die physischen Aspekte von Kraft und Ausdauer umfassen, sind vor den koordinativen Fähigkeiten das am höchsten gerankte physische Hauptfeld. Das dritte Anforderungshauptfeld des physischen Bereichs ist mit einem Gesamtrang von 4 an fünfter Stelle positioniert.

Die vorderen Platzierungen der physischen Hauptfelder lassen somit tatsächlich auf eine hohe Relevanz physischer Anforderungen für die Kategorie der manuellen Routine-Tätigkeiten schließen. Nachfolgende Abb. 14 der fünf Anforderungsfelder mit den niedrigsten Gesamträngen im Bereich der manuellen Routine verstärkt diesen Eindruck weiter.

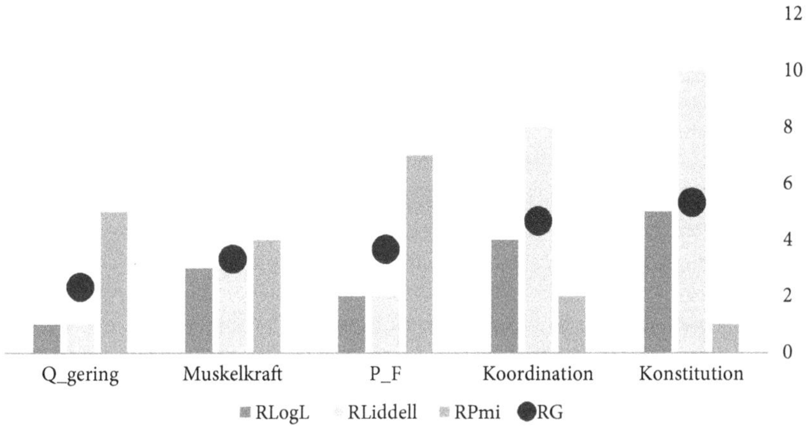

Abb. 14: Manuelle Routine-Tätigkeiten – Anforderungsfelder

Analog zu den Anforderungshauptfeldern mit dem Qualifikationsniveau Gering, weist auch bei den Anforderungsfeldern eines aus dem formalqualifikatorischen Bereich den geringsten Gesamtrang auf. Drei physische Anforderungsfelder unter den wichtigsten fünf heben jedoch insgesamt die Bedeutsamkeit der physischen Anforderungen innerhalb der Tätigkeitskategorie hervor. Mit Beweglichkeit (Gesamtrang 6,67) an siebter und Gesundheitszustand (Gesamtrang 7,33) an achter Stelle folgen weitere physische Anforderungsfelder außerhalb der ersten fünf.

Die Rangordnungen gemäß den drei Tests unterscheiden sich deutlich. Während Koordination im Pmi-Ranking an zweiter und Konstitution sogar an erster Stelle steht, sind diese Anforderungsfelder gemäß der Liddell-Auswertung erst auf den Plätzen acht bzw. zehn zu finden. Dies liegt nicht zuletzt an den vergleichsweise geringen absoluten Häufigkeiten (98 bzw. 61) dieser beiden Felder, was insbesondere beim Liddell-Test zu einer geringeren Bewertung führen kann.

Insgesamt jedoch verstärkt die Betrachtung der Anforderungsfelder die Vermutung der besonderen Bedeutung der physischen Anforderungen für die Kategorie. Welche individuellen Anforderungen dabei am wichtigsten sind, zeigt folgende Übersichtstabelle (Tab. 10) 10 der 20 am höchsten gerankten Anforderungen innerhalb der Tätigkeitskategorie:

Tab. 10: Manuelle Routine-Tätigkeiten – Anforderungen

Anforderung	n	LogL	Liddel	Pmi	RLogL	RLiddel	RPmi	RG
Qualifikationsniveau_2	1881	891,88	0,0181	0,6504	1	1	2	1,33
Qualifikationsniveau_3	2976	358,98	0,0162	0,3154	2	3	7	4,00
Körperkraft	1073	311,67	0,0086	0,5049	3	4	6	4,33
Zuverlässigkeit	3929	300,43	0,0173	0,2474	4	2	10	5,33
Qualifikationsniveau_5	385	215,38	0,0040	0,7149	5	10	1	5,33
Gewissenhaftigkeit	1423	76,18	0,0054	0,2097	6	8	11	8,33
Teamfähigkeit	3833	49,24	0,0073	0,0995	7	5	16	9,33
Experimentierfreude	788	40,48	0,0030	0,2063	8	11	12	10,33
Feinmotorik	98	35,04	0,0009	0,5661	9	18	4	10,33
Selbstmanagement	3711	31,02	0,0058	0,0801	11	6	19	12,00

Das Qualifikationsniveau der Stufe zwei ist sowohl nach LogL als auch nach Liddell die am höchsten bewertete einzelne Anforderung. Das Pmi-Ranking führt sie an zweiter Stelle. An erster Stelle liegt hier eine andere Qualifikationsanforderung, die der fünften Niveaustufe. Dass sich im Gesamtranking an zweiter Stelle ebenfalls eine Anforderung aus dem Qualifikationsbereich (Niveau 3) befindet, macht deutlich, wie sehr sich die Tätigkeitskategorie der manuellen Routine-Tätigkeiten durch ihre vergleichsweise geringen Qualifikationsanforderungen von den anderen Kategorien abhebt. Abgesehen von der Häufung qualifikatorischer Anforderungen liegt das insbesondere an vielfach geforderten physischen Anforderungen. In Form der Muskelkraft steht die höchstplatzierte Anforderung dieses Bereichs auf Position drei des Gesamtrankings. Mit der Feinmotorik findet sich unter den zehn höchstbewerteten Anforderungen jedoch nur noch eine weitere Anforderung des physischen Anforderungsbereichs.

Die Analyse der Tätigkeitskategorie der manuellen Routine-Tätigkeiten auf den Ebenen der Anforderungshauptfelder, Anforderungsfelder und Anforderungen hat gezeigt, dass die Kategorie neben qualifikatorischen vor allem auch physische Anforderungen stellt. Während bei der Qualifikation eindeutig ein Fokus auf geringe Qualifikationsanforderungen feststellbar ist, lässt sich bei den physischen Anforderungen keine vergleichbar klare Tendenz in Richtung einer spezifischen Anforderungsform innerhalb der physischen Anforderungen ausmachen. Vielmehr sind alle drei physischen Anforderungshauptfelder von ähnlich hoher Bedeutung. Um die Frage nach der Bedeutsamkeit der physischen Anforderungen der manuellen Routine-Tätigkeiten im Vergleich zu den

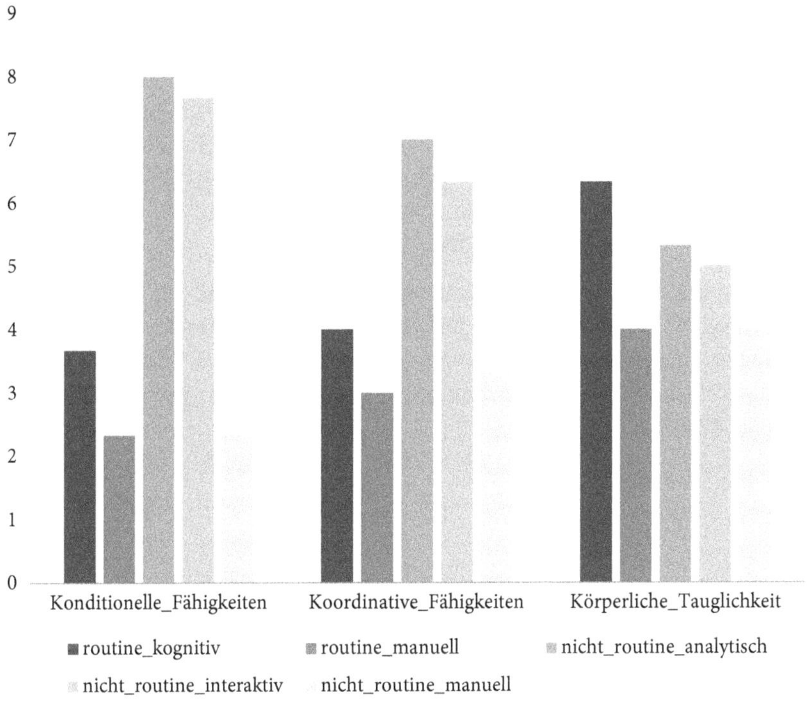

Abb. 15: Physische Anforderungshauptfelder – Tätigkeitskategorien

weiteren Tätigkeitskategorien abschließend beantworten zu können, erfolgt noch eine Analyse der Platzierungen dieser drei Hauptfelder in allen fünf Tätigkeitskategorien.

Die Abb. 15 zeigt, dass die manuellen Routine-Tätigkeiten in allen drei physischen Anforderungshauptfeldern den niedrigsten Gesamtrang der fünf Tätigkeitskategorien aufweisen. Dass das Auftreten von physischen Anforderungen nicht unbedingt eine Frage von Routine und Nicht-Routine, sondern vielmehr von der Art der Tätigkeitskategorie abhängig ist, deuten die ebenfalls vergleichsweise geringen Gesamtränge der manuellen Routine-Tätigkeiten an. Demgegenüber stehen die hohen Ränge der beiden weiteren Nicht-Routine-Kategorien.

Abschließend kann festgestellt werden, dass innerhalb der Kategorie der manuellen Routine-Tätigkeiten auf allen drei untersuchten Anforderungsebenen abgesehen von qualifikatorischen vor allem physische Anforderungen gestellt werden. Auf Ebene der Anforderungshauptfelder hat die Kategorie die höchsten physischen Anforderungen aller fünf Tätigkeitskategorien. Der Unterschied zu den manuellen Nicht-Routine-Tätigkeiten fällt jedoch nur moderat aus. Insgesamt kann die Hypothese (H2) der hohen physischen Anforderungen der Kategorie manuelle Routine jedoch als bestätigt erachtet werden.

8.2.3 Analytische Nicht-Routine

In Bezug auf die Kategorie der analytischen Nicht-Routine-Tätigkeiten wurde die Hypothese (H3) einer Dominanz fachlich-methodischer Kompetenzanforderungen aufgestellt. Erste Anzeichen für das Zutreffen der These (H3) liefert die Auswertung der drei Anforderungshauptfelder mit den geringsten Gesamträngen (Abb. 16):

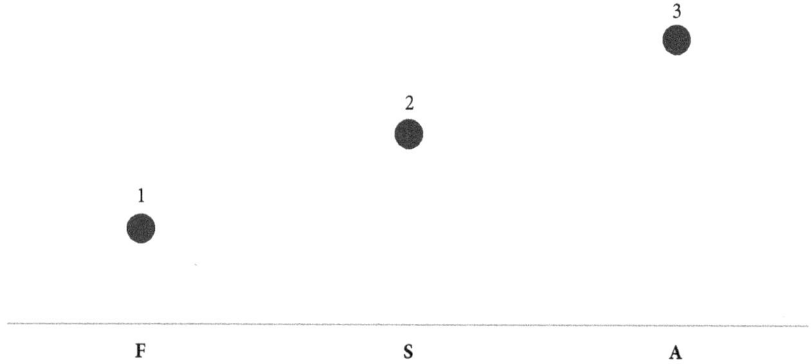

Abb. 16: Analytische Nicht-Routine-Tätigkeiten – Anforderungshauptfelder

Gemäß allen drei Test-Verfahren werden die fachlich-methodischen Anforderungen als am wichtigsten eingestuft. Ebenfalls jeweils eindeutig auf den Rängen Zwei bzw. Drei folgen die sozial-kommunikativen sowie die aktivitäts- und handlungsbezogenen Kompetenzen. Bezogen auf die Anforderungshauptfelder deutet somit tatsächlich einiges auf die hohe Relevanz fachlich-methodischer Anforderungen im Bereich der analytischen Nicht-Routine-Tätigkeiten hin. Diese Bedeutsamkeit zeigt sich auch in der Übersicht der fünf wichtigsten Anforderungsfelder der Kategorie (Abb. 17):

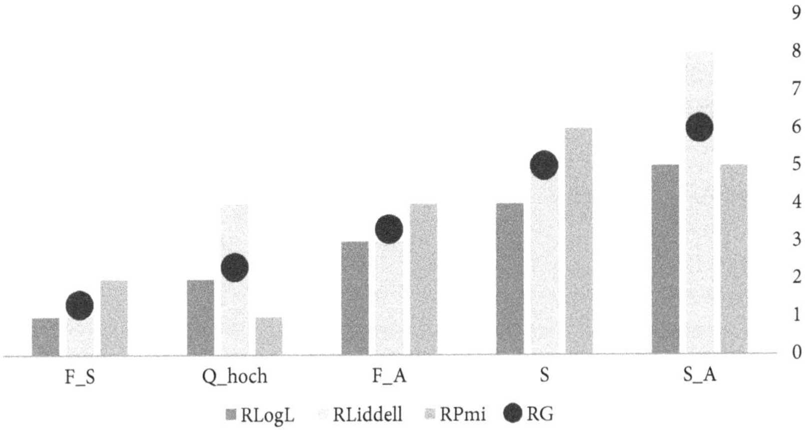

Abb. 17: Analytische Nicht-Routine-Tätigkeiten – Anforderungsfelder

Drei der fünf Anforderungsfelder mit den geringsten Gesamträngen gehören zum fachlich-methodischen Kompetenzbereich. Darunter ist mit F_S auch das im Gesamtranking höchstplatzierte Anforderungsfeld überhaupt.

Nach Pmi-Test würde dagegen die Qualifikation der hohen Niveaustufe (Q_hoch) an erster Stelle stehen. Einen ersten Platz auch im Gesamtranking verhindert der vierte Platz in der Liddell-Rangliste. Grund hierfür dürfte unter anderem sein, dass die Qualifikation mit 2.507 Beobachtungen die geringste absolute Häufigkeit der fünf Anforderungsfelder aufweist. Nächst niedrig platziertes Anforderungsfeld ist S_A mit immerhin schon 2.800 Beobachtungen. Auf den Plätzen Vier und Fünf des Anforderungsfeldrankings stehen zwei Kompetenzen aus dem sozial-kommunikativen Bereich, der demnach auch bei den analytischen Tätigkeiten eine gewisse Bedeutung innehat.

Dennoch lässt sich auch für die Ebene der Anforderungsfelder insgesamt ein Fokus der Tätigkeitskategorie auf fachlich-methodische Anforderungen konstatieren. Inwiefern dies auch für die wichtigsten Einzelanforderungen der Kategorie gilt, zeigt nachstehende tabellarische Übersicht (Tab. 11) der zehn bedeutsamsten Anforderungen im Bereich der analytischen Nicht-Routine.

Tab. 11: Analytische Nicht-Routine-Tätigkeiten – Anforderungen

Anforderung	n	LogL	Liddel	Pmi	RLogL	RLiddel	RPmi	RG
Projektmanagement	2818	113,67	0,0060	0,1620	1	2	11	4,67
Qualifikationsniveau_7	1985	103,01	0,0048	0,1846	3	5	7	5,00
Konzeptionsstärke	1738	98,14	0,0044	0,1929	4	6	5	5,00
Schöpferische_Fähigkeit	3627	112,23	0,0068	0,1412	2	1	16	6,33
Problemlösungsfähigkeit	848	58,24	0,0023	0,2137	7	11	3	7,00
Integrationsfähigkeit	565	67,86	0,0020	0,2838	6	13	2	7,00
Fachübergreifende_Kenntnisse	1601	71,54	0,0036	0,1714	5	7	10	7,33
Qualifikationsniveau_6	1604	51,45	0,0031	0,1450	8	9	15	10,67
Systematisch_Methodisches_ Vorgehen	834	38,09	0,0019	0,1739	11	15	9	11,67
Initiative	4882	50,40	0,0054	0,0807	9	3	28	13,33

Auch auf Ebene der Anforderungen lässt sich eine gewisse Bedeutung des sozial-kommunikativen Anforderungsbereichs erkennen. So sind unter den zehn Anforderungen mit den geringsten Gesamträngen mit der Problemlösungsfähigkeit und der Integrationsfähigkeit zwei zu diesem Bereich gehörige Anforderungen. Ebenfalls zwei Mal vertreten sind qualifikatorische Anforderungen, nämlich die der Niveaustufen 6 und 7.

Mit insgesamt vier Anforderungen (Projektmanagement, Konzeptionsstärke, Fachübergreifende Kenntnisse und Systematisch Methodisches Vorgehen) unter den zehn am besten bewerteten dominiert jedoch eindeutig der fachlich-methodische Kompetenzbereich. Mit Projektmanagement verfügt er dabei auch über die im Gesamtranking an erster Position geführte Anforderung, und das obwohl sie nach Pmi nur an elfter Stelle gerankt wird. Dass gemäß Pmi auch Anforderungen mit relativ geringen absoluten Häufigkeiten hoch positioniert werden können, zeigt sich am Beispiel der Integrationsfähigkeit. Diese weist den zeithöchsten Pmi-Wert aller Anforderungen der Kategorie auf, kommt aber insgesamt nur 565 Mal vor.

Die Untersuchungsebene der Anforderungen lässt für die Tätigkeitskategorie analytische Nicht-Routine einen klaren Fokus auf fachlich-methodischen Kompetenzanforderungen erkennen. Dass diese auch in einer weiteren Tätigkeitskategorie von großer Relevanz sind, verdeutlicht folgende Abb. 18 der Rankings des fachlich-methodischen Anforderungshauptfelds in allen fünf Kategorien.

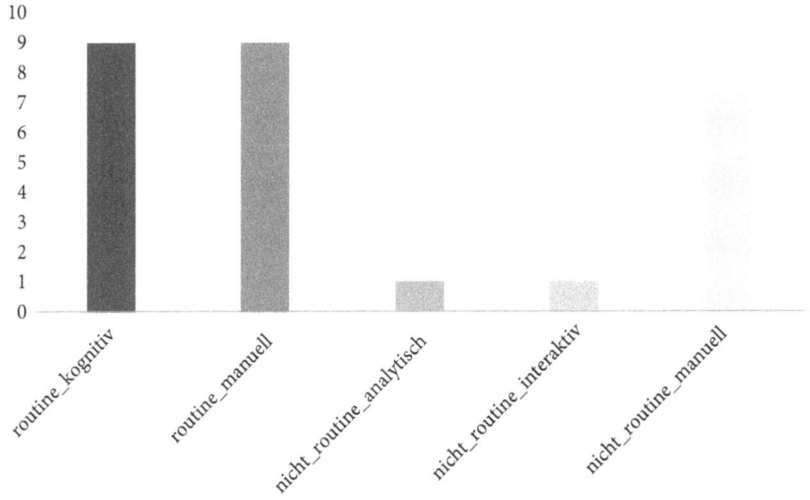

Abb. 18: Fachlich-methodisches Anforderungshauptfeld – Tätigkeitskategorien

Demzufolge ist das Anforderungsfeld sowohl im Bereich der analytischen Nicht-Routine, als auch bei den interaktiven Nicht-Routine-Tätigkeiten das einheitlich am besten bewertete. In den anderen drei Kategorien weist es mit Gesamträngen von 9 und 7,33 dagegen weitaus geringere Bedeutsamkeiten auf.

Nach Auswertung dreier Anforderungsebenen für die Kategorie kann festgestellt werden, dass sich auf allen Ebenen ein Schwerpunkt auf fachlich-methodische Anforderungen gezeigt hat. Demzufolge kann die Hypothese (H3), dass solche Anforderungen in der Kategorie der analytischen Nicht-Routine überwiegen, bestätigt werden.

8.2.4 Interaktive Nicht-Routine

Dabei hat sich gezeigt, dass die Kategorie gewisse Ähnlichkeiten bezüglich ihrer Anforderungen zur Kategorie der interaktiven Nicht-Routine-Tätigkeiten aufweist. Für diese wurde die Hypothese (H4) formuliert, dass hier in besonderem Maß sozial-kommunikative Anforderungen gestellt werden. Demzufolge müssten sich die sozial-kommunikativen Kompetenzen auf dem ersten Platz der höchst gerankten Anforderungshauptfelder der Kategorie (Abb. 19) befinden.

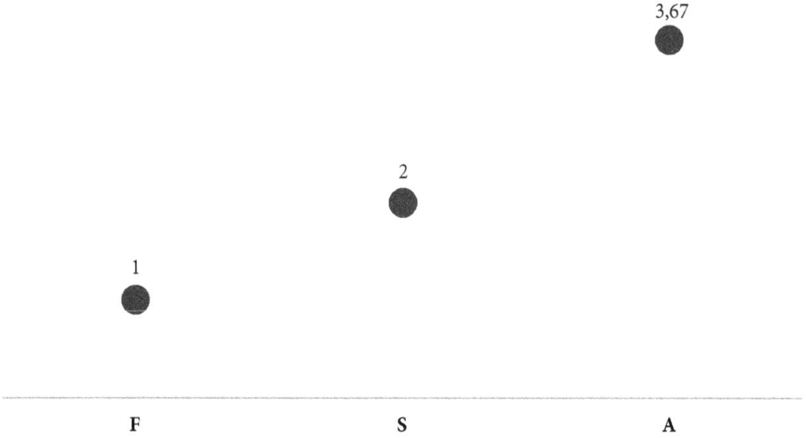

Abb. 19: Interaktive Nicht-Routine-Tätigkeiten – Anforderungshauptfelder

Tatsächlich erhalten aber die fachlich-methodischen Kompetenzen nach allen drei Testverfahren jeweils die höchste Einstufung. Ebenfalls einheitlich folgen die sozial-kommunikativen Kompetenzen auf Rang Zwei. Mit einem Gesamtrang von 3,67 liegen die aktivitäts- und handlungsbezogenen Kompetenzen deutlich dahinter auf dem dritten Platz. Interessanterweise entsprechen damit die drei wichtigsten Anforderungshauptfelder auch in ihrer Rangfolge denen des analytischen Nicht-Routine-Bereichs.

Fachlich-methodische Anforderungen sind demnach auf Ebene der Anforderungshauptfelder für die interaktiven Nicht-Routine-Tätigkeiten relevanter als sozial-kommunikative Kompetenzen. Zumindest auf Ebene der Anforderungshauptfelder kann die aufgestellte Hypothese (H4) somit nicht bekräftigt werden. Inwiefern dies auch bei den Anforderungsfeldern gilt, zeigt die Darstellung (Abb. 20) der fünf höchst gerankten Anforderungsfelder der Tätigkeitskategorie:

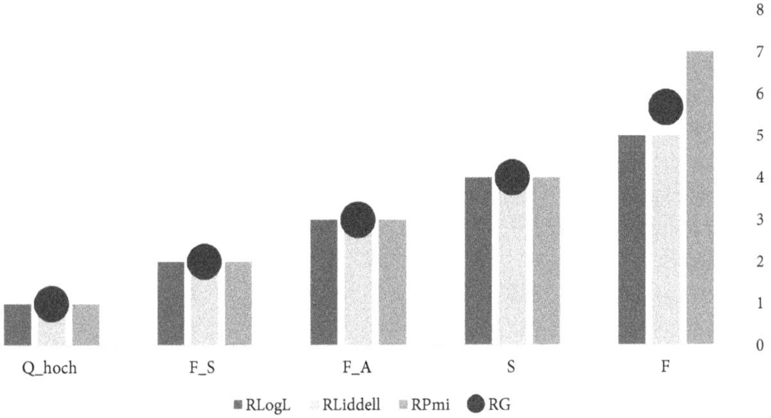

Abb. 20: Interaktive Nicht-Routine-Tätigkeiten – Anforderungsfelder

Demnach ist das wichtigste Anforderungsfeld der interaktiven Nicht-Routine-Tätigkeiten das hohe Qualifikationsniveau. Dies ist insofern überraschend, als dass sich das zugehörige Anforderungshauptfeld Qualifikation nur an fünfter Stelle befindet. Erklärung für die insgesamt schwache Einstufung des Anforderungshauptfelds ist insbesondere die Tatsache, dass das Qualifikationsniveau gering auf dem letzten Platz aller Anforderungsfelder liegt.

Die weiteren vier Anforderungsfelder mit den niedrigsten Gesamträngen sind erneut den fachlich-methodischen bzw. den sozial-kommunikativen Kompetenzen zuzuordnen. Die wie bei den analytischen Nicht-Routine-Tätigkeiten vorzufindende vordere Platzierung von F_S verstärkt den Eindruck der gemeinsamen Bedeutsamkeit von fachlich-methodischen wie sozial-kommunikativen Kompetenzen in beiden Tätigkeitskategorien. Die Untersuchung auf Ebene der Anforderungsfelder deutet somit ebenfalls nur bedingt auf eine besondere Relevanz der sozial-kommunikativen Anforderungen hin. Vielmehr ist auch bei den Anforderungsfeldern eine gewisse Tendenz zu fachlich-methodischen Anforderungen zu erkennen, was den Eindruck der Ähnlichkeit zwischen den Kategorien der interaktiven und der analytischen Nicht-Routine verstärkt.

Dass jedoch auch deutliche Unterschiede zwischen den beiden Kategorien bestehen, offenbart die Analyse der zehn wichtigsten Anforderungen des Bereichs der interaktiven Nicht-Routine-Tätigkeiten (Tab. 12).

Tab. 12: Interaktive Nicht-Routine-Tätigkeiten – Anforderungen

Anforderung	n	LogL	Liddel	Pmi	RLogL	RLiddel	RPmi	RG
Qualifikationsniveau_8	308	277,22	0,0082	1,0334	1	7	2	3,33
Kooperationsfähigkeit	484	157,42	0,0089	0,5881	2	6	5	4,33
Qualifikationsniveau_7	657	147,31	0,0104	0,4801	3	2	9	4,67
Konzeptionsstärke	584	142,79	0,0096	0,5035	4	4	8	5,33
Problemlösungsfähigkeit	333	140,99	0,0068	0,6802	5	8	4	5,67
Lehrfähigkeit	92	109,36	0,0027	1,2114	6	14	1	7,00
Projektmanagement	843	108,42	0,0105	0,3564	7	1	14	7,33
Qualifikationsniveau_6	493	66,16	0,0063	0,3665	8	9	13	10,00
Initiative	1350	56,32	0,0100	0,1965	9	3	24	12,00
Integrationsfähigkeit	169	37,08	0,0027	0,4781	11	16	10	12,33

So sind hier im Gegensatz zu dem Bereich der analytischen Nicht-Routine unter den ersten zehn Anforderungen mit den Rängen Eins, Drei und Acht drei qualifikatorische platziert. Die Reihenfolge der Platzierung entspricht dabei dem Niveau, d.h. je höher das geforderte Qualifikationsniveau, desto bedeutsamer ist die zugehörige Anforderung auch für die Tätigkeitskategorie.

Auf dem zweiten Platz im Gesamtranking der Anforderung findet sich mit der Kooperationsfähigkeit eine sozial-kommunikative Anforderung, die bei den analytischen Nicht-Routine-Tätigkeiten nicht unter den ersten Zehn Anforderungen vertreten ist. Mit der Problemlösungsfähigkeit und der Integrationsfähigkeit sind zwei weitere sozial-kommunikative Kompetenzen auf den vorderen Rängen platziert.

Wenig überraschend findet sich hier auch die Lehrfähigkeit, die zwar dem fachlich-methodischen Bereich zuzuordnen ist, deren Bezug zu interaktiven Tätigkeiten aber unmittelbar offensichtlich ist. Da Konzeptionsstärke und Projektmanagement ebenfalls zu den fachlich-methodischen Kompetenzen gehören, lässt sich auf Ebene der Anforderungen keine eindeutige Tendenz hin zu einem Anforderungsbereich erkennen. Vielmehr sind unter den bedeutsamsten zehn Anforderungen jeweils drei Anforderungen einem Anforderungshauptfeld zugehörig. Zwar ist das sozial-kommunikative Anforderungshauptfeld unter den Anforderungshauptfeldern mit drei Anforderungen unter den wichtigsten zehn, es kann aber nicht festgestellt werden, dass es bei den interaktiven Nicht-Routine-Tätigkeiten im Vergleich zu seiner Bedeutsamkeit bei den anderen Tätigkeitskategorien hier eine auffällig hohe Relevanz einnimmt. Den Eindruck, dass die sozial-kommunikativen Anforderungen zumindest bei den analytischen Nicht-Routine-Tätigkeiten eine ähnlich große Bedeutung einnehmen wie im Bereich der interaktiven Nicht-Routine, verstärkt der Relevanzvergleich des sozial-kommunikativen Anforderungshauptfelds zwischen den fünf Tätigkeitskategorien (Abb. 21) deutlich.

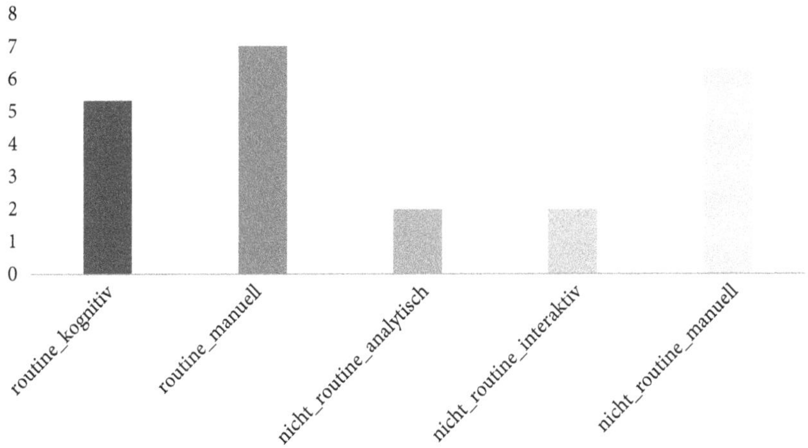

Abb. 21: Anforderungshauptfeld S – Tätigkeitsvergleich

Sowohl bei den analytischen, als auch bei den interaktiven Nicht-Routine-Tätigkeiten werden die sozial-kommunikativen Anforderungen unter den Anforderungshauptfeldern gemäß allen drei Test-Statistiken auf Rang Zwei geführt. Damit kommt diesen beiden Kategorien diesbezüglich eine absolute Sonderstellung zu, da die sozial-kommunikativen Kompetenzanforderungen in den drei anderen Tätigkeitskategorien deutlich höhere Gesamtränge aufweisen. Der eindeutige zweite Platz hinter dem fachlich-methodischen Anforderungshauptfeld macht aber auch klar, dass die sozial-kommunikativen nicht zwangsläufig als die wichtigsten Anforderungen der Tätigkeitskategorie der interaktiven Nicht-Routine angesehen werden können. Diese Schlussfolgerung gilt insbesondere auch deshalb, da sich der grundlegende Eindruck der Anforderungshauptfeldanalyse auch auf den spezifischeren Ebenen der Anforderungsfelder und Anforderungen bestätigt hat. Daher ist die Hypothese (H4) der besonderen Bedeutsamkeit der sozial-kommunikativen Anforderungen im Bereich der interaktiven Nicht-Routine-Tätigkeiten zu verwerfen.

8.2.5 Manuelle Nicht-Routine

Als fünfte und damit letzte Tätigkeitskategorie wird abschließend der Bereich der manuellen Nicht-Routine untersucht. Für diesen war die Hypothese (H5) formuliert worden, dass er insbesondere personale Kompetenzen erfordert. Einen ersten Hinweis darauf, dass dies tatsächlich der Fall ist, liefert die Darstellung (Abb. 22) der drei wichtigsten Anforderungshauptfelder der Kategorie.

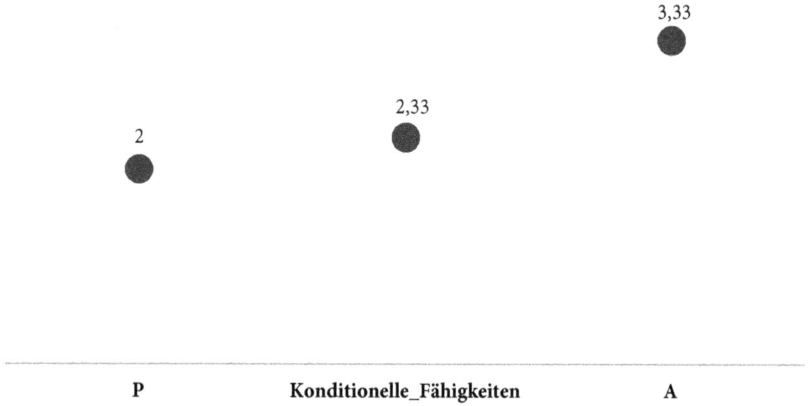

Abb. 22: Manuelle Nicht-Routine-Tätigkeiten – Anforderungshauptfelder

Die Übersicht der drei Anforderungshauptfelder mit den geringsten Gesamträngen verstärkt den Eindruck, der sich bereits aus der Zuordnung der Anforderungen zu den Tätigkeiten ergeben hat. Die Kategorie der manuellen Nicht-Routine ist geprägt durch physische Anforderungen einerseits und personale Kompetenzbedarfe anderseits.

Als wichtigstes physisches Anforderungsfeld erweisen sich dabei die konditionellen Fähigkeiten, die mit einem Gesamtrang von 2,33 deutlich vor den aktivitäts- und handlungsbezogenen Kompetenzen mit einem Wert von 3,33 platziert sind. Bedeutsamstes Anforderungshauptfeld der Kategorie sind jedoch, wenn auch nur knapp, die personalen Kompetenzen mit einem durchschnittlichen Rang von 2. Einen noch geringeren Gesamtrang verhindert der vierte Rang im Pmi-Ranking, der jeweils ersten Plätzen nach LogL- und Liddell-Teststatistik entgegensteht. Die Ranganalyse deutet somit auf eine besondere Bedeutung der personalen Kompetenzen im Bereich der manuellen Nicht-Routine hin.

Auch absolut betrachtet sind die personalen Kompetenzen mit deutlichem Abstand das größte Anforderungshauptfeld der Tätigkeitskategorie. Die physischen Anforderungshauptfelder sind dagegen vergleichsweise klein, was sich auch bei den wichtigsten Anforderungsfeldern der Kategorie zeigt. Dennoch können auch Anforderungsfelder mit vergleichsweise geringen absoluten Häufigkeiten hohe Bewertungen gemäß den Teststatistiken erreichen, wie nachfolgende Abb. 23 der fünf wichtigsten Anforderungsfelder des manuellen Nicht-Routine Bereichs zeigt:

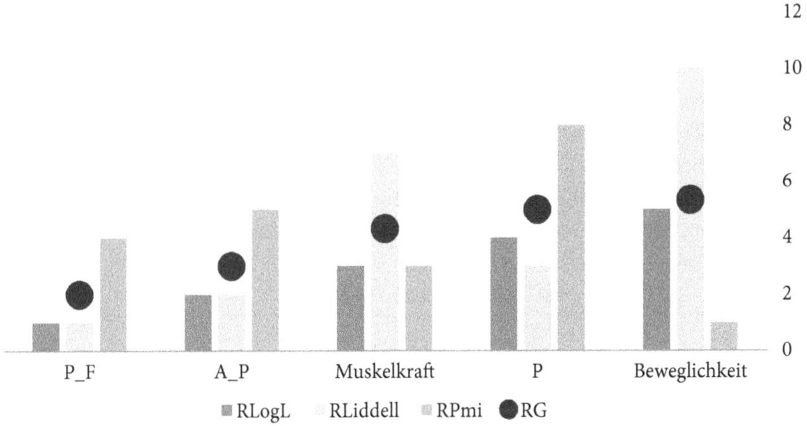

Abb. 23: Manuelle Nicht-Routine-Tätigkeiten – Anforderungsfelder

So wird die Beweglichkeit, ein in Bezug auf das absolute Vorkommen im Vergleich zu den anderen Anforderungsfeldern kleines Feld, sogar mit dem höchsten aller Pmi-Werte der Kategorie bewertet. Der entsprechende Liddell-Testwert ist dagegen nur der zehntgrößte, was aber dennoch zu einem Gesamtrang der Beweglichkeit von immerhin 5,33 und damit dem fünftkleinsten insgesamt führt.

Mit der Muskelkraft ist auf dem dritten Platz noch ein zweites physisches Anforderungsfeld unter den fünf wichtigsten vertreten. Ebenfalls zwei Mal sind die personalen Kompetenzen platziert. Ganz vorne rangiert dabei P/F mit einem durchschnittlichen Rang von 2. Auf dem zweiten Platz steht mit A/P eine Kompetenz aus dem aktivitäts- und handlungsbezogenen Bereich. Als Mischform handelt es sich hierbei also um eine zumindest anteilig personale Kompetenz.

Somit verstärkt die Analyse der Anforderungsfelder das Bild der hohen personalen Anforderungsbedarfe der Tätigkeitskategorie. Bevor ein abschließendes Urteil in Bezug auf die aufgestellte Hypothese (H5) gefällt werden kann, ist aber für die manuellen Routine-Tätigkeiten die Analyse auf Ebene der Anforderungen durchzuführen. Nachfolgende Tab. 13 zeigt die zehn wichtigsten Einzelanforderungen der Tätigkeitskategorie:

Tab. 13: Manuelle Nicht-Routine-Tätigkeiten – Anforderungen

Anforderung	n	LogL	Liddel	Pmi	RLogL	RLiddel	RPmi	RG
Beziehungsmanagement	159	28,81	0,0019	0,4256	3	8	3	4,67
Folgebewusstsein	84	45,53	0,0015	0,7673	1	12	1	4,67
Zuverlässigkeit	1883	44,74	0,0086	0,1448	2	1	12	5,00
Fachwissen	406	23,01	0,0028	0,2312	5	5	8	6,00
Belastbarkeit	1321	26,35	0,0056	0,1335	4	2	14	6,67
Verständnisbereitschaft	205	17,39	0,0017	0,2857	8	11	5	8,00
Loyalität	478	11,59	0,0022	0,1493	9	6	10	8,33
Einsatzbereitschaft	1486	22,22	0,0055	0,1150	6	3	17	8,67
Qualifikationsniveau_3	1301	21,34	0,0050	0,1209	7	4	16	9,00
Körperkraft	396	8,57	0,0018	0,1411	10	10	13	11,00

Interessanterweise ist mit der Körperkraft auf dem zehnten Platz nur eine einzige physische Anforderung unter den zehn Anforderungen mit den geringsten Gesamträngen der Kategorie vertreten. Dagegen sind mit Beziehungsmanagement und Verständnisbereitschaft bzw. Folgebewusstsein und Fachwissen je zwei Anforderungen aus den Kompetenzbereichen Sozial-kommunikativ bzw. Fachlich-methodisch zuvorderst platziert. Sogar drei Mal unter den ersten Zehn liegen in Form von Zuverlässigkeit, Loyalität und Einsatzbereitschaft Kompetenzen aus dem personalen Bereich. Mit dem dritten Gesamtrang am höchsten platziert ist die Zuverlässigkeit, die nach Liddell-Test sogar auf Platz Eins rangieren würde. Mit 1883 Beobachtungen ist sie absolut betrachtet die drittgrößte Einzelanforderung der Kategorie.

Die Analyse der Anforderungen hat die Vermutung der hohen Bedeutung personaler Kompetenz in der Kategorie der manuellen Nicht-Routine-Tätigkeiten verfestigt. Abschließend erfolgt aber noch der Vergleich des entsprechenden Anforderungshauptfelds über alle fünf Kategorien hinweg (Abb. 24).

Die personalen Kompetenzen weisen im Bereich der manuellen Nicht-Routine mit einem Gesamtrang von 2 den mit Abstand niedrigsten Wert auf. Mit einem durchschnittlichen Rang von 4 folgen die manuellen Routine-Tätigkeiten deutlich dahinter. Insbesondere manuelle Tätigkeiten sind demnach mit hohen personalen Kompetenzbedarfen verbunden.

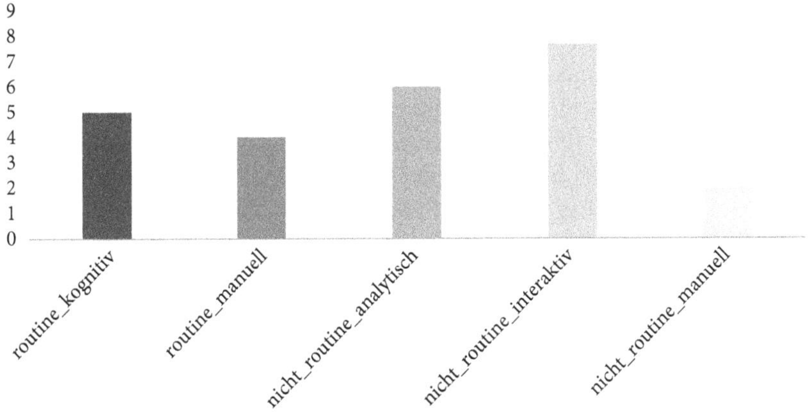

Abb. 24: Anforderungshauptfeld P – Tätigkeitsvergleich

Insgesamt hat die Auswertung auf allen drei Anforderungsebenen eindeutig gezeigt, dass gerade die manuellen Nicht-Routine-Tätigkeiten besonders hohe personale Anforderungen stellen. Die entsprechende Hypothese (H5) kann deshalb bestätigt werden.

8.2.6 Zwischenfazit

Die Assoziationsanalyse der fünf Tätigkeitskategorien auf jeweils drei verschiedenen Anforderungsebenen hat gezeigt, dass es zwischen den Tätigkeitskategorien große Unterschiede bezüglich ihrer jeweiligen Anforderungen gibt. Bei den kognitiven Routine-Tätigkeiten haben sich die aktivitäts- und handlungsbezogenen Kompetenzen als das wichtigste Anforderungshauptfeld herausgestellt. Physische Anforderungen stellt in erster Linie die Kategorie der manuellen Routine. Im Bereich der analytischen Nicht-Routine sind vor allem fachlich-methodische Kompetenzen gefragt. Diese haben sich als wichtigstes Anforderungshauptfeld auch der interaktiven Nicht-Routine erwiesen. Zwar sind hier auch Qualifikation und sozial-kommunikative Kompetenzen von großer Bedeutung, es konnte jedoch keine im Vergleich zu den fachlich-methodischen Kompetenzen eindeutig höhere Relevanz in der Tätigkeitskategorie festgestellt werden. So waren unter den zehn wichtigsten Anforderungen jeweils drei aus den Anforderungshauptfeldern F, S und Qualifikation zu finden. Zweifellos ist dagegen die hohe Bedeutsamkeit personaler Anforderungen bei manuellen Nicht-Routine-Tätigkeiten.

Mit Ausnahme der interaktiven Nicht-Routine-Tätigkeiten konnte also für jede Tätigkeitskategorie eine eindeutige Anforderungsart identifiziert werden, die für die entsprechende Kategorie von besonders großer Bedeutung ist. Interessanterweise ist dies für jede Kategorie ein anderer Anforderungstyp, was die hohe anforderungsspezifische Differenzierung der Kategorien verdeutlicht.

Dies zeigt sich auch hinsichtlich der Aspekte von Tätigkeitsform einerseits und der Unterscheidung in Routine bzw. Nicht-Routine andererseits. Bei der Tätigkeitsform haben sich insbesondere zwischen manuellen und kognitiven Tätigkeiten deutliche Differenzen herausgestellt. Innerhalb des kognitiven Bereichs sind diese jedoch allenfalls marginal vorhanden. So konnten zwischen interaktiven und analytischen Tätigkeiten kaum Unterschiede nachgewiesen werden.

Dagegen lassen sich bei gleicher Tätigkeitsform eindeutige Unterschiede zwischen Routine- bzw. Nicht-Routine-Tätigkeiten feststellen. Während sowohl bei der manuellen Routine als auch bei der manuellen Nicht-Routine physische Anforderungen von hoher Bedeutung sind, überwiegen bei letzterer personale Kompetenzbedarfe. Diese sind bei manuellen Routine-Tätigkeiten allenfalls von nachrangiger Bedeutung.

Ähnlich fällt der Vergleich zwischen kognitiver Routine und analytischer bzw. interaktiver Nicht-Routine aus. Kognitive Routine-Tätigkeiten gehen in erster Linie mit aktivitäts- und handlungsbezogenen Anforderungen einher, wohingegen der Fokus bei kognitiven Nicht-Routine-Tätigkeiten auf Kompetenzen fachlich-methodischer bzw. sozial-kommunikativer Art liegt.

Festzustellen ist schließlich auch, dass sich Routine- und Nicht-Routine-Tätigkeiten auch in der jeweils bedeutsamsten Anforderungskategorie unterscheiden. Im Routine-Bereich sind das physische bzw. formale Anforderungen, bei allen drei Nicht-Routine-Tätigkeitskategorien dagegen unisono die Anforderungskategorie der Kompetenzen.

Dass so deutliche Unterschiede hinsichtlich der gestellten Anforderungen zwischen Routine und Nicht-Routine festgestellt werden konnten, ist insofern von erheblicher Bedeutung, als dass dies die Grundlage der nachfolgend zu evaluierenden Hypothesen hinsichtlich der Anforderungen der Digitalisierung ist. Hätten sich keine anforderungsspezifischen Differenzen zwischen den Tätigkeitskategorien identifizieren lassen, wäre eine Überprüfung der weiteren Hypothesen vermutlich von ähnlich geringem Erfolg geprägt. Da solche Unterschiede aber festgestellt werden können, liegt der Schluss nahe, dass sich die Differenzen zwischen den Tätigkeitskategorien bezüglich ihrer jeweiligen Anforderungen auch in unterschiedlichen Anforderungsbedarfen der Digitalisierung widerspiegeln. Wie genau sich diese Anforderungsbedarfe in den Stellenanzeigen von Berufen mit unterschiedlicher Digitalisierbarkeit äußern, wird nachfolgend untersucht. Zu diesem Zweck werden die entsprechenden Hypothesen, die mittels der Tätigkeitskategorien entwickelt wurden, überprüft.

8.3 Die Bedeutung der Digitalisierung für spezifische Anforderungsaspekte

Die Auswertung der Stellenanzeigen in Bezug auf die Anforderungen der Digitalisierung setzt eine Zuordnung der jeweiligen Digitalisierbarkeit der zugehörigen Berufe zu den Stellenanzeigen voraus. Ziel der Zuordnung muss dabei sein, den Datensatz so in Untergruppen von Stellenanzeigen ähnlicher Digitalisierbarkeit zu unterteilen, dass die anschließende Analyse akkurate Ergebnisse liefern kann. Die adäquate Strukturierung des Datensatzes ist deshalb von so großer Bedeutung, da er in seinen Inhalten sehr homogen ist. Stellenanzeigen sind Textdokumente, deren inhaltliche Ausgestaltung in der Regel sehr ähnlich ausfällt. Zwar unterscheiden sie sich je nach Beruf teilweise deutlich in der Beschreibung des jeweiligen Aufgabenspektrums, die Bandbreite der geforderten Anforderungen bleibt aber naturgemäß in ihrer Differenzierung meist überschaubar.

Diese grundsätzliche Homogenität des Datensatzes erfordert eine quantitative Analyse mit großer Stichprobenzahl. Erst eine große Anzahl untersuchter Stellenanzeigen ermöglicht es aus der unterschiedlichen Häufigkeit des Auftretens einzelner Anforderungen innerhalb verschiedener Gruppen von Stellenanzeigen belastbare Rückschlüsse auf deren unterschiedliche Bedeutsamkeiten zu ziehen. Um eine Stichprobe von ca. 10.000 Stellenanzeigen je Untergruppe sicherstellen zu können, wird der gut 50.000 Stellenanzeigen umfassende Datensatz zunächst in fünf Gruppen separiert. Die Aufteilung in die fünf Gruppen wird dabei anhand des Kriteriums der Digitalisierbarkeit der jeweiligen Berufe der Stellenanzeigen vollzogen. Wie im Rahmen des methodischen Vorgehens in Kapitel 7 bereits näher dargestellt, ergibt diese Aufteilung somit insgesamt fünf Untergruppen von Stellenanzeigen. Jede Untergruppe fasst somit Stellenanzeigen von Berufen mit ähnlich hoher Digitalisierbarkeit zusammen. In der weiteren Analyse wird nun versucht inhaltliche Unterschiede zwischen den fünf Digitalisierungsgruppen zu identifizieren und auf diese Weise spezifische berufliche Anforderungen der Digitalisierung zu bestimmen.

Zunächst wurde überprüft, ob der Datensatz möglicherweise bereits in seiner Gesamtheit eine solche inhärente Differenzierung in fünf Teilgruppen aufweist. Dazu wurde die Methodik des Topic Modellings herangezogen. Mit dieser lässt sich mittels Vorgabe einer Anzahl k von zu identifizierenden Topics eine im Datensatz vorliegende natürliche Strukturierung offenlegen. Ziel ist es also fünf Topics so zu differenzieren, dass einerseits eine möglichst große Homogenität innerhalb der einzelnen Gruppen vorliegt und diese sich andererseits untereinander möglichst deutlich unterscheiden. Es soll somit herausgefunden werden, ob der Datensatz in seiner Gesamtheit tatsächlich eine inhaltliche Differenzierung in fünf Gruppen erkennen lässt, oder ob zusätzlich eine Unterscheidung in nur zwei Gruppen ratsam ist. Bei Verwendung von k = 5 ergeben sich dabei folgende Gruppen mit ihren jeweiligen zehn relevantesten Begriffen:

Tab. 14: Topic Modelling Begriffe

Topic 1	Topic 2	Topic 3	Topic 4	Topic 5
erfahren	nah	erfahren	Berufserfahrung	nah
nah	erfahren	Ausbildung	Profil	Erfahrung
Berufserfahrung	Erfahrung	Berufserfahrung	Ausbildung	erfahren
finden	finden	persönlich	persönlich	finden
persönlich	Kenntnis	gut	erfahren	persönlich
Ausbildung	Ausbildung	finden	sicher	Ausbildung
Sicherheit	persönlich	interessieren	Qualität	Kenntnis
hoch	ähnlich	hoch	gut	technisch
gut	hoch	nah	abgeschlossen	entdecken
interessieren	gut	Sicherheit	hoch	interessant

Tab. 14 zeigt deutlich, dass sich mittels Topic Modelling der Begriffe keine Struktur im Datensatz identifizieren lässt. Alle fünf gefundenen Topics sind sich inhaltlich sehr ähnlich. In allen dominieren die Begrifflichkeiten der Erfahrung, entsprechen damit also weitestgehend den Begriffen mit dem absolut höchsten Auftreten. Auch die diesen zehn Begriffen nachfolgenden Begriffe lassen keine klare inhaltliche Differenzierung der einzelnen Topics erkennen. Das Topic Modelling kann somit allenfalls dazu dienen erste Hinweise darauf zu geben, welche Terme vermutlich nur geringe Aussagekraft hinsichtlich unterschiedlicher Wirkungsweise der Digitalisierung geben können, da sie zu homogen im gesamten Datensatz vertreten sind.

Auch die Anforderungen sind relativ gleichmäßig im Datensatz verteilt, wie das Topic Modelling der Anforderungen zeigt.

Tab. 15: Topic Modelling Anforderungen

Topic 1	Topic 2	Topic 3	Topic 4	Topic 5
Zuverlässigkeit	Selbstmanagement	Beurteilungsvermögen	Mobilität	Eigenverantwortung
Belastbarkeit	Tatkraft	Initiative	Teamfähigkeit	Projektmanagement
Qualifikationsniveau_3	Qualifikationsniveau_2	Qualifikationsniveau_7	Einsatzbereitschaft	Normativ_Ethische_ Einstellung
Dialogfähigkeit_Und_ Kundenorientierung	Qualifikationsniveau_6	Loyalität	Schöpferische_Fähigkeit	Berufserfahrung_0
Körperkraft	Analytische_Fähigkeiten	Kooperationsfähigkeit	Qualifikationsniveau_4	Gewissenhaftigkeit
Gestaltungswille	Konzeptionsstärke	Kommunikationsfähigkeit	Experimentierfreude	Schlagfertigkeit
Verständnisbereitschaft	Glaubwürdigkeit	Planungsverhalten	Offenheit_Für_ Veränderungen	Zielorientiertes_Führen
Schlagfertigkeit	Schlagfertigkeit	Beratungsfähigkeit	Optimismus	Organisationsfähigkeit
Lernbereitschaft	Sinnesstärke	Problemlösungsfähigkeit	Organisationsfähigkeit	Fachwissen
Feinmotorik	Beurteilungsvermögen	Fachübergreifende_ Kenntnisse	Gestaltungswille	Beharrlichkeit

Auch die Übersicht der zehn relevantesten Anforderungen je Topic (Tab. 15) lässt nur bedingt Rückschlüsse auf strukturelle Unterschiede zwischen verschiedenen Kategorien von im Datensatz enthaltenen Stellenanzeigen zu. Topic 1 weist als einziges Topic mit der Körperkraft und der Feinmotorik auch physische Anforderungen auf. In Kombination mit dem geringen Qualifikationsniveau 3 des Topics könnte sich eine Häufung von Stellenanzeigen mit vielen manuellen Routine-Tätigkeiten vermuten lassen. Qualifikationsniveau 7 und mehrere sozial-kommunikative Anforderungen bei Topic 3 sind Anzeichen für interaktive Nicht-Routine-Tätigkeiten. Die weiteren drei Topics lassen sich schwerlich einer bestimmten Tätigkeitskategorie zuordnen. Auch in Bezug auf Anforderungen können mit diesem automatisierten Vorgehen somit nur bedingt verborgene strukturelle Zusammenhänge im Datensatz identifiziert werden.

Weder in Bezug auf sämtliche enthaltenen Wörter, noch hinsichtlich der beruflichen Anforderungen wird mittels Topic Modelling eine geeignete Differenzierung des Datensatzes offenbar. Eine Aufteilung in fünf Gruppen lässt keine offensichtlichen Unterschiede zwischen den Topics erkennen. Vielmehr zeigt die Analyse somit erneut, wie ähnlich Stellenanzeigen auch unterschiedlichster Berufe in Bezug auf ihren Inhalt sind. Eine Differenzierung in mehr als fünf unterschiedliche Gruppen erscheint daher wenig ratsam. Dies liegt insbesondere auch daran, dass mit einer Differenzierung in fünf Gruppen unter Umständen derart kleine Stichprobenumfänge verbunden wären, dass sich keine signifikanten Unterschiede mehr zwischen den Gruppen konstatieren lassen. Aus diesem Grund wird für die weitere Analyse die vorgenommene Aufteilung des Datensatzes in fünf Teilgruppen, die sich in der Digitalisierbarkeit ihrer Berufe unterscheiden, zunächst beibehalten. Alle fünf Gruppen unterschiedlicher Digitalisierbarkeit enthalten dabei eine ähnliche Anzahl an Stellenanzeigen. Jede Gruppe umfasst ca. 10.000 unterschiedliche Anzeigen. Zur Überprüfung der Hypothesen erfolgt somit jeweils eine Auswertung auf Ebene dieser fünf Gruppen. Da das Topic Modelling aber deutlich gemacht hat, wie schwer Unterschiede zwischen diesen Gruppen auszumachen sind, werden darüber hinaus aus den fünf Einzelgruppen zwei Hauptgruppen gebildet, um nach der Detailanalyse auch eine allgemeinere Aussage hinsichtlich der Bedeutsamkeit der Digitalisierung für die jeweiligen Anforderungen treffen zu können. Die zwei Hauptgruppen werden dabei auf Grundlage der fünf bisherigen Gruppen wie folgt (Abb. 25) gebildet:

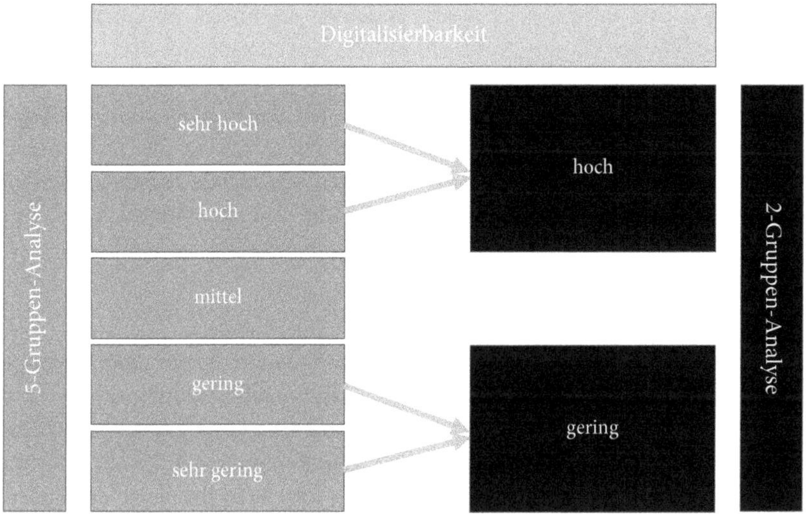

Abb. 25: Übersicht der Gruppenanalysen

Aus den beiden Gruppen der Digitalisierbarkeit „sehr hoch" und „hoch" wird eine neue Gesamtgruppe „hoch" gebildet. Analog werden die Teilgruppen „sehr gering" und „gering" zu einer Gesamtgruppe „gering" zusammengefasst. Da die bisherige Gruppe „mittel" keiner der beiden neuen Gesamtgruppen eindeutig zugeordnet werden kann, entfällt sie bei den entsprechenden Analysen. Die Auswertung anhand dieser beiden Gruppen wird als finales Beurteilungskriterium für die Überprüfung der einzelnen Hypothesen verwendet, sofern nicht bereits die Detailanalyse der fünf Teilgruppen zu einem eindeutigen Urteil führt.

Die gewählten Auswertungsformen können für die einzelnen Hypothesen im Detail unterschiedlich sein, da sich diese in Teilbereichen auf unterschiedliche Aspekte beziehen und somit unterschiedliche Validierungsverfahren nötig machen. Um größtmögliche Einheitlichkeit zu gewährleisten, werden die Überprüfungen der einzelnen Hypothesen aber so homogen wie möglich gehalten und entsprechend dem Grundgedanken vom Speziellen zum Allgemeinen durchgeführt. Somit wird zunächst, sofern für die jeweilige Hypothese zweckmäßig, die Detailebene der Einzelanforderungen ausgewertet, um anschließend eine Analyse auf Ebene von Anforderungsfeldern und Hauptfeldern durchzuführen. Analog werden jeweils zunächst die spezifischeren fünf Digitalisierbarkeitsgruppen ausgewertet und diese Ergebnisse anschließend anhand der beiden Hauptgruppen auf Stichhaltigkeit überprüft. Bei der Auswertung wird auf unterschiedliche Ergebnisse bei den drei gewählten Assoziationsverfahren eingegangen und mögliche Ursachen erläutert. Als finales Beurteilungskriterium wird aber jeweils der durchschnittliche Gesamtrang der drei Einzelrankings herangezogen.

Die Reihenfolge der Auswertung richtet sich dabei nach dem jeweiligen Anforderungsbereich der Hypothese. Analog zur Ableitung der Hypothesen werden daher zunächst formale Anforderungen betreffende Hypothesen überprüft. Anschließend folgen kompetenzspezifische und zuletzt werden die, dem physischen Anforderungsbereich zuzuordnenden, Hypothesen validiert.

8.3.1 Formale Anforderungen

Im Bereich der formalen Anforderungen wurden sowohl zum Anforderungshauptfeld der Berufserfahrung, als auch dem der Qualifikation Hypothesen entwickelt, die nachfolgend überprüft werden. Dazu wird zunächst der Aspekt der Qualifikation untersucht und anschließend die Relevanz von Berufserfahrung näher betrachtet. Ziel ist es dabei jeweils Unterschiede in Bezug auf die Bedeutung der Anforderungen in Abhängigkeit von der Digitalisierbarkeit herauszuarbeiten.

8.3.1.1 Qualifikation

Hinsichtlich der gesamtheitlichen Qualifikation über alle Niveaustufen hinweg als dokumentierten Berufsabschluss wird ein grundsätzlicher Rückgang der Bedeutsamkeit durch die Digitalisierung erwartet. Bei einer undifferenzierten Betrachtung der Qualifikation, d.h. bei außer Acht lassen des Qualifikationsniveaus, wird ein Relevanzverlust durch die Digitalisierung erwartet. Grundlage dieser Annahme ist insbesondere, dass formale Berufsabschlüsse durch die Digitalisierung an Bedeutung verlieren könnten und diese demnach in Berufen mit geringer Digitalisierbarkeit bedeutsamer sind als in Berufen, die zu einem größeren Teil maschinell ersetzbar sind. Zunächst erfolgt dazu die Auswertung auf Ebene der fünf Digitalisierbarkeitsgruppen (Tab. 16).

Tab. 16: Digitalisierbarkeit – Qualifikation

Digitalisierbarkeit	**RG Qualifikation**
sehr gering	7,33
gering	3,33
mittel	7,33
hoch	5,67
sehr hoch	2,67

Unmittelbar auffällig ist, dass die Niveaustufen sehr gering bzw. sehr hoch die (geteilt) höchsten bzw. geringsten durchschnittlichen Rangwerte aufweisen. Mit einem Gesamtrang von 7,33 fällt er bei der Gruppe sehr gering deutlich größer aus, als bei sehr hoher Digitalisierbarkeit. Umgekehrt liegt der Durchschnittsrang bei hoher Digitalisierbarkeit mit 3,33 unter dem der Gruppe der hohen Digitalisierbarkeit mit 5,67. Dem zufolge lässt sich zunächst keine eindeutige Relevanz der Qualifikation in Abhängigkeit der Digitalisierbarkeit feststellen.

Deutlicher wird das Bild der Bedeutung der Qualifikation auf Ebene der zwei Gesamtgruppen und der Betrachtung der drei Einzelrankings (Abb. 26).

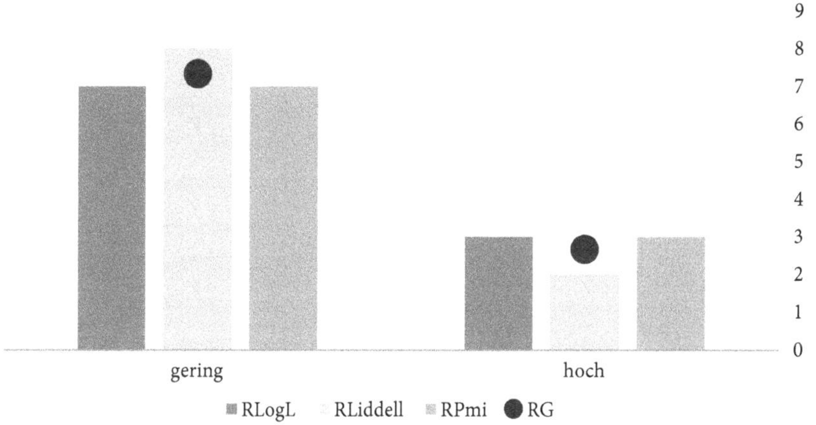

Abb. 26: Digitalisierbarkeit – Qualifikation

So liegt die Platzierung der Gruppe der geringen Digitalisierbarkeit gemäß allen drei Testverfahren deutlich hinter der des hohen Niveaus. Im Fall der hohen Digitalisierbarkeit liegt die Qualifikation je nach gewählter Teststatistik auf dem zweiten bzw. dritten Platz. Somit ist das Anforderungshauptfeld der Qualifikation bei hoher Digitalisierbarkeit deutlich relevanter als bei geringer. Daher kann die aufgestellte Hypothese (H6) von der digitalisierungsbedingt geringen Bedeutsamkeit der Qualifikation bestätigt werden. Hohe Digitalisierbarkeit geht auch mit hoher Qualifikationsrelevanz einher. Es werden insbesondere in Stellenanzeigen von Berufen, die mit hoher Digitalisierbarkeit verbunden sind, Qualifikationsanforderungen gestellt. Ein Grund dafür könnte sein, dass für solche Berufe häufig ein dezidierter Berufsabschluss relevant ist. So ist beispielsweise im Handwerk teilweise der Nachweis eines ganz bestimmten Abschlusses von Nöten, während den Zugang zu akademischen Berufen oftmals eine ganze Reihe unterschiedlicher Studiengänge ermöglicht. Möglicherweise kann ein tiefer gehendes Verständnis für die Bedeutung der Digitalisierung für die Qualifikation erlangt werden, wenn differenzierte Qualifikationsniveaus betrachtet werden.

8.3.1.2 Hohes Qualifikationsniveau

Insbesondere wurde die Hypothese (H7) aufgestellt, dass die Digitalisierung den Berufstätigen ein hohes Qualifikationsniveau abverlangt. Demnach müssten in Stellenanzeigen von Berufen mit geringerer Digitalisierbarkeit höhere Qualifikationsanforderungen gestellt werden, als in solchen mit hoher Digitalisierbarkeit.

Bereits anhand der fünfgruppigen Analyse (Tab. 17) wird deutlich, dass sich die Feststellungen für das Anforderungshauptfeld der Qualifikation nicht gleichermaßen auf alle der, zu ihm gehörenden, Anforderungsfelder übertragen lassen.

Tab. 17: Digitalisierbarkeit – Qualifikation hoch

Digitalisierbarkeit	RG Qualifikation hoch
sehr gering	1,33
gering	22,67
mittel	8,67
hoch	22,67
sehr hoch	23,00

So zeigt sich in Bezug auf das Anforderungsfeld der hohen Qualifikation, dass die Gruppe der geringsten Digitalisierbarkeit auch den mit Abstand niedrigsten Gesamtrang aufweist. Der größte durchschnittliche Rang liegt dagegen bei der Gruppe mit der höchsten Digitalisierbarkeit vor. Die Niveaustufen gering und hoch weisen dagegen mit einem identischen Wert von 22,67 keinerlei Unterschiede auf. Insbesondere in Berufen mit sehr geringer Digitalisierbarkeit ist hohe Qualifikation somit von immenser Bedeutung. Wohingegen beide Gruppen von Stellenanzeigen mit Berufen hoher Digitalisierbarkeit keine Anzeichen für eine solche Bedeutung zeigen. Trotz der geringen Relevanz hoher Qualifikation in der Teilgruppe mit geringer Digitalisierbarkeit deutet die Analyse auf Grundlage der fünf Gruppen auf eine Bedeutsamkeit hoher Qualifikation in Zeiten der Digitalisierung hin. Dieser Eindruck verstärkt sich bei der Auswertung des Anforderungsfelds Qualifikation hoch für die beiden Gesamtgruppen (Abb. 27).

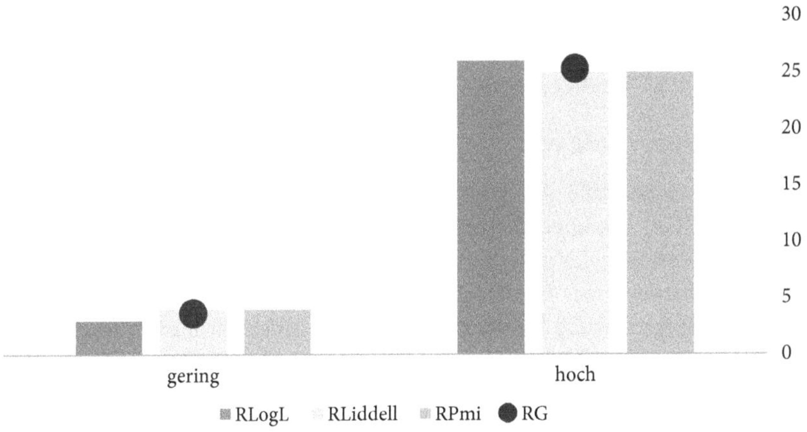

Abb. 27: Digitalisierbarkeit – Qualifikation hoch

Bei allen drei Assoziationsrankings zeigt sich eine große Relevanz hoher Qualifikation durch die Digitalisierung. Dementsprechend liegen auch die Gesamtränge der beiden Digitalisierbarkeitsgruppen mit 3,67 (gering) und 25,33 (hoch) weit auseinander. Unabhängig vom gewählten Auswertungsverfahren wird also deutlich, dass hohe Qualifikation in Berufen mit geringer Digitalisierbarkeit von weit größerer Bedeutung ist als in Berufen, die einen hohen Anteil potenziell maschinell substituierbarer Tätigkeiten aufweisen.

Diese Erkenntnis wird durch eine Analyse der Qualifikation mit Niveaustufe gering bekräftigt. Diese zeigt gegenüber dem hohen Qualifikationsniveau umgekehrte Anforderungsbedarfe in Bezug auf die Digitalisierbarkeit. So weist sie in der Gruppe der geringen Digitalisierbarkeit einen durchschnittlichen Rang von 24,67, in der der hohen dagegen einen Wert von 4,33 auf. Bezogen auf die absolute Häufigkeit des Vorkommens in den Stellenanzeigen ist die Niveaustufe gering etwa drei Mal so groß wie die hohe. Dies erklärt zumindest teilweise auch die große Relevanz des Anforderungshauptfelds der Qualifikation in der Gruppe der hohen Digitalisierbarkeit.

Schlussendlich lässt sich somit keine grundsätzliche Relevanz bei Gesamtbetrachtung der Qualifikation als dokumentierter Berufsabschluss durch die Digitalisierung feststellen, aber sehr wohl eine Bedeutsamkeit des hohen Qualifikationsniveaus konstatieren. In diesem Sinn lässt die Digitalisierung Qualifikationsnachweise durch dokumentierte Berufsabschlüsse insgesamt weniger wichtiger werden, trägt jedoch zu einem Anstieg der niveaubezogenen qualifikatorischen Anforderungen bei. Gerade in den Berufen, in denen nur wenige Tätigkeiten maschinell ersetzt werden können, ist heute besonders hohe Qualifikation gefordert.

8.3.1.3 Berufserfahrung

Hohe qualifikatorische Anforderungen der Digitalisierung müssten, so die Hypothese (H8), mit hohen beruflichen Erfahrungserfordernissen einhergehen. Demnach fiele die geforderte Berufserfahrung umso höher aus, je geringer die Digitalisierbarkeit eines Berufs ist. Die Darstellung (Abb. 28) der Bedeutsamkeit der Berufserfahrung für die fünf Digitalisierbarkeitsgruppen deutet jedoch anderes an.

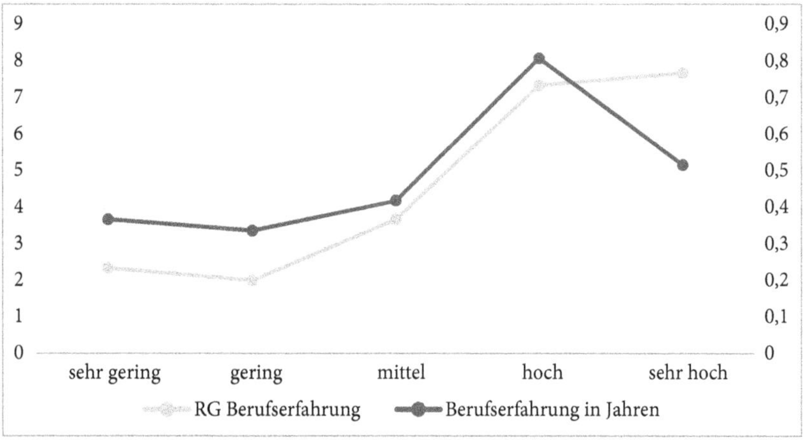

Abb. 28: Digitalisierbarkeit – Berufserfahrung

So zeigt die Kurve der durchschnittlichen Ränge der Berufserfahrung einen beinahe entlang der Digitalisierbarkeit monoton ansteigenden Verlauf. Mit einem Rang von 2 liegt nur die Gruppe mit Niveaustufe gering leicht über dem der Niveaustufe sehr gering (2,33). Bei sehr hoher Digitalisierbarkeit hat die Berufserfahrung dagegen nur noch eine durchschnittliche Bedeutsamkeit von 7,67. Die Kurve der erwarteten Berufserfahrung in Jahren je Digitalisierbarkeitsgruppe verläuft sehr ähnlich. Während bei geringer Digitalisierbarkeit durchschnittlich nur eine gut viermonatige Berufserfahrung erwartet wird, beträgt der entsprechende Wert bei hoher Digitalisierbarkeit fast 10 Monate. Es zeigt sich also, dass mit dem Niveau der Digitalisierbarkeit nicht nur die Relevanz der Berufserfahrung an sich zunimmt, sondern auch die Dauer der geforderten bereits im Berufsleben verbrachten Zeit. Die Auswertung anhand der fünf Digitalisierbarkeitsgruppen lässt somit eine eindeutige Tendenz in Bezug auf die Berufserfahrung erkennen. Je höher die Digitalisierbarkeit, desto höher ist auch die Relevanz der Berufserfahrung.

Dementsprechend ergibt auch die Analyse der beiden Gesamtgruppen ein ähnliches Resultat in Bezug auf die berufliche Erfahrung (Abb. 29).

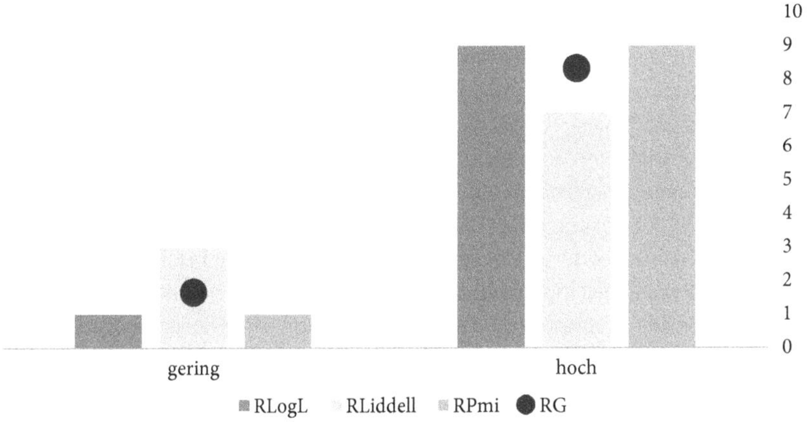

Abb. 29: Digitalisierbarkeit gering/hoch – Berufserfahrung

So liegt gemäß der LogL- und Pmi-Assoziationsmaße die Berufserfahrung bei geringer Digitalisierbarkeit auf dem ersten und folgerichtig bei hoher auf dem letzten Platz des Rankings aller Anforderungshauptfelder. Der Liddell-Test stuft die Berufserfahrung dagegen an dritter bzw. siebter Stelle ein, was sicherlich auch darin begründet ist, dass sie absolut betrachtet das zweitkleinste Anforderungshauptfeld ist.

Insgesamt lässt sich also keine explizite Relevanz der Berufserfahrung durch die Digitalisierung feststellen. Die Hypothese (H9), dass mit der Digitalisierbarkeit die Berufserfahrung abnimmt, wurde mit der empirischen Untersuchung eindeutig widerlegt. Vielmehr ist das Gegenteil der Fall: Je geringer die Digitalisierbarkeit eines Berufes, desto weniger wichtig ist die erworbene Berufserfahrung. Eine mögliche Ursache dieses Ergebnis könnte sein, dass in Zeiten der Digitalisierung Berufserfahrung insoweit an Bedeutung verliert, als dass in weit zurückliegender Vergangenheit erworbene Erfahrung unwichtiger wird. Die Veränderungen der Anforderungen durch die Digitalisierung erfolgen unter

Umständen so schnell, dass vor Kurzem erworbene Abschlüsse mit modernsten Ausbildungsinhalten in der Praxis relevanter sind, als langjährige Erfahrung mit heute möglicherweise bereits veralteten Ansätzen und Konzepten.

8.3.1.4 Zwischenfazit

Insgesamt hat die Analyse der formalen Anforderungen zu divergenten Erkenntnissen geführt. Einerseits ist deutlich geworden, dass in Zeiten der Digitalisierung die Qualifikation in Form formaler Abschlüsse insgesamt an Bedeutung verliert, sich jedoch deutliche Unterschiede in Abhängigkeit des Qualifikationsniveaus ausmachen lassen. So werden heute in Berufen, deren Digitalisierbarkeit gering ist, hohe und höchste qualifikatorische Anforderungen seitens der Unternehmen gestellt. Dagegen zeigt sich in Berufen, die eine große Zahl maschinell ersetzbarer Tätigkeiten aufweisen, eine auffällige Relevanz des geringen Qualifikationsniveaus. Es kann also eine zunehmende Bedeutung hoher Qualifikation durch die Digitalisierung festgestellt werden.

Dies gilt jedoch nicht gleichermaßen für die berufliche Erfahrung. Vielmehr ist diese in Berufen geringer Digitalisierbarkeit sogar von deutlich weniger Relevanz als in solchen mit hoher. Analog nimmt auch die Dauer der geforderten Berufserfahrung mit der Digitalisierbarkeit zu. Ein ehemals immens wichtiges Einstellungskriterium wie die Berufserfahrung verliert demnach durch die Digitalisierung an Bedeutung.

Diese Ergebnisse zeigen, dass die Digitalisierung sehr gut ausgebildete Absolventen benötigt. Möglicherweise liegt es am disruptiven und innovativen Charakter der Digitalisierung, dass dabei insbesondere Arbeitnehmer gesucht werden, deren Ausbildung erst in jüngster Vergangenheit abgeschlossen wurde. Dementsprechend verfügen diese zwar nur über geringe Berufserfahrung, die ihnen in der Ausbildung vermittelten Inhalte sind dafür aber unter Umständen für die heutige Berufspraxis relevanter. Nicht auszuschließen ist aber auch, dass auf dem derzeitigen Arbeitsmarkt Hochqualifizierte derart knapp und zugleich begehrt sind, dass es sich Unternehmen bei ihnen schlichtweg nicht leisten können allzu hohe Anforderungen in Bezug auf die Berufserfahrung zu stellen und dementsprechend die Bereitschaft steigt auch Berufsanfänger einzustellen.

Abschließend kann festgehalten werden, dass die Digitalisierung formale Anforderungen keineswegs gänzlich hinfällig werden lässt. Gerade im Sinne eines „Signallings" der eigenen (möglichst hohen) Qualifikation sind formale Anforderungen am Arbeitsmarkt weiter relevant. Es reicht demnach nicht aus, sich ausschließlich auf weiche Faktoren des eigenen Könnens zu verlassen, der Nachweis der erworbenen formalen Qualifikationen ist nach wie vor ebenfalls von Bedeutung.

8.3.2 Kompetenzspezifische Anforderungen

Inwiefern es über einen solchen abschlussbezogenen Nachweis der eigenen Qualifikation hinaus in Zeiten der Digitalisierung praktisch abrufbare Kompetenzen bedarf, wird durch die Überprüfung der den Kompetenzbereich betreffenden Hypothesen untersucht. Die theoretische Analyse lässt eine hohe Bedeutung kompetenzspezifischer Anforderungen durch die Digitalisierung erwarten. Alle vier Anforderungshauptfelder aus dem Kompetenzbereich zeigen starken Bezug zu Nicht-Routine-Tätigkeiten. In besonders starkem Maß gilt dies für das Hauptfeld der sozial-kommunikativen Kompetenzen.

Über die Anforderungshauptfelder hinaus, lassen sich mithilfe der verknüpften Anforderungsmatrix aber auch einzelne Anforderungsfelder und Anforderungen mit besonderer Digitalisierungsrelevanz identifizieren. Nachfolgend werden die in Kapitel 6 entwickelten kompetenzbezogenen Hypothesen mithilfe der Stellenanzeigenanalyse überprüft.

8.3.2.1 Flexibilität

Eine der wichtigsten beruflichen Anforderungen im Kontext der Digitalisierung könnte Flexibilität sein. Die Geschwindigkeit der Transformationsprozesse der Digitalisierung macht neben geografischer auch die mentale Flexibilität für Berufstätige immer wichtiger. Demzufolge wurde die Hypothese (H9) erarbeitet, dass die Anforderung der Flexibilität mit der Digitalisierung zunimmt. Da in der Kompetenzmatrix die Flexibilität nicht explizit ausgewiesen wird, werden zur Validierung drei verschiedene Kompetenzen (Anpassungsfähigkeit, Mobilität, Offenheit für Veränderungen) herangezogen, die jeweils unterschiedliche Aspekte von Flexibilität umfassen. In einem ersten Analyseschritt wird die Bedeutung dieser drei Einzelanforderungen auf Grundlage der fünf Digitalisierbarkeitsgruppen untersucht (Tab. 18).

Tab. 18: Digitalisierbarkeit – Flexibilität

Digitalisierbarkeit	RG Anpassungs-fähigkeit	RG Mobilität	RG Offenheit für Veränderungen
sehr gering	27,67	34,00	9,33
gering	28,67	14,33	8,67
mittel	18,67	60,67	54,00
hoch	58,67	64,33	61,67
sehr hoch	49,67	21,33	71,00

Die Anpassungsfähigkeit zeigt im Gruppenvergleich ein relativ eindeutiges Ergebnis. Die Gesamtränge der beiden Niveaustufen sehr gering (27,67) und gering (28,67) liegen jeweils deutlich unter denen der beiden hohen Digitalisierbarkeitsgruppen hoch und sehr hoch (58,67 bzw. 49,67). Allerdings weist die mittlere Gruppe den geringsten Gesamtrang der fünf Niveaustufen auf. Die Einstufungen der beiden hohen Gruppen sind zwar deutlich höher als die der beiden niedrigen, aber auch bei Letzteren weist die Anpassungsfähigkeit keine vordere Platzierung im Gesamtranking auf. Insgesamt sind die Ränge der Anpassungsfähigkeit über alle Gruppen hinweg relativ groß, die Kompetenz zeigt somit in keiner der fünf Digitalisierbarkeitsgruppen besonders hohe Relevanz.

Die Mobilität hat in der Gruppe der geringen Digitalisierbarkeit mit 14,33 ihren niedrigsten Gesamtrang. Allerdings weist mit einem Gesamtrang von 21,33 die Niveaustufe sehr hoch den zweitkleinsten Wert auf. Die weiteren Ränge der Gruppen hoch von 64,33 und sehr gering (34,00) können allenfalls ein erstes Indiz für die Relevanz in Zeiten der Digitalisierung sein.

Eindeutiger ist das Ergebnis bei der Anforderung der Offenheit für Veränderungen. Diese stellt bei den Niveaustufen sehr gering bzw. gering die neunt- bzw. sogar fünftwichtigste aller Anforderungen dar. In den drei weiteren Gruppen ist sie im Gesamtranking dagegen deutlich weiter hinten platziert. Diese sehr großen und einheitlichen Unterschiede zwischen den Gruppen der Digitalisierbarkeit sind ein starkes Signal für einen großen Bedarf der Anforderung der Offenheit für Veränderungen durch die Digitalisierung. Die 5-Gruppen-Analyse spricht bei allen drei untersuchten Anforderungen, wenn auch in unterschiedlich starkem Maß für die Bedeutsamkeit der Flexibilität.

Nachfolgende Abb. 30 zeigt auf, inwiefern sich dieses Ergebnis auch in der Analyse der beiden Gesamtgruppen bestätigt.

Bei allen drei Anforderungen fallen sämtliche einzelnen Testwerte der Niveaustufe gering höher aus als die entsprechenden Werte der Digitalisierbarkeitsgruppe hohen Niveaus. Hinsichtlich der genauen Rangordnungen existieren jedoch deutliche Unterschiede je nach gewähltem Assoziationsmaß. So ist beispielsweise die Anpassungsfähigkeit bei geringer Digitalisierbarkeit gemäß Pmi an achter Stelle aller Anforderungen platziert, unter Verwendung des Liddell-Tests dagegen nur auf Platz 35. Eine ähnliche Diskrepanz ist auch bei der Mobilität mit den entsprechenden durchschnittlichen Rängen von 33 bzw. 7 festzustellen. Am einheitlichsten fällt das Ergebnis bei der Offenheit für Veränderungen aus. Zum einen bestehen hier keine wesentlichen Diskrepanzen zwischen den drei Testergebnissen, zum anderen ist auch der Unterschied zwischen den beiden Niveaustufen bei dieser Anforderung am stärksten ausgeprägt.

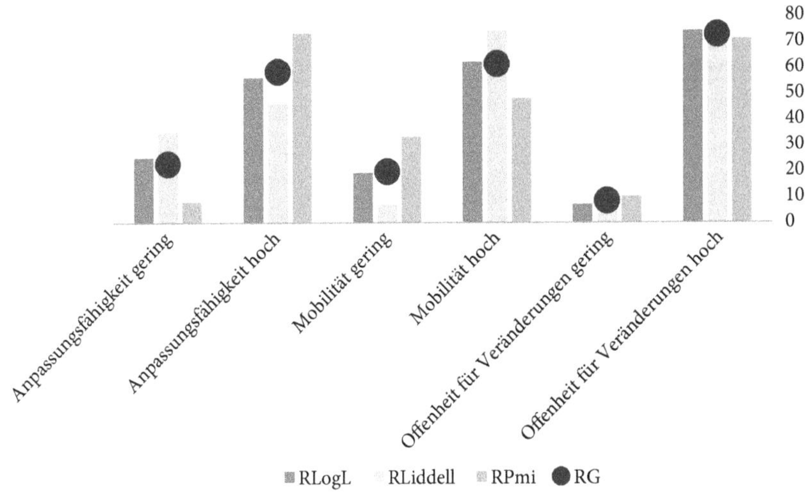

Abb. 30: Digitalisierbarkeit – Flexibilität

Insgesamt kann konstatiert werden, dass die bewusste Bereitschaft Veränderungen anzunehmen gemäß der Stellenanzeigenanalyse die größte Relevanz der drei untersuchten Anforderungen der Flexibilität aufweist. Auch die Anpassungsfähigkeit und die Mobilität zeigen in der 2-Gruppen-Analyse hohe Bedeutsamkeit durch die Digitalisierung. Körperliche und geistige Beweglichkeit sind demnach in Zeiten der Digitalisierung unbedingt erforderlich. Flexibilität der Berufstätigen ist immens wichtig. Somit kann die Hypothese (H9) der hohen Relevanz der Flexibilität bestätigt werden.

8.3.2.2 Belastbarkeit

Abgesehen von der hohen Bedeutung der Flexibilität, deutet die verknüpfte Anforderungsmatrix auch auf die Relevanz der Belastbarkeit hin. Die theoretische Analyse hat ergeben, dass die Digitalisierung mit erhöhten Belastungsanforderungen an die Beschäftigten einhergeht. Zunehmende Komplexitäten, Arbeitsverdichtung und Beschleunigung könnten Stresslevel ansteigen lassen. Ob sich dementsprechend die geforderte Belastbarkeit bei unterschiedlicher Digitalisierbarkeit unterscheidet zeigt die 5-Gruppen-Analyse (Tab. 19).

Tab. 19: Digitalisierbarkeit – Belastbarkeit

Digitalisierbarkeit	**RG Belastbarkeit**
sehr gering	9,33
gering	14,00
mittel	68,67
hoch	66,67
sehr hoch	50,33

Die höchste Bedeutsamkeit weist die Anforderung der Belastbarkeit mit einem durchschnittlichen Rang von 9,33 beim geringsten Digitalisierbarkeitsniveau auf. Dies macht die Anforderung zur achtwichtigsten der Gruppe. Bei geringer Digitalisierbarkeit hat die Belastbarkeit mit 14,00 einen ähnlich kleinen Durchschnittsrang. In den drei weiteren Gruppen sind die durchschnittlichen Ränge dagegen weit höher. Die Gruppe mittlerer Digitalisierbarkeit hat mit einem Wert von 68,67 den größten Gesamtrang aller fünf Niveaustufen. Die 5-Gruppen-Analyse zeigt damit klare Anzeichen dafür, dass in Berufen unterdurchschnittlicher Digitalisierbarkeit die Belastbarkeit einen deutlich größeren Stellenwert einnimmt, als dies bei höherer Digitalisierbarkeit der Fall ist. Inwiefern diese Durchschnittsränge besonders stark von einem bestimmten Testverfahren beeinflusst werden, zeigt die Übersicht der Ränge gemäß den drei Assoziationsmaßen (Abb. 31).

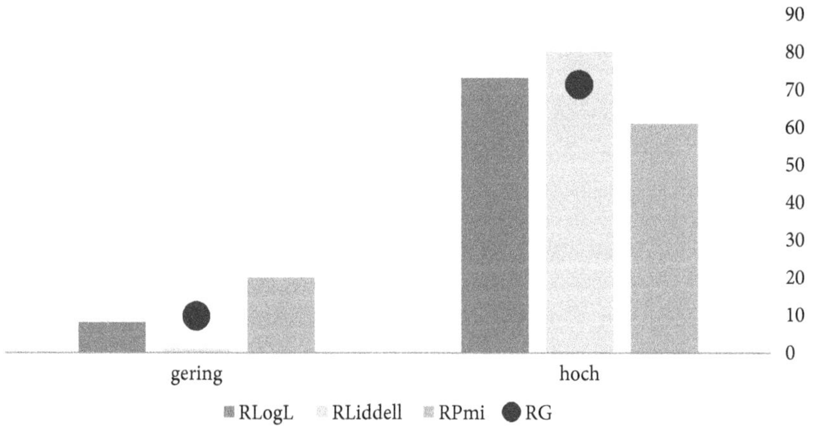

Abb. 31: Digitalisierbarkeit – Belastbarkeit

Gemäß Liddell-Ranking ist die Belastbarkeit die wichtigste aller untersuchten Anforderungen. Eine Rolle spielt hierbei sicherlich, dass sie nach absoluter Häufigkeit unter die zehn größten Anforderungen fällt. Dagegen rangiert sie in der Pmi-Auswertung nur auf dem zwanzigsten Platz. Der achte LogL-Rang liegt ungefähr in der Mitte zwischen den beiden anderen Auswertungen. Er entspricht somit in etwa dem Durchschnittsrang aller drei Tests von 9,67. Dieser Rang macht die Belastbarkeit zur achtwichtigsten Anforderung überhaupt. Entsprechend hoch sind die Ränge der drei Assoziationsmaße bei hoher Digitalisierbarkeit. Mit einem 61. Rang wird nach Pmi noch der geringste Wert erreicht. Insgesamt hat die Auswertung also gezeigt, dass mit geringer Digitalisierbarkeit eine hohe Belastbarkeitsforderung verbunden ist. Komplexer werdende und sich schnell verändernde Aufgaben verlangen den Berufstätigen somit in zunehmendem Maß eine hohe Belastbarkeit ab. Die aufgestellte Hypothese (H10) hoher Belastbarkeitsanforderungen durch die Digitalisierung kann demnach bestätigt werden.

8.3.2.3 Sozial-kommunikative Kompetenzen

Ein besonders deutliches Anzeichen für hohe Relevanz im Rahmen der Digitalisierung hat die Zuordnung der Tätigkeiten zur Anforderungsmatrix für den Bereich der sozial-kommunikativen Kompetenzen ergeben. Die Analyse der Tätigkeitskategorien hat bestätigt, dass gerade der Bereich der Nicht-Routine in hohem Zusammenhang zu solchen Anforderungen steht. Nachfolgend wird daher die Hypothese (H11) überprüft, dass geringe Digitalisierbarkeit mit hohen sozial-kommunikativen Anforderungen einhergeht.

Zunächst werden dazu die vier Anforderungen des Anforderungsfelds S hinsichtlich ihrer durchschnittlichen Ränge in den beiden Digitalisierbarkeitsgesamtgruppen untersucht (Abb. 32).

Bei allen vier Einzelanforderungen des Anforderungsfeldes liegt der Gesamtrang bei hoher Digitalisierbarkeit deutlich über dem entsprechenden Rang des geringen Niveaus. Bei der Anforderung Kommunikationsfähigkeit fällt der Unterschied zwischen beiden Digitalisierbarkeitsgruppen mit den Gesamträngen von 28,33 bzw. 52,67 relativ moderat aus. Im Fall des Beziehungsmanagements und der Kooperationsfähigkeit liegen dagegen jeweils über 60 Ränge zwischen den Einstufungen in den beiden Gruppen. Dies zeigt eine sehr hohe Bedeutsamkeit beider Anforderungen. Kooperationsfähigkeit und Beziehungsmanagement sind die dritt- bzw. viertwichtigsten aller untersuchten Anforderungen der Digitalisierung. Die Einstufung der vierten Einzelanforderung des Anforderungsfelds, der Anpassungsfähigkeit, deutet wie im Rahmen der Untersuchung zur

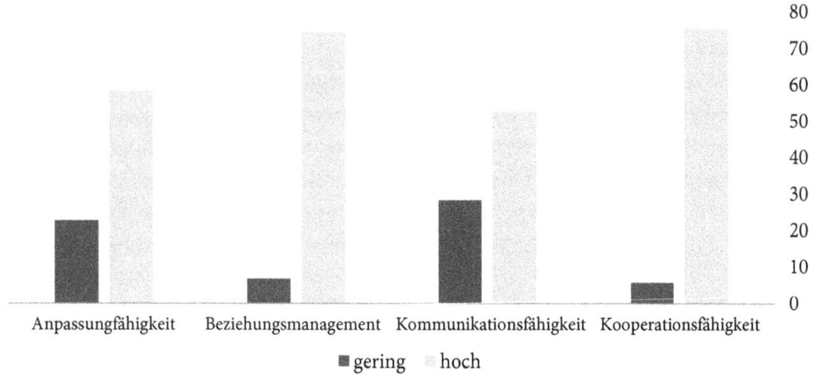

Abb. 32: Digitalisierbarkeit – Anforderungen im Anforderungsfeld S

Flexibilität bereits dargestellt, ebenfalls auf eine gewisse Relevanz im Rahmen der Digitalisierung hin. Die Stellenanzeigenanalyse aller vier Anforderungen des sozial-kommunikativen Anforderungsfelds lassen somit eine klare Bedeutsamkeit für das Feld erkennen.

Die hohe Relevanz der einzelnen Anforderungen bestätigt sich bei Analyse des Anforderungsfelds S in seiner Gesamtheit anhand der fünf Digitalisierbarkeitsgruppen (Tab. 20).

Tab. 20: Digitalisierbarkeit – Anforderungsfeld S

Digitalisierbarkeit	RG S
sehr gering	2,33
gering	11,67
mittel	3,33
hoch	23,33
sehr hoch	27,67

Mit einem Wert von 2,33 weist die Niveaustufe sehr gering den kleinsten Gesamtrang der fünf Gruppen auf und ist damit das zweitwichtigste Anforderungsfeld der Gruppe. Am anderen Ende der Skala, sogar auf dem letzten Platz, befindet sich S mit einem durchschnittlichen Rang von 27,67 in der Gruppe der sehr hohen Digitalisierbarkeit. Ähnlich weit hinten ist das Feld mit einem Gesamtrang von 23,33 auch bei der Niveaustufe hoch platziert. Die gesamtheitliche Analyse des Anforderungsfelds S verstärkt somit den aus der Untersuchung der Einzelanforderungen gewonnenen Eindruck einer großen Bedeutung sozial-kommunikativer Anforderungen im Rahmen der Digitalisierung. Ob dies auch für das vollständige Anforderungshauptfeld S gilt, zeigt nachfolgende Auswertung.

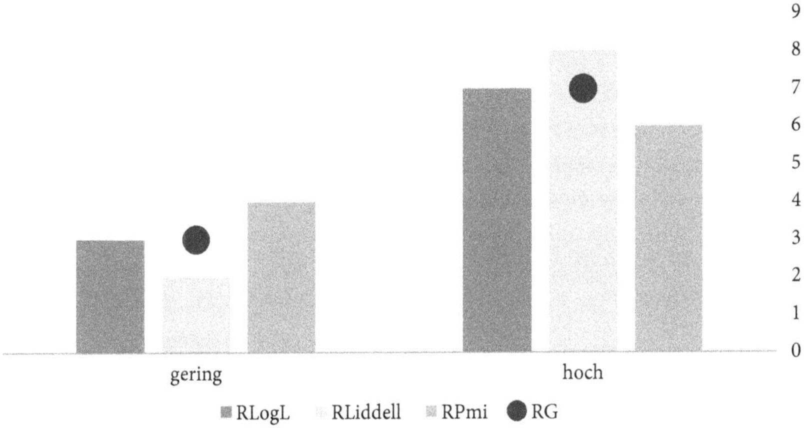

Abb. 33: Digitalisierbarkeit – Anforderungshauptfeld S

Die Darstellung (Abb. 33) macht deutlich, dass alle drei Teststatistiken zwar ebenfalls das Anforderungshauptfeld S bei geringer Digitalisierbarkeit besser bewerten als bei hoher, der Unterschied zwischen beiden Niveaustufen fällt jedoch mit den Gesamträngen 3 bzw. 7 weniger stark aus, als dies noch beim Anforderungsfeld S der Fall gewesen ist. Während das Anforderungshauptfeld S nur das drittwichtigste aller Anforderungshauptfelder ist, ist das Anforderungsfeld S vor allen anderen Anforderungsfeldern platziert. Dies bedeutet, dass die weiteren drei Anforderungsfelder des Anforderungshauptfelds S keine so bedeutsame Rolle einnehmen wie das Anforderungsfeld S. Somit ist das Anforderungsfeld mit rein sozial-kommunikativer Ausrichtung deutlich relevanter als die Anforderungsfelder mit Beimengung eines der drei anderen Kompetenzbereiche. Damit bestätigt sich die Vermutung der herausragenden Bedeutung sozial-kommunikativer Kompetenzen im Rahmen der durch die Digitalisierung gestellten Arbeitsanforderungen. In einer zunehmend technisierten Arbeitswelt mit Mensch-Maschine Interaktion sind sozialer Austausch und Kommunikation weiterhin essentiell. Die Analyse hat gezeigt, dass sozial-kommunikative Kompetenzen in Zeiten der Digitalisierung zu den wichtigsten beruflichen

Kompetenzen überhaupt gehören. Die Hypothese (H11) von der hohen Bedeutsamkeit sozial-kommunikativer Fähigkeiten ist demnach zutreffend.

8.3.2.4 *Zwischenfazit*

Die Überprüfung der, zum kompetenzspezifischen Anforderungsbereich gehörenden, Hypothesen lässt einen generellen Zusammenhang zwischen Kompetenzen und Digitalisierung vermuten. Alle drei untersuchten Kompetenzen gewinnen mit der Digitalisierung an Bedeutung. Gerade die Flexibilität und die sozial-kommunikativen Fähigkeiten werden immer wichtiger. Die finale Zusammenstellung der wichtigsten Anforderungen der Digitalisierung (Kapitel 8.3.4) zeigt aber: Nicht alle Kompetenzen gewinnen mit der Digitalisierung an Relevanz. Vielmehr gibt es durchaus auch bestimmte Kompetenzen, deren Bedeutung durch die Digitalisierung stark abnimmt.

Es ist also wichtig auch im Bereich der Kompetenzen zu differenzieren und die einzelnen kompetenzspezifischen Anforderungen separat hinsichtlich ihrer jeweiligen Bedeutung in Zeiten der Digitalisierung zu bewerten. Generelle Kompetenzförderung jeglicher Hinsicht, sozusagen nach dem „Gießkannenprinzip", ist demnach nicht zielführend. Vielmehr sollten über die drei in diesem Abschnitt untersuchten Kompetenzen hinaus insbesondere die in 8.3.4 aufgeführten Kompetenzen gezielt entwickelt und ausgebaut werden. Zunächst werden jedoch noch die Hypothesen des dritten Anforderungsbereichs der Anforderungsmatrix geprüft.

8.3.3 Physische Anforderungen

Die physischen Anforderungen stellen absolut betrachtet den kleinsten der drei Anforderungsbereiche dar. Die Untersuchung der absoluten Häufigkeiten der einzelnen Anforderungen in den Stellenanzeigen des Datensatzes in Kapitel 8.1.2 hat gezeigt, dass nur ein kleiner Teil aller physischen Anforderungen insgesamt öfter als 500 Mal vorkommt. Physische Anforderungen sind demnach nur noch für einen kleinen Teil der heutigen Berufe relevant.

Dennoch, so das Ergebnis von Kapitel 6, deutet die verknüpfte Anforderungsmatrix darauf hin, dass auch in Zeiten der Digitalisierung physische Fähigkeiten nicht vollkommen bedeutungslos sind. Gerade koordinative Fähigkeiten gelten auch heute als maschinell schwer ersetzbar und sind demnach im Arbeitsleben weiterhin von Bedeutung.

8.3.3.1 Physische Stärke

Darüber hinaus deutet sich an, dass die Digitalisierung andere Auswirkungen in Bezug auf physische Anforderungen hat, als dies bei der Automatisierung der Fall gewesen ist. Der Prozess der körperlichen Entlastung des Menschen durch die Maschine ist zumindest im Bereich der industriellen Produktion bereits weitestgehend erfolgt. Tätigkeiten, die tatsächliche körperliche Kraft erfordern, sind bereits vielfach auf Maschinen übertragen worden. Die Relevanz der physischen Stärke sollte durch die Digitalisierung demnach größtenteils unverändert bleiben, so die in Kapitel 6 abgeleitete Hypothese (H12). Physische Stärke wird im Rahmen der Anforderungsmatrix in Form der Einzelanforderungen Kondition, Körperkraft und körperliche Leistungsfähigkeit einer Person erfasst. Anhand dieser drei Anforderungen erfolgt daher zunächst die 5-Gruppen-Analyse.

Tab. 21: Physische Stärke – 5-Gruppen-Analyse

Digitalisierbarkeit	RG Kondition	RG Körperkraft	RG Körperliche Leistungsfähigkeit
sehr gering	58,00	41,00	62,00
gering	29,67	29,67	37,00
mittel	50,33	19,33	14,33
hoch	60,67	70,33	51,67
sehr hoch	13,67	16,33	29,33

Die Übersicht der Gesamtränge der drei Anforderungen in allen fünf Digitalisierbarkeitsgruppen zeigt ein sehr uneinheitliches Bild. Es lässt sich keine klare Tendenz in Bezug auf einen möglichen unterschiedlichen Bedarf je nach Höhe der Digitalisierbarkeit feststellen. Vielmehr weisen etwa bei den Anforderungen Kondition und Körperkraft die beiden Niveaustufen hoch und sehr hoch jeweils den größten, respektive kleinsten durchschnittlichen Rang aller Gruppen auf. Dies könnte bedeuten, dass nur noch bei sehr hoher Digitalisierbarkeit eines Berufs physische Stärke von Belang ist. Andererseits hat diese Niveaustufe bei der körperlichen Leistungsfähigkeit den zweitkleinsten Gesamtrang. Insgesamt liegen weder sehr kleine noch sehr große Ränge vor, die Werte bewegen sich weitestgehend im Mittelfeld der Rankings. Tatsächlich liegt der Mittelwert aller in der Tab. 21 dargestellten 15 Gesamtränge bei 38,89 und damit sehr nah am durchschnittlich zu erwartenden Rang bei insgesamt 80 Einzelanforderungen. Die 5-Gruppen-Analyse spricht demnach weder für eine besonders hohe noch für eine niedrige Bedeutsamkeit der physischen Stärke in Zeiten der

Digitalisierung. Dieses vorläufige Ergebnis wird durch die 2-Gruppen-Analyse, deren Ergebnisse nachfolgend abgebildet (Abb. 34) sind, näher beleuchtet.

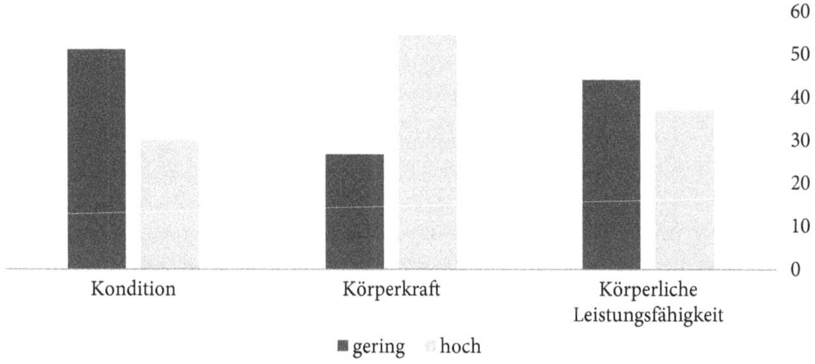

Abb. 34: Digitalisierbarkeit – Physische Stärke

Die durchschnittlichen Ränge der beiden Gesamtgruppen der Digitalisierbarkeit liegen bei allen drei untersuchen Anforderungen der physischen Stärke vergleichsweise nah am Rang der fiktiven Durchschnittsanforderung von 40,5. Der Mittelwert aller sechs Ränge beträgt sogar exakt 40,5. Am größten fällt die Abweichung noch bei der Körperkraft aus, wo sich der Wert in der geringen Digitalisierbarkeitsgruppe mit 26,67 deutlich unter dem in der hohen (54,33) befindet. Während bei der Kondition die Relevanz in der Gruppe der geringen Digitalisierbarkeit ebenfalls kleiner ist als in der hohen Niveaustufe, verhält es sich bei der körperlichen Leistungsfähigkeit genau umgedreht.

Somit lässt auch die Auswertung auf Ebene der beiden Gesamtgruppen keine eindeutige Tendenz hinsichtlich einer Digitalisierungsrelevanz der drei Anforderungen erkennen. Die 2-Gruppen-Analyse bekräftigt somit ebenfalls die These (H12), dass die Digitalisierung keinen maßgeblichen Effekt auf die Relevanz der physischen Stärke hat. In einem letzten Untersuchungsschritt werden die beiden zugehörigen Anforderungshauptfelder (Konditionelle Fähigkeiten bzw. körperliche Tauglichkeit) der drei Anforderungen auf mögliche Unterschiede in Bezug auf die Digitalisierbarkeit hin untersucht. Dazu werden die beiden Hauptfelder mit der 2-Gruppen-Analyse ausgewertet (Abb. 35).

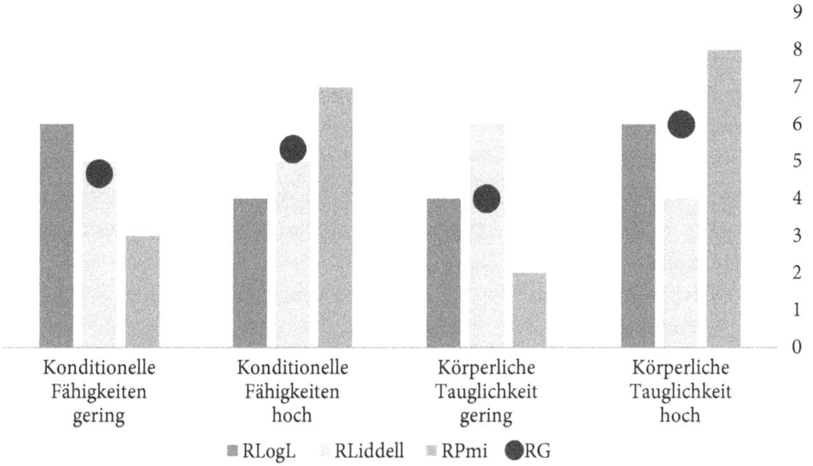

Abb. 35: Kond. Fähigkeiten und körperliche Tauglichkeit – 2-Gruppen-Analyse

Die Analyse der Anforderungshauptfelder bekräftigt die Erkenntnisse der vorhergehenden Untersuchungsschritte. Sowohl konditionelle Fähigkeiten als auch körperliche Tauglichkeit zeigen keine auffälligen Testergebnisse. Einzig die zweiten bzw. achten Ränge der körperlichen Tauglichkeit im Pmi-Ranking fallen aus diesem Rahmen. Dies liegt nicht zuletzt daran, dass sie das, gemäß der absoluten Häufigkeit, kleinste aller neun Anforderungshauptfelder ist. Wie in Kapitel 7 dargelegt, können gemäß dem Pmi-Assoziationsmaß auch solche geringen absoluten Häufigkeiten zu hohen Bewertungen führen.

Die Gesamtränge (4,67 und 5,33 bzw. 4 und 6) der beiden untersuchten Anforderungshauptfelder bewegen sich wiederum im durchschnittlichen Bereich. Somit weist auch die Auswertung der Anforderungshauptfelder der physischen Stärke weder auf geringe noch auf hohe Relevanz hin.

Alle drei Auswertungen zur physischen Stärke lassen somit keine auffällige Digitalisierungsbedeutung erkennen. Folglich kann die Hypothese (H12), dass die Digitalisierung keine Relevanz in Bezug auf physische Stärke hat, bestätigt werden. Die Digitalisierung führt somit anders als die Automatisierung zumindest in Bezug auf die physische Stärke nur bedingt zu einer weiteren körperlichen Entlastung des Menschen. Vielmehr zeigt die Auswertung der Stellenanzeigen, dass physische Stärke am heutigen Arbeitsmarkt insgesamt vergleichsweise wenig gefragt ist. In Bezug auf die Berufe, in denen sie gefordert wird, lässt sich kein Unterschied hinsichtlich der Digitalisierbarkeit feststellen.

8.3.3.2 Koordinative Fähigkeiten

Dass physische Anforderungen auch in Zeiten der Digitalisierung in manchen Berufsbereichen noch große Bedeutung haben können, lässt die Analyse der zugeordneten Anforderungsmatrix in Bezug auf koordinative Fähigkeiten vermuten. Dieser Teilbereich der physischen Anforderungen gilt als am schwersten maschinell ersetzbar. Dementsprechend geht die zugehörige Hypothese (H13) von einer mit der Digitalisierbarkeit abnehmenden Relevanz koordinativer Fähigkeiten aus.

Zur Überprüfung dieser These (H13) wird zunächst die Bedeutsamkeit der beiden Anforderungsfelder des Hauptfelds der koordinativen Fähigkeiten analysiert. Die Ergebnisse der 5-Gruppen-Analyse für die Felder Beweglichkeit und Koordination sind in nachfolgender Tab. 22 dargestellt.

Tab. 22: Beweglichkeit und Koordination – 5-Gruppen-Analyse

Digitalisierbarkeit	RG Beweglichkeit	RG Koordination
sehr gering	22,33	25,00
gering	15,67	9,67
mittel	22,67	26,67
hoch	16,67	22,33
sehr hoch	7,00	3,33

Entgegen der Erwartung weist die Niveaustufe sehr hoch sowohl bei Beweglichkeit als auch bei Koordination mit 7,00 bzw. 3,33 die jeweils geringsten Gesamtränge aller fünf Digitalisierbarkeitsgruppen auf. Umgekehrt haben beide Anforderungsfelder in der Gruppe sehr gering mit durchschnittlichen Rängen von 22,33 bzw. 25,00 faktisch keine Bedeutung. In ähnlicher Form gilt dies auch für die Niveaustufen gering, mittel und hoch. Dementsprechend zeigen die beiden Anforderungsfelder nur bei sehr hoher Digitalisierbarkeit auffällige Bedeutsamkeit. Die 5-Gruppen-Analyse spricht somit gegen die aufgestellte These (H13). Es deutet sich vielmehr gerade in den Berufen eine hohe Relevanz koordinativer Fähigkeiten an, in denen eine große Anzahl von Tätigkeiten potenziell maschinell ersetzbar ist. Inwiefern sich diese Tendenz auch im Ergebnis der beiden Gesamtgruppen der Digitalisierbarkeit niederschlägt, wird in nachfolgender Abb. 36 dargestellt.

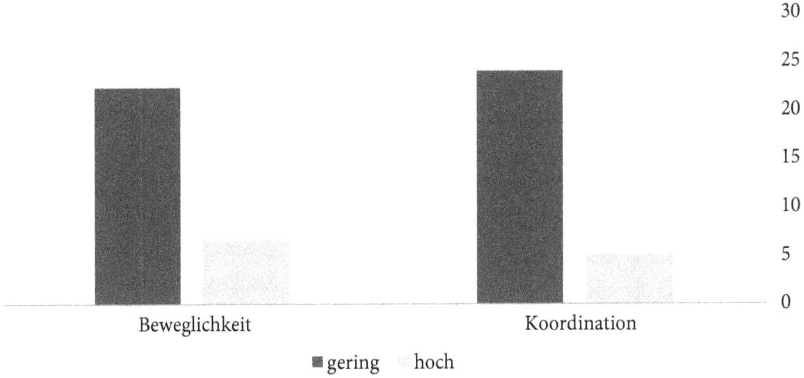

Abb. 36: Digitalisierbarkeit – Beweglichkeit und Koordination

In der 2-Gruppen-Analyse zeigt sich ebenfalls die insbesondere auf die große Relevanz in der Niveaustufe sehr hoch zurückzuführende Diskrepanz in der Bedeutsamkeit beider Anforderungsfelder in Abhängigkeit der Digitalisierbarkeit. Sowohl Beweglichkeit als auch Koordination weisen bei geringem Niveau deutlich höhere Gesamtränge auf als bei hoher Digitalisierbarkeit. Bei hoher Digitalisierbarkeit sind die beiden Fähigkeiten sogar das sechst- bzw. viertbedeutsamste Anforderungsfeld überhaupt. Somit deutet auch die 2-Gruppen-Analyse der beiden Anforderungsfelder Beweglichkeit und Koordination darauf hin, dass diese besondere Relevanz in Berufen mit hoher Digitalisierbarkeit haben.

Das zu diesen Anforderungsfeldern gehörige Anforderungshauptfeld, die koordinativen Fähigkeiten, wird nachfolgend (Tab. 23) in der 5-Gruppen-Analyse ausgewertet.

Tab. 23: Digitalisierbarkeit – Koordinative Fähigkeiten

Digitalisierbarkeit	**RG Koordinative Fähigkeiten**
sehr gering	8,33
gering	5,67
mittel	8,00
hoch	5,67
sehr hoch	1,67

Auffällig bei der Untersuchung des durchschnittlichen Ranges der koordinativen Fähigkeiten ist insbesondere das Ergebnis in der Gruppe der sehr hohen Digitalisierbarkeit. In dieser Niveaustufe weist das Anforderungshauptfeld den mit weitem Abstand geringsten Gesamtrang aller Gruppen auf. Der Wert von 1,67 macht die koordinativen Fähigkeiten zum wichtigsten Anforderungshauptfeld in der Gruppe. Umgekehrt befindet es sich bei sehr geringer Digitalisierbarkeit auf dem letzten Platz der Bedeutsamkeit. Die beiden Digitalisierbarkeitsgruppen gering und hoch weisen jeweils einen Gesamtrang von 5,67 auf. Somit verstärkt sich in der 5-Gruppen-Analyse der koordinativen Fähigkeiten der Eindruck, dass in Berufen mit geringer Digitalisierbarkeit koordinative Fähigkeiten nur von geringer Relevanz sind. Dies wird abschließend anhand der 2-Gruppen-Analyse der koordinativen Fähigkeiten überprüft, deren Ergebnisse in nachfolgender Grafik 37 dargestellt sind.

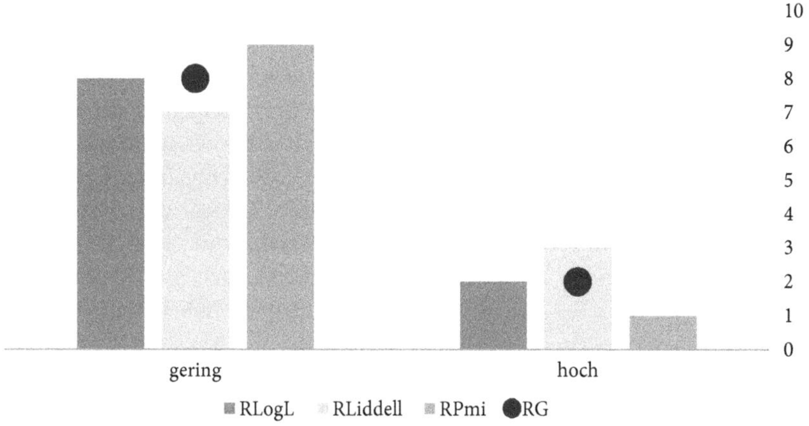

Abb. 37: Digitalisierbarkeit – Koordinative Fähigkeiten

Die Abb. 37 bekräftigt die vorherigen Erkenntnisse. Für beide Gesamtgruppen der Digitalisierbarkeit ergibt sich eine einheitliche Bewertung der koordinativen Fähigkeiten gemäß allen drei Assoziationsmaßen. So liegt das Anforderungshauptfeld bei hoher Digitalisierbarkeit für alle Tests mit den Rängen 2, 3 und 1 jeweils klar unter den entsprechenden Einstufungen in der geringen Niveaustufe. Unabhängig vom gewählten Maß bestätigt sich somit auch in der 2-Gruppen-Analyse eine Bedeutsamkeit der Anforderung koordinativer Fähigkeiten insbesondere in Stellenanzeigen von Berufen mit hoher Digitalisierbarkeit.

Die Hypothese (H13), dass koordinative Fähigkeiten vor allem bei geringer Digitalisierbarkeit gefragt sind, kann daher eindeutig verworfen werden. Vielmehr hat sich dieser Teilbereich der physischen Anforderungen gerade bei hoher Digitalisierbarkeit als von besonderer Bedeutsamkeit erwiesen. Möglicherweise sind also bei der physischen Stärke schon im Zuge der Automatisierung vollzogene Ersetzungsprozesse bei koordinativen Fähigkeiten gerade im Gange. Die technischen Möglichkeiten sind eventuell schon so weit fortgeschritten, dass mittlerweile auch solche vermeintlich komplexen Fähigkeiten ersetzbar geworden sind. Demnach verlieren koordinative Fähigkeiten im Rahmen der Digitalisierung an Bedeutung.

8.3.3.3 Sinnesstärke

Inwiefern dies auch für die spezifische Anforderung der Sinnesstärke gilt, wird durch die Überprüfung der dritten Hypothese (H14) zum physischen Anforderungsbereich untersucht. Die in Kapitel 6 aufgestellte These (H14) besagt, dass starke Sinne, also gutes Seh- und Hörvermögen, Tast- und Geschmacksinn auch in einer digitalisierten Arbeitswelt noch von Bedeutung sind. Um dies zu überprüfen, wird zunächst die 5-Gruppen-Analyse für die Anforderung der Sinnesstärke durchgeführt. Dabei ergeben sich für die Anforderung folgende Gesamtränge in den fünf Gruppen der Digitalisierbarkeit (Tab. 24):

Tab. 24: Sinnesstärke – 5-Gruppen-Analyse

Digitalisierbarkeit	RG Sinnesstärke
sehr gering	57,67
gering	9,33
mittel	70,00
hoch	65,67
sehr hoch	11,67

Mit einem Wert von 9,33 hat die Sinnesstärke bei geringem Digitalisierbarkeitsniveau den kleinsten durchschnittlichen Rang. Bei sehr geringem Niveau liegt der entsprechende Wert mit 57,67 allerdings deutlich höher. Den zweitgeringsten Gesamtrang der fünf Niveaustufen weist die Anforderung in der Gruppe der sehr hohen Digitalisierbarkeit auf. Den höchsten Gesamtrang von 70,00 hat sie bei mittlerem Niveau. Anhand der fünf Gruppen Analyse lässt sich also kein eindeutiges Bild hinsichtlich der Digitalisierungsrelevanz der

Sinnesstärke ausmachen. Die einzelnen Digitalisierbarkeitsgruppen weisen sehr inkonsistente Ergebnisse auf. Möglicherweise kann die Untersuchung der zwei Gesamtgruppen der Digitalisierbarkeit klarere Ergebnisse bringen (Abb. 38).

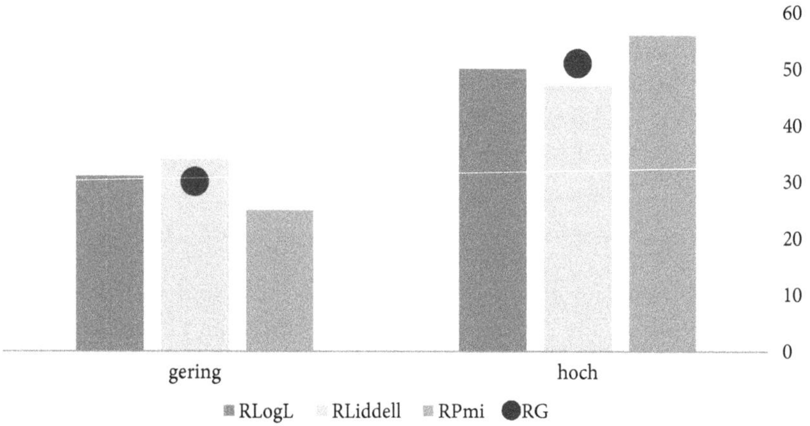

Abb. 38: Sinnesstärke – 2-Gruppen-Analyse

Tatsächlich ist die Anforderung der Sinnesstärke gemäß allen Testverfahren bei geringer Digitalisierbarkeit deutlich höher im Ranking platziert als bei hoher. Die Gesamtränge beider Gruppen von 30 bzw. 51 trennen mehr als zwanzig Plätze. Zwar ist die Sinnesstärke bei insgesamt 80 Anforderungen somit in der vorderen Hälfte des Bedeutsamkeitsrankings platziert, es existieren aber demnach 29 Anforderungen mit höherer Relevanz als die der Sinnesstärke. Die Unterschiede in der Bewertung gemäß der drei Assoziationsmaße sind nur marginal. Somit kann in der 2-Gruppen-Analyse zwar eine Diskrepanz der Relevanz in beiden Gruppen festgestellt werden, auch bei geringer Digitalisierbarkeit zeigt die Sinnesstärke jedoch nur geringe Bedeutsamkeit. In Kombination mit dem uneinheitlichen Ergebnis der 5-Gruppen-Analyse lassen sich somit insgesamt allenfalls schwache Anzeichen für die Bestätigung der Hypothese (H14) einer Bedeutsamkeit der Sinnesstärke im Rahmen der Digitalisierung finden. Zwar ist Sinnesstärke auf dem heutigen Arbeitsmarkt demnach eher in Berufen mit geringer als mit hoher Digitalisierbarkeit gefordert, auch für erstere ergibt die Stellenanzeigenanalyse allerdings nur eine nachrangige Bedeutung der Anforderung.

8.3.3.4 Zwischenfazit

Die drei untersuchten Hypothesen zum physischen Anforderungsbereich haben die Vermutung bekräftigt, dass physische Anforderungen im Zuge der Digitalisierung immer seltener gestellt werden. Physische Fähigkeiten und Fertigkeiten sind oftmals bereits in der Vergangenheit maschinell ersetzt worden oder werden es derzeit in zunehmendem Maß. Bei der physischen Stärke ist dieser Prozess größtenteils schon abgeschlossen. So konnten für die Anforderungen der physischen Stärke keinerlei auffällige Bedeutsamkeiten – weder geringe noch hohe – festgestellt werden. Vermutlich hat die physische Stärke bereits im Zuge der Automatisierung deutlich an Relevanz verloren.

Entgegen der Erwartung weisen auch die koordinativen Fähigkeiten keine hohe Relevanz bei niedriger Digitalisierbarkeit auf. Vielmehr zeigt sich gerade für Berufe hoher Digitalisierbarkeit auch eine große Bedeutung dieses Anforderungshauptfelds. Koordinative Anforderungen werden demnach gerade bei Berufen mit großem Anteil potenziell digitalisierbarer Tätigkeiten gestellt.

Nur bei der Anforderung der Sinnesstärke konnte eine zumindest moderate Bedeutsamkeit im Rahmen der Digitalisierung konstatiert werden. Dies liegt vermutlich insbesondere daran, dass solche Fähigkeiten heute zumeist in Kombination mit anderen komplexen Anforderungen auftreten. Sinne sind in diesem Verständnis keine, maschinell nicht ersetzbaren, Messinstrumente des Menschen, sondern unbedingte Voraussetzung zur Verrichtung bestimmter anspruchsvoller Tätigkeiten. Ein Beispiel hierfür ist das Berufsbild des Piloten, bei dem gutes Sehvermögen die Basis ist, um komplexe Tätigkeiten ausüben zu können.

Insgesamt deutet die Auswertung der Hypothesen des physischen Anforderungsbereichs darauf hin, dass die physischen Anforderungen im Rahmen der Digitalisierung nicht ansatzweise den Stellenwert der beiden anderen Anforderungskategorien haben. Vielmehr lässt sich zumindest anhand der vorhergehend analysierten physischen Anforderungen ein zunehmender Bedeutungsverlust des physischen Bereichs erkennen. Inwiefern dies für den gesamten physischen Anforderungsbereich gleichermaßen gilt, oder ob zumindest einzelne Anforderungen auch in einer digitalisierten Arbeitswelt weiterhin von Relevanz sind, zeigt die systematische Übersicht der wichtigsten Einzelanforderungen der Digitalisierung.

8.3.4 Die wichtigsten Einzelanforderungen der Digitalisierung

Nachdem bereits im Zuge der Prüfung der Hypothesen zu den drei Anforderungskategorien die Relevanz einzelner ausgewählter Anforderungen und

Anforderungsfelder für die digitalisierte Arbeitswelt untersucht wurde, soll nachfolgend eine zusammenfassende Übersicht erstellt werden. Dazu werden zunächst die 20 wichtigsten Einzelanforderungen ermittelt und anschließend um relevante Anforderungsfelder und Hauptfelder in der Systematik der Anforderungsmatrix ergänzt. In diesem Abschnitt wird damit sowohl eine Zusammenstellung der bedeutsamsten einzelnen Anforderungen, wie auch der wichtigsten Felder, Hauptfelder und Kategorien gegeben.

Auch wenn der Fokus dieser Arbeit in erster Linie auf der Ermittlung der relativen Unterschiede im Vorkommen der Anforderungen innerhalb verschiedener Digitalisierbarkeitsgruppen liegt, die absolute Häufigkeit der Anforderungen also nicht von primärem Interesse ist, sollte diese in der Analyse nicht vollkommen außer Acht gelassen werden. In nachfolgender Abb. 39 werden daher die Anforderungen mit den jeweils zehn höchsten Häufigkeitswerten der beiden Gesamtdigitalisierbarkeitsgruppen in absteigender Reihenfolge ihrer absoluten Häufigkeit abgebildet.

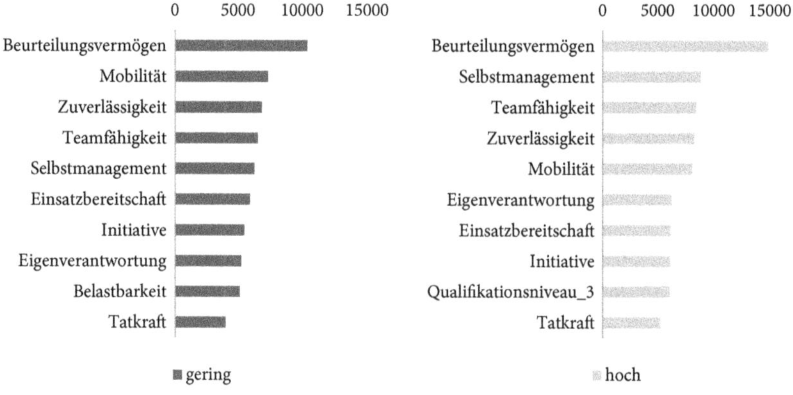

Abb. 39: Absolute Häufigkeiten – Zwei Gruppen Analyse

Nachdem das Beurteilungsvermögen bereits im Gesamtdatensatz aller Stellenanzeigen als die Anforderung mit der größten absoluten Häufigkeit identifiziert wurde, nimmt sie wenig überraschend auch im Häufigkeitsranking beider Gesamtgruppen die jeweils erste Position ein. Mit Häufigkeiten von 10.302 bzw. 14.747 kommt sie jedoch bei hoher Digitalisierbarkeit über 4.000 Mal öfter vor als bei geringer. Dies ist insofern bemerkenswert, als dass die Anzahl der Stellenanzeigen in beiden Gruppen nahezu gleich ist. Die relativen Anteile an beiden Gesamtgruppen betragen 0,463 für das geringe Digitalisierbarkeitsniveau bzw.

0,537 für die Gruppe des hohen Niveaus. Demnach hat das Beurteilungsvermögen auch relativ betrachtet in der Gruppe mit hohem Niveau einen höheren Stellenwert. Diese relativen Unterschiede zwischen den beiden Gruppen sind letztlich entscheidend für die finale Beurteilung der Relevanz der jeweiligen Anforderung auf Basis des Gesamtrankings durch die drei Assoziationsmaße.

Auch die weiteren Anforderungen unter den größten Zehn sind abgesehen von der exakten Platzierung bis auf eine Ausnahme identisch. Während bei geringer Digitalisierbarkeit die Belastbarkeit den neunten Rang einnimmt, liegt hier bei hohem Digitalisierbarkeitsniveau mit dem Qualifikationsniveau 3 die einzig nicht kompetenzspezifische Anforderung. Hinsichtlich der Positionierung ist insbesondere der zweite Rang der Mobilität in der geringen Niveaustufe bemerkenswert, da die entsprechende Anforderung in der anderen Gruppe nur den fünften Platz einnimmt. Statt der Mobilität ist bei hoher Digitalisierbarkeit das Selbstmanagement die absolut betrachtet zweitgrößte Einzelanforderung.

Interessanterweise haben sämtliche identischen Anforderungen der Top 10 jeweils bei hoher Digitalisierbarkeit eine größere Häufigkeit als bei geringer. Die Unterschiede sind dabei so groß, dass sie nicht ausschließlich auf die unterschiedliche Gruppengröße zurückzuführen sind. Dies zeigen auch die Anteile der summierten zehn größten Anforderungen beider Gruppen. Mit 44,6 Prozent fällt der Anteil der geringen Niveaugruppe an dieser Summe kleiner aus als ihr Anteil an allen Stellenanzeigen (46,3 Prozent).

Dieser Unterschied ist insbesondere darauf zurückzuführen, dass der Anteil der größten zehn Anforderungen an der Gesamtheit aller Anforderungen bei geringer Digitalisierbarkeit (51,0 Prozent) deutlich kleiner ist als bei hoher (60,6 Prozent). Demnach haben die weiteren 70 Anforderungen außerhalb der zehn größten bei geringem Digitalisierbarkeitsniveau eine deutlich größere Bedeutung als bei hohem. Dass sie in beiden Gruppen jeweils für mehr als die Hälfte des absoluten Anforderungsvorkommens verantwortlich sind, zeigt die insgesamt hohe absolute Relevanz der zehn größten Anforderungen.

Insgesamt kann somit festgehalten werden, dass sich beide Digitalisierbarkeitsgruppen in Bezug auf die zehn absolut häufigsten Anforderungen auf den ersten Blick kaum unterscheiden. Bis auf eine Ausnahme sind die zehn größten Anforderungen der beiden Gruppen sogar identisch. Demnach werden bestimmte Anforderungen sowohl in den Stellenanzeigen von Berufen hoher als auch von Berufen geringer Digitalisierbarkeit verlangt. Erst ein exakter zahlenmäßiger Vergleich deckt Unterschiede auf. Dies zeigt, wie wichtig es ist relative Häufigkeitsunterschiede zwischen Anforderungen zu untersuchen, um deren Relevanz in Zeiten der Digitalisierung sicher beurteilen zu können. Nachfolgend erfolgt eine Übersicht der 20 Einzelanforderungen, die sich im Gesamtranking als die wichtigsten erwiesen haben.

Da die absolute Häufigkeit der Anforderungen hilfreich ist, um die tatsächliche Relevanz am Arbeitsmarkt beurteilen zu können, wird auch in der folgenden Übersicht der zwanzig Anforderungen mit den geringsten durchschnittlichen Rängen (Tab. 25) bei den drei Assoziationsmaßen die jeweilige absolute Häufigkeit ausgewiesen. Auf eine Aufnahme in die Übersicht von Anforderungen, die nicht mindestens 40 Mal in den Stellenanzeigen des Datensatzes vorkommen, wird verzichtet.

Tab. 25: Die 20 wichtigsten Anforderungen

Anforderung	n	LogL	Liddel	Pmi	RLogL	RLiddel	RPmi	RG
Problemlösungsfähigkeit	1269	321,95	0,0058	0,3691	2	5	7	4,67
Verständnisbereitschaft	819	314,68	0,0044	0,4512	3	9	3	5,00
Kooperationsfähigkeit	1585	341,23	0,0068	0,3404	1	3	13	5,67
Beziehungsmanagement	621	239,65	0,0034	0,4524	5	13	2	6,67
Berufserfahrung_0	2062	298,17	0,0075	0,2794	4	2	15	7,00
Qualifikationsniveau_8	698	235,94	0,0036	0,4246	6	11	4	7,00
Offenheit_Für_ Veränderungen	997	234,55	0,0044	0,3561	7	8	10	8,33
Belastbarkeit	5074	187,42	0,0099	0,1400	8	1	20	9,67
Lehrfähigkeit	208	112,35	0,0013	0,5295	9	21	1	10,33
Normativ_Ethische_ Einstellung	108	96,45	0,0056	0,1292	10	6	21	12,33
Fachliche_Anerkennung	426	94,89	0,0019	0,3473	11	17	12	13,33
Einsatzbereitschaft	5865	72,57	0,0068	0,0806	13	4	26	14,33
Sprachgewandtheit	435	87,24	0,0018	0,3299	12	18	14	14,67
Humor	197	56,76	0,0010	0,3937	16	25	5	15,33
Qualifikationsniveau_7	2416	61,45	0,0040	0,1172	14	10	23	15,67
Optimismus	868	58,92	0,0023	0,1926	15	16	17	16,00
Berufserfahrung_1	205	46,87	0,0009	0,3519	17	26	11	18,00
Wissensorientierung	106	29,71	0,0005	0,3887	20	30	6	18,67
Schlagfertigkeit	2182	40,73	0,0031	0,1005	18	15	24	19,00
Mobilität	7245	34,37	0,0052	0,0496	19	7	33	19,67

Mit Belastbarkeit, Einsatzbereitschaft und Mobilität finden sich nur drei der zehn absolut größten Anforderungen der geringen Digitalisierbarkeitsgruppe unter den bedeutsamsten 20 Einzelanforderungen der Digitalisierung. Mit den Rängen 8, 12 und 20 sind diese drei Anforderungen eher im hinteren Teil des

Rankings platziert. Dies zeigt erneut, dass absolute Häufigkeit alleine kein relevantes Kriterium ist.

Die wichtigste unter den 91 in der Anforderungsmatrix enthaltenen Anforderungen ist die Problemlösungsfähigkeit, die mit 4,67 den kleinsten durchschnittlichen Gesamtrang aufweist, obwohl sie bei keiner der drei Teststatistiken den absolut größten Wert erreicht. Mit dem zweithöchsten erreicht die Anforderung gemäß dem LogL-Maß ihre beste Einzelplatzierung, wohingegen sie im Liddell- bzw. Pmi-Ranking nur auf den Positionen Fünf bzw. Sieben geführt wird.

Die Problemlösungsfähigkeit kann dabei einerseits individualperspektivisch als eine grundsätzliche Leistungsvoraussetzung aufgefasst werden, andererseits deutet die Verortung im sozial-kommunikativen Kompetenzbereich auch auf die überwiegend soziale Komponente der Anforderung hin. In diesem Sinne befähigt die Kompetenz zur Prävention und Bewältigung von Problemsituationen durch Schaffung geeigneter sozialer Bedingungen. Hierunter können sowohl die Gestaltung von Kommunikations- und Leitungsstrukturen, als auch die Initiierung von Gruppenprozessen zur Problembewältigung fallen (Heyse & Erpenbeck 2007: 82). In diesem Sinne umfasst die Problemlösungsfähigkeit damit nicht nur ein rein analytisches Vermögen zur Lösung von Problemstellungen, sondern meint auch die Fähigkeit Probleme sozial-kommunikativ anzugehen.

Auffällig ist, dass auf den Plätzen Zwei bis Vier mit Verständnisbereitschaft, Kooperationsfähigkeit und Beziehungsmanagement unmittelbar drei weitere Kompetenzen aus dem sozial-kommunikativen Bereich folgen, was die hohe Bedeutung dieses Anforderungshauptfelds eindrucksvoll unterstreicht.

Auf dem fünften Rang liegt mit der Berufserfahrung der Niveaustufe 0 die erste nicht kompetenzbezogene Anforderung, die im Liddell-Ranking sogar den zweiten Platz erreicht. Auch die Niveaustufe 1 auf Platz 17 ist noch unter den wichtigsten 20 Anforderungen vertreten. Die Übersicht der relevantesten Einzelanforderungen macht erneut deutlich, dass große Berufserfahrung nicht zu den von der Digitalisierung besonders geforderten, beruflichen Anforderungen gehört.

Ebenfalls zweimal unter den wichtigsten Anforderungen vertreten ist die, wie die Berufserfahrung dem formalen Anforderungsbereich zugehörige, Qualifikation. Die beiden höchsten Niveaustufen 8 und 7 nehmen die Ränge sechs bzw. 15 im Ranking ein. Dies ist ein deutliches Zeichen dafür, dass erstklassige Ausbildung in Zeiten der Digitalisierung in besonderem Maß erwartet wird.

Diese vier formalen Anforderungen sind die einzigen nicht kompetenzbezogenen unter den 20 wichtigsten Anforderungen. Dies bedeutet zugleich, dass sich darunter keine einzige physische Anforderung befindet. Somit sind 16 von 20 Anforderungen aus dem Kompetenzbereich. Während sich die Bedeutsamkeit der sozial-kommunikativen (Problemlösungsfähigkeit, Verständnisbereitschaft, Kooperationsfähigkeit, Beziehungs-management, Sprachgewandtheit) und der aktivitäts- und handlungsbezogenen (Belastbarkeit, Optimismus, Schlagfertigkeit, Mobilität) Anforderungen bereits im Zuge der Hypothesenprüfung gezeigt hat, macht obige Übersicht auch die Relevanz anderer Anforderungen deutlich, die in der bisherigen Analyse nicht explizit Erwähnung gefunden haben.

So sind mit der Offenheit für Veränderungen, der Normativ Ethischen Einstellung, der Einsatzbereitschaft und dem Humor auch vier Kompetenzen aus dem personalen Bereich unter den ersten 20 vertreten. Während sich die hohe Bewertung der Offenheit für Veränderungen bereits im Rahmen der Überprüfung der Flexibilitätshypothese (H9) gezeigt hat, hat die Zuordnung der Tätigkeiten zur Anforderungsmatrix keine Anzeichen für eine derart hohe Relevanz der drei weiteren Anforderungen des personalen Kompetenzhauptfeldes vermuten lassen. Je nach Assoziationsmaß nehmen alle vier Anforderungen mit den Rängen sieben, sechs, vier und fünf sogar Platzierungen unter den ersten zehn Anforderungen ein.

Die Tatsache, dass neben der Lehrfähigkeit auch die Wissensorientierung und die fachliche Anerkennung unter den wichtigsten 20 Anforderungen vertreten sind, bedeutet, dass auch Anforderungen des fachlich-methodischen Kompetenzbereichs bei der Digitalisierung einen hohen Stellenwert haben. Demnach ist es wichtig, neues Wissen erwerben, es fachlich sicher umsetzen und anderen vermitteln zu können.

Vergleicht man die Ergebnisse der drei Assoziationsmaße zeigen sich deutliche Unterschiede. Die drei Anforderungen mit den höchsten LogL-Werten (Kooperationsfähigkeit, Problemlösungsfähigkeit und Verständnisbereitschaft) entsprechen dabei, wenn auch in veränderter Reihenfolge, den Top 3 des Gesamtrankings. Die Testwerte der drei höchst bewerteten Anforderungen setzen sich auch größenordnungsmäßig deutlich von den nächstfolgenden Anforderungen im Ranking ab.

Dagegen weist den mit Abstand größten Testwert gemäß Liddell-Auswertung die Belastbarkeit auf. Diese hat eine absolute Häufigkeit von über 5.000, was erneut die Relevanz einer hohen absoluten Beobachtungszahl für einen hohen Liddell-Testwert demonstriert. Umso bemerkenswerter ist, dass an zweiter bzw. dritter Stelle des Liddell-Rankings mit der Berufserfahrung Niveau 0 und der Kooperationsfähigkeit Anforderungen mit nur leicht überdurchschnittlichen[30] bzw. sogar unterdurchschnittlichen absoluten Häufigkeiten liegen.

30 Das arithmetische Mittel der absoluten Häufigkeiten aller Anforderungen in der Gruppe mit geringer Digitalisierbarkeit beträgt 1.695.

Dass gemäß dem Pmi-Maß auch Anforderungen mit geringer Beobachtungszahl hohe Testwerte aufweisen können[31], zeigen die ersten drei Platzierungen von Lehrfähigkeit, Beziehungsmanagement und Verständnisbereitschaft. Die Lehrfähigkeit hat dabei trotz einer absoluten Häufigkeit von gerade einmal 208 den mit Abstand höchsten Pmi-Wert aller Anforderungen.

Die größte Differenz in den Bewertungen der drei Testverfahren hat mit der absolut betrachtet größten Häufigkeit unter den ersten zwanzig Anforderungen die Mobilität. Während sie gemäß dem Liddell-Ranking immerhin auf dem siebten Platz rangiert, wird sie nach Pmi-Maß nur an 33. Stelle platziert, es liegen also 26 Ränge zwischen den jeweiligen Einstufungen. Der 19. Platz im LogL-Ranking liegt in der Mitte der beiden Extremplatzierungen, was zu einem durchschnittlichen Rang von 19,67 und einem 20. Platz im Gesamtranking für die Mobilität führt.

Die Auswertung der zwanzig Anforderungen mit den geringsten Gesamträngen hat einerseits die bisherigen Ergebnisse der überragenden Bedeutsamkeit von sozial-kommunikativen und die ebenfalls hohe Relevanz aktivitäts- und handlungsbezogener Anforderungen bekräftigt, andererseits aber auch neue Erkenntnisse ergeben. So finden sich aus den Bereichen der personalen und fachlich-methodischen Kompetenzen einige Anforderungen unter den wichtigsten 20 Einzelanforderungen, von denen das im Rahmen der Analyse der verknüpften Anforderungsmatrix nicht vermutet worden war. Dagegen bestätigt sich durch die Übersicht der 20 wichtigsten Anforderungen erneut die Relevanz eines hohen Qualifikationsniveaus.

Um über diese Erkenntnisse zu spezifischen Einzelanforderungen hinaus auch grundsätzlichere Schlussfolgerungen zu den beruflichen Anforderungsbedarfen der Digitalisierung ziehen zu können, werden nachfolgend auch die wichtigsten Anforderungsfelder, Hauptfelder und Kategorien der Digitalisierung in der Systematik der Anforderungsmatrix dargestellt. Abb. 40 zeigt dazu die jeweils wichtigsten Anforderungen der einzelnen Aggregationsniveaustufen der Anforderungsmatrix.

31 Dass eine geringe absolute Häufigkeit keine hinreichende Voraussetzung für einen hohen Pmi-Testwert ist, zeigt beispielsweise der 21. Rang der Normativ Ethischen Einstellung, die mit 108 deutlich weniger Beobachtungen aufweist als die erstplatzierte Lehrfähigkeit (absolute Häufigkeit von 208).

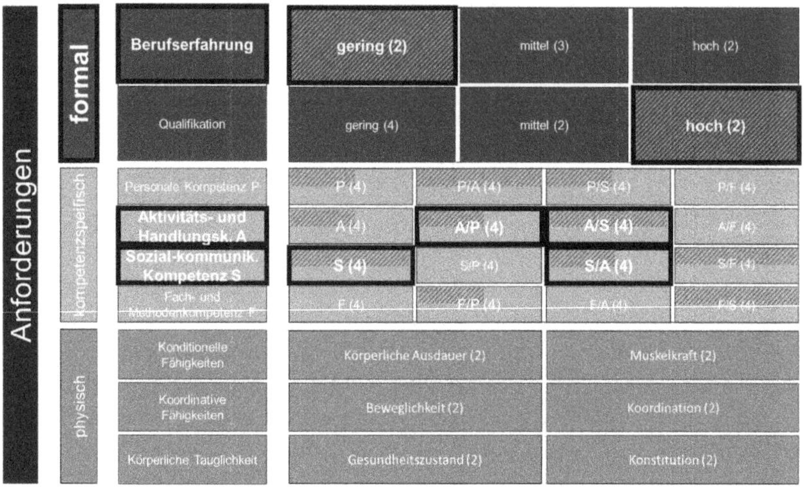

Abb. 40: Wichtigste Anforderungen der Anforderungsmatrix

In obenstehender Darstellung der Anforderungsmatrix sind jeweils die im Gesamtranking am besten platzierten Anforderungen einer Anforderungsebene durch Umrandung gekennzeichnet. Markiert sind dabei, in Abhängigkeit der Anzahl der Anforderungselemente, auf verschiedenen Ebenen auch eine unterschiedliche Zahl an Elementen: Eine Anforderungskategorie, drei Anforderungshauptfelder und sechs Anforderungsfelder. Darüber hinaus sind die Einzelanforderungen, die unter den 20 bestbewerteten im Gesamtranking liegen, innerhalb eines Anforderungsfeldes mit einer Schraffur versehen.

Die wichtigste Anforderungskategorie der Digitalisierung sind die formalen Anforderungen, die nach allen drei Assoziationsmaßen einheitlich vor den kompetenzspezifischen Anforderungen am höchsten bewertet werden. Die Kategorie der formalen Anforderungen insgesamt erfährt demnach keineswegs einen Bedeutungsverlust durch die Digitalisierung. Sie ist nach wie vor essentielle Grundlage zur erfolgreichen Bewältigung vor allem der Eintrittshürden des Arbeitsmarkts. Insbesondere der Nachweis einer hohen Qualifikation erweist sich weiterhin als wichtig.

Erst an zweiter Stelle folgt der kompetenzbezogene Anforderungsbereich. Die Kategorie der physischen Anforderungen wird gemäß allen drei Assoziationsmaßen als unwichtigster Anforderungsbereich eingestuft. Physische Anforderungen verlieren demnach im Rahmen der Digitalisierung weiter an Bedeutung und sind allenfalls in sehr spezifischen Berufsfeldern mit starkem Fokus auf manuellen Tätigkeiten noch von großem Belang.

Die drei Anforderungshauptfelder mit den geringsten Gesamträngen sind Berufserfahrung, aktivitäts- und handlungsbezogene, sowie sozial-kommunikative Kompetenzen. Der erste Platz der formalen Anforderungskategorie erklärt sich damit insbesondere durch die hohe Relevanz der Berufserfahrung, die sich als das wichtigste Anforderungshauptfeld herausstellt. Erstaunlich ist dies insbesondere, da dieses Ergebnis, wie sich in der Analyse gezeigt hat, in erster Linie auf die Bereiche keine bzw. sehr wenige Berufserfahrung zurückzuführen ist. Demnach ist das Hauptfeld der Berufserfahrung noch relevanter in Berufen mit geringer Digitalisierbarkeit als die ebenfalls zum formalen Anforderungsbereich gehörende Qualifikation, das siebtwichtigste Anforderungshauptfeld.

Mit den vorderen Platzierungen des aktivitäts- und handlungsbezogenen sowie des sozial-kommunikativen Anforderungshauptfeld zeigt sich erneut, wie wichtig es ist auf flexible Art und Weise mittels Kommunikation und Kooperation Handlungen umsetzen zu können (Heyse & Erpenbeck 2007: 24). Somit liegen zwei kompetenzbezogene und ein formales unter den drei wichtigsten Anforderungshauptfeldern.

Die hohe Relevanz des formalen Anforderungshauptfelds ist insbesondere durch die beiden, unter den wichtigsten sechs vertretenen Anforderungsfelder, Berufserfahrung gering und Qualifikationsniveau hoch zu erklären, die den zweiten bzw. dritten Rang unter allen Anforderungsfeldern einnehmen. Hier zeigt sich erneut, dass fehlende Berufserfahrung im Rahmen der Digitalisierung kein Hindernis darstellt, sofern dies mit einem entsprechend hohen Qualifikationsniveau verbunden ist. Auch Berufsanfänger mit maximal einem Jahr Erfahrung sind bei einer Ausbildung der Niveaustufen 8 oder 7 sehr gefragt.

Die weiteren Anforderungsfelder unter den sechs wichtigsten verteilen sich paritätisch auf die beiden Anforderungshauptfelder aktivitäts- und handlungsbezogene sowie sozial-kommunikative Kompetenzen. Als wichtigstes Anforderungsfeld überhaupt erweist sich dabei das ausschließlich sozial-kommunikativ geprägte Feld S mit einem Gesamtrang von 1,67. Die weiteren drei kompetenzbezogenen Anforderungsfelder folgen auf den Plätzen vier bis sechs und durchschnittlichen Rängen von 4,67, 5,67 und 6,00 deutlich dahinter.

Die schraffiert hervorgehobenen 20 bedeutsamsten Anforderungen liegen mehrheitlich im kompetenzbezogenen Anforderungsbereich. Nur jeweils die beiden Einzelanforderungen der Anforderungsfelder Berufserfahrung gering und Qualifikationsniveau hoch sind einer anderen Anforderungskategorie zugeordnet. Somit sind 16 der 20 wichtigsten Einzelanforderungen aus dem Bereich der Kompetenzen. Wenig überraschend verteilen sich diese mit vier bzw. fünf Anforderungen aus den Top 20 insbesondere auf die beiden wichtigsten kompetenzbezogenen Anforderungshauptfelder: Aktivitäts- und handlungsbezogene sowie sozial-kommunikative Kompetenzen. Aber auch der personale und der fachlich-methodische Kompetenzbereich stellen vier bzw. drei Anforderungen unter den bedeutsamsten 20. Keine einzige der wichtigsten Anforderungen gehört der physischen Kategorie an. Damit ist auf keiner Ebene der Anforderungsmatrix ein Element des physischen Bereichs unter den jeweils wichtigsten vertreten.

Die Auswertung anhand der Anforderungsmatrix hat in Kombination mit der Übersicht der 20 wichtigsten Einzelanforderungen ein vollständiges Bild der Anforderungsbedarfe der Digitalisierung geschaffen. Von überragender Bedeutsamkeit haben sich dabei sozial-kommunikative Anforderungen erwiesen. Die Fähigkeiten zur Kommunikation und Kooperation sind gerade in einer zunehmend technisierten Arbeitswelt von immenser Relevanz.

Zugleich hat sich gezeigt, dass der disruptive Charakter und die Geschwindigkeit der Veränderungen durch die Digitalisierung den Berufstätigen eine sehr hohe Flexibilität und hohe Anpassungsfähigkeit abverlangen. Es wird immer wichtiger sich auf neue Situationen einzustellen und Herausforderungen auf innovative Art und Weise zu meistern. Solche Kompetenzen können teilweise durch informelles Lernen erworben werden, sind aber nach wie vor insbesondere anhand hoher formaler Ausbildungsabschlüsse nachzuweisen.

Die Digitalisierung stellt dabei höchste qualifikatorische Ansprüche. Nur mit entsprechend hohem Qualifikationsniveau können komplexe Aufgabenstellungen bewältigt und anspruchsvolle Tätigkeiten verrichtet werden.

Wegen der Neuartigkeit der Herausforderungen der Digitalisierung eignen sich bisherige Erfahrungen nur bedingt zur Lösung aktueller Probleme. Demnach ist jahrelange Berufserfahrung für den Berufseintritt heute weniger wichtig, was auch daran zu erkennen ist, dass Berufsanfänger stark nachgefragt werden.

Als weitestgehend irrelevant herausgestellt haben sich die Anforderungen physischer Fähigkeiten und Fertigkeiten. Auch vermeintlich schwer maschinell zu ersetzende koordinative Fähigkeiten sind in Zeiten der Digitalisierung kein relevanter Faktor mehr. Dies gilt insbesondere auch, sofern die absolute Bedeutung der Anforderungen berücksichtigt wird. Nur noch sehr vereinzelt verlangen heutige Berufe den Beschäftigten besondere physische Fähigkeiten ab. Die deutliche Mehrheit aller Berufsbilder erfordert in erster Linie geistige Fähigkeiten.

8.4 Gesamtheitliche Analyse der Stellenanzeigen

8.4.1 Kombination von Einzelanforderungen

Die bisherigen Untersuchungen haben gezeigt, dass die Digitalisierung die Bedeutung einzelner beruflicher Anforderungen verändert. Bis dato offen geblieben ist jedoch, welche Bedeutung das gemeinsame Vorkommen mehrerer unterschiedlicher Einzelanforderungen in Stellenanzeigen hat. Es soll also analysiert werden, ob die Digitalisierung gerade die kombinierte Erfüllung bestimmter einzelner Anforderungen nötig macht. Die Erkenntnisse der vorhergehenden Kapitel hatten zur Vermutung geführt, dass sich die berufliche Komplexitätserhöhung im Rahmen der Digitalisierung nicht nur in Bezug auf einzelne Anforderungen zeigt, sondern auch in einer höheren Anzahl gleichzeitig geforderter Kompetenzen und Fähigkeiten äußert. Demzufolge würde nicht zuletzt die Fähigkeit zum Multitasking wichtiger werden.

Welche exakte Kombination eines Bündels verschiedener Anforderungen ideal ist, lässt sich bei 91 verschiedenen Einzelanforderungen faktisch nicht ermitteln, da zu viele unterschiedliche Kombinationsmöglichkeiten der einzelnen Anforderungen existieren. Gleichzeitig würde eine einfache Beschränkung auf die ermittelten wichtigsten Einzelanforderungen zu kurz greifen, da ein solches Vorgehen mögliche Interaktionseffekte zwischen den Anforderungen außer Acht lässt. Im Rahmen dieser Arbeit wird zur Überprüfung der These (H15) daher ein indirekter Weg über einen Perspektivwechsel gewählt: Sofern die These (H15) von einer besonderen Digitalisierungsrelevanz bestimmter Bündel von Einzelanforderungen zutreffend ist, müsste sich umgekehrt aus dem gemeinsamen Vorkommen bestimmter einzelner Anforderungen auf die zugehörige Digitalisierbarkeit eines Berufs schließen lassen. Mit diesem Vorgehen lassen sich somit über die Relevanz einzelner Anforderungen hinaus auch deren gemeinsames Vorkommen untersuchen. Daher wird nachfolgend explizit die These (H15) überprüft, die besagt, dass die Kombination der in einer Stellenanzeige enthaltenen Anforderungen ein Indikator für die Digitalisierbarkeit des zu der Stellenanzeige gehörigen Berufs ist.

Aus diesem Vorgehen ergeben sich darüber hinaus einige positive Nebeneffekte in Bezug auf die praktische Relevanz der Ergebnisse. So sind im Sinne einer Generalisierbarkeit nicht nur Einzelergebnisse von Interesse, sondern insbesondere auch die generelleren Schlussfolgerungen und Transfers, die sich aus einer Verallgemeinerung der Aussagen ziehen lassen. Es gilt also, ausgehend von spezifischen Fakten, das Abstraktionsniveau zu erhöhen, um einen größeren Allgemeinheitsgrad zu erreichen (Mayring 2007: 2 ff.).

Im Rahmen der zu untersuchenden These (H15) bedeutet dies, dass über die Untersuchung der Bedeutsamkeit der einzelnen Arbeitsanforderungen der Digitalisierung hinaus, auch der Frage nachgegangen werden sollte, inwieweit diese Ergebnisse dabei helfen können, auf die Digitalisierbarkeit eines Berufs zu schließen. Kann also das gemeinsame Vorkommen von bestimmten Anforderungen in einer Stellenanzeige dazu dienen, auf das Zukunftspotential eines Berufs zu schließen? Sofern dies der Fall wäre, könnten die Ergebnisse dieser Arbeit nicht zuletzt auch konkrete Entscheidungshilfe bei der Berufswahl sein. Es wird daher im Weiteren überprüft, ob einzig auf Basis der Anforderungen einer Stellenanzeige beurteilt werden kann, ob die Digitalisierbarkeit des zugehörigen Berufs hoch (Gruppen sehr hoch und hoch) oder gering (Gruppen gering und sehr gering) ist.

8.4.1.1 Basismodelle

Es handelt sich dabei um ein Problem der binären Klassifikation. Die in den Stellenanzeigen enthaltenen Anforderungen, d.h. einzelne Textbausteine, sollen auf ihre Eignung zur Unterscheidung zweier Gruppen (Digitalisierbarkeit hoch bzw. gering) untersucht werden. Methodisch realisiert wird dies mittels mehrerer Algorithmen der Textklassifikation, die sich bei ähnlichen Problemstellungen als besonders geeignet erwiesen haben (Felden et al. 2006; Aggarwal & Zhai 2012; Allahyari et al. 2017). Im Einzelnen werden die folgenden Modelle verwendet:

1. Generalized Linear Model (GLMNET)
2. C5.0 (C5)
3. Repeated Incremental Pruning (JRIP)
4. Random Forest (RF)
5. Gradient Boosting Machine (GBM)
6. Extreme Gradient Boosting (XGB)
7. LightGBM (LGBM)
8. Neural Network (NNET)
9. Averaged Neural Network (AVNNET)
10. Multi Layer Perceptron (MLP)
11. Sparse Linear Discriminant Analysis (SLDA)
12. Fast K-Nearest-Neighbour (FKNN)
13. Support Vector Machine Linear Kernel (SVML)
14. Support Vector Machine Radial Kernel (SVMR)

Jedes dieser 14 Modelle wird anhand des Trainingsdatensatzes trainiert und anschließend zur Klassifizierung aller Stellenanzeigen des Testdatensatzes genutzt[32]. Eine Klassifikation durch reine Zufallsentscheidung führt bei binären Klassifikationsproblemen und gleich großen Klassen naheliegenderweise zu einer korrekten Einteilung der Hälfte aller Beobachtungen. Die Verteilung der Stellenanzeigen in dem in dieser Arbeit verwendeten Trainingsdatensatz ist mit einem Anteil der Klasse gering von 0,463 und einem Anteil der Klasse hoch von 0,537 nahezu ausgeglichen, es liegt also ein fast perfekt balanciertes Datenset vor. Da im Testdatensatz eine zu der des Trainingsdatensatzes identische Verteilung vorliegt, erhöht eine prinzipielle Wahl der Klasse hoch, die Genauigkeit der Vorhersage im Vergleich zur Zufallsentscheidung nur marginal auf 53,7 Prozent. Somit ist jede mithilfe der Modelle ermittelte Prognosegenauigkeit, die diesen Wert überschreitet, auf den Informationsgehalt der Anforderungen zurückzuführen. Je höher der Anteil korrekt klassifizierter Stellenanzeigen, die sogenannte Korrektklassifikationsrate, desto besser eignen sich die in den Stellenanzeigen enthaltenen Anforderungen folglich zur Bestimmung der Digitalisierbarkeit des zugehörigen Berufs. Dies bedeutet, je höher die Korrektklassifikationsrate ist, desto eher bestätigt sich die These des Erfordernisses mehrerer Einzelanforderungen in einer digitalisierten Arbeitswelt.

Die ermittelten Korrektklassifikationsraten auf Grundlage des Testdatensatzes für alle 14 ausgewählten Modelle und die zugehörigen 95%-Konfidenzintervalle der Genauigkeit sind in nachfolgender Abb. 41 dargestellt.

Mit einer Prognosegenauigkeit von nur 64,5 Prozent gelingt es dem JRIP-Algorithmus von allen 14 Modellen am schlechtesten die tatsächliche Digitalisierbarkeit der Stellenanzeigen im Testdatensatz anhand der in ihnen enthaltenen Anforderungen zu identifizieren. Der, wie der JRIP- ebenfalls regelbasierte, C5-Algorithmus erreicht dagegen mit 75,8 Prozent eine deutlich höhere Quote korrekt klassifizierter Stellenanzeigen. Einschichtige neuronale Netze erzielen ohne (NNET) und mit (AVNNET) Prognosemittelung nur durchschnittliche Prognosegenauigkeiten. Erst mithilfe mehrerer Schichten (MLP) werden kompetitive Ergebnisse erreicht. Die Support Vector Machine mit linearem Kernel (SVML) erweist sich als der mit radialem (SVMR) Kernel deutlich unterlegen. Letztere erreicht mit 76,9 Prozent korrekt eingeordneten Stellenanzeigen sogar den drittbesten Wert aller 14 Modelle. Dem zweitbesten Modell, dem Random Forest (RF), gelingt es mit einer Genauigkeit von 77,2 Prozent die korrekte Digitalisierbarkeit einer Stellenanzeige vorherzusagen. Am besten schneidet der

32 Die genaue methodische Vorgehensweise wird in Kapitel 7 erläutert.

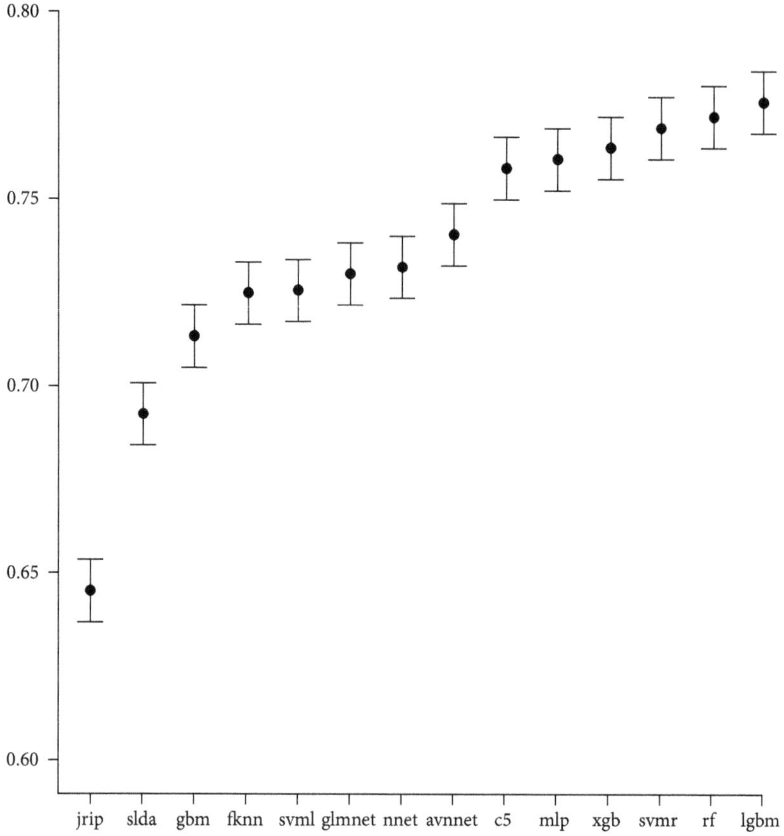

Abb. 41: Korrektklassifikationsraten Anforderungsmodelle

LGBM-Algorithmus mit einer Prognosegenauigkeit von 77,6 Prozent ab. Ein ähnlich gutes Ergebnis liefert das XGB-Modell, während der ähnlich konzipierte GBM-Algorithmus überaschenderweise den drittschlechtesten Wert aller Modelle aufweist.

Insgesamt zeigt sich also ein sehr divergentes Bild zwischen den Ergebnissen der einzelnen Modelle. Während etwa der JRIP-Algorithmus kaum bessere Resultate liefert als eine zufällig getroffene Klasseneinteilung der Stellenanzeigen, deuten die guten Ergebnisse von XGB und LGBM darauf hin, dass die Bündel verschiedener Anforderungen in den Stellenanzeigen tatsächlich ein Indikator für die Digitalisierbarkeit des zugehörigen Berufs sein können.

8.4.1.2 *Stacking-Modell*

Die große Spannbreite zwischen den Prognosegenauigkeiten der verschiedenen Modelle, zeigt, dass diese nicht alle gleichermaßen dazu geeignet sind, die Einteilung der Stellenanzeigen auf Grundlage der Anforderungen vorzunehmen. Unter Umständen kann durch Auswahl und Kombination der besten Einzelmodelle die Korrektklassifikationsrate weiter erhöht werden. Mithilfe eines sogenannten Stacking-Modells, das die individuellen Stärken der besten Einzelmodelle kombiniert, kann möglicherweise die Prognosegenauigkeit erhöht werden. Idealerweise sollten dazu die im Stacking-Modell verwendeten Basismodelle einerseits jeweils über eine hohe individuelle Prognosegüte verfügen und andererseits in ihren Vorhersagen untereinander möglichst unkorreliert sein. Zur Wahl der Basismodelle für das Stacking-Modell werden daher neben den oben ermittelten Korrektklassifikationsraten der einzelnen Modelle auch die Korrelationen der jeweiligen Prognosewerte der verschiedenen Modelle verwendet. Nachfolgende

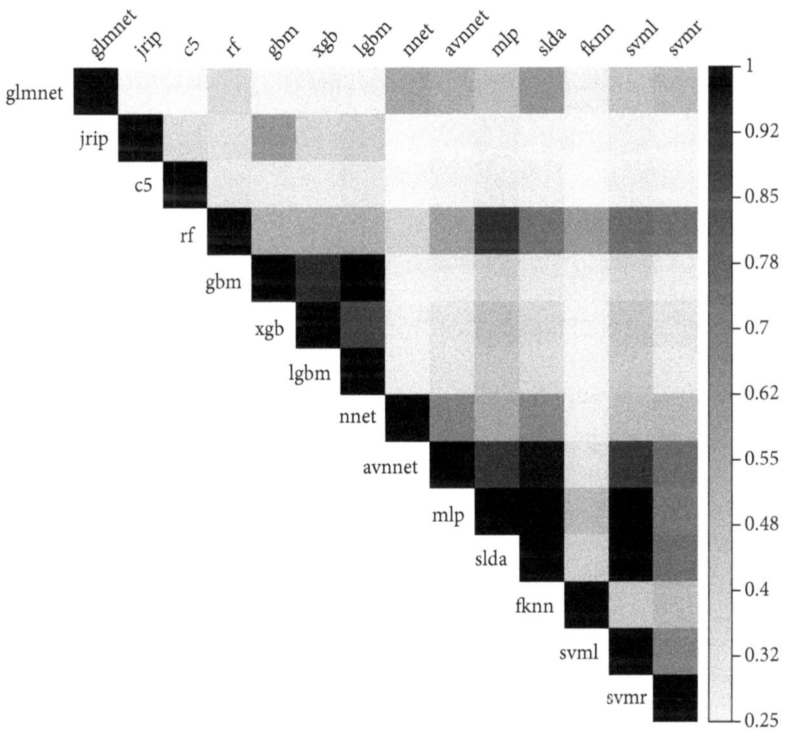

Abb. 42: Korrelationen Anforderungsmodelle

Abb. 42 der Korrelationsmatrix zeigt die Stärke der Korrelation zwischen den Prognosen aller Basismodelle.

Deutlich wird, dass methodisch ähnlich konzipierte Modelle auch in ihren Prognosen stark korreliert sind. So sind etwa die Boosting-Modelle GBM, XGB und LGBM in ihren Vorhersagen hoch korreliert und auch die neuronalen Netze (NNET und AVNNET) weisen mit 0,74 einen starken Zusammenhang auf. Erkennbar ist in der Darstellung darüber hinaus, dass Modelle mit geringer Prognosegenauigkeit, beispielsweise JRIP, zu Modellen mit einer hohen Korrektklassifikationsrate vergleichsweise schwache Korrelationen aufweisen. Unmittelbar ersichtlich wird ebenfalls, dass sich die methodische Einzigartigkeit des FKNN in niedrigen Korrelationen auch zu Modellen mit vergleichbarer Prognosegenauigkeit äußert. Da diese auf einem im Vergleich zu den Ergebnissen anderer Algorithmen nur auf unterdurchschnittlichem Niveau liegt, eignet sich der FKNN trotz geringerer Korrelationswerte nur bedingt zur Verwendung im Stacking-Modell.

Ausgewählt werden die Basismodelle somit auf Grundlage der beiden Kriterien hohe Prognosegenauigkeit und geringe Korrelation untereinander. Um eine Verzerrung der Ergebnisse zu verhindern, wird die Prognosegüte auf Basis des Trainingsdatensatzes, nicht auf der des Testdatensatzes herangezogen. Folgende Basismodelle werden zur finalen Verwendung im Stacking-Modell ausgewählt:

1. Generalized Linear Model (GLMNET)
2. Support Vector Machine Radial Kernel (SVMR)
3. Random Forest (RF)
4. Extreme Gradient Boosting (XGB)
5. LGBM
6. Multi Layer Perceptron (MLP)

Das Stacking-Modell muss auf Grundlage der Vorhersagen der sechs Basismodelle selbst trainiert werden. Dazu wird der GBM-Algorithmus verwendet. Nach Abschluss der Trainingsphase kann das Stacking-Modell zur Klassifikation der Stellenanzeigen in die beiden Digitalisierbarkeitsklassen gering und hoch verwendet werden. Zum Zweck der Veranschaulichung dieser Klassifikation wird nachfolgend die zugehörige Konfusionsmatrix, die den ermittelten die tatsächlichen Klassenzugehörigkeiten des Testdatensatzes gegenüberstellt (Fawcett 2006: 862), dargestellt:

Tab. 26: Konfusionsmatrix Stacking-Modell Anforderungen

	Tatsächliche Klasse	
Ermittelte Klasse	gering	hoch
gering	3717 (r_p)	983 (f_p)
hoch	1365 (f_n)	4911 (r_n)

Wie die Tab. 26 zeigt, enthält der Testdatensatz insgesamt 10.976 Stellenanzeigen, somit 20 Prozent aller Stellenanzeigen des gesamten Datensatzes. Über beide Klassen hinweg gelingt, wie aus der Konfusionsmatrix ersichtlich, eine korrekte Klassifizierung der Digitalisierbarkeit der Stellenanzeigen des Testdatensatzes mithilfe des Modells bei 78,6 Prozent ((3.717+4.911)/10.976) der Beobachtungen. Somit kann die Prognosegenauigkeit durch das Stacking-Verfahren gegenüber dem besten Basismodell (LGBM: 77,6 Prozent) nochmals leicht erhöht werden. Sie liegt damit deutlich über 53,7 Prozent, der Genauigkeit, die einzig aus dem Wissen um die Klassenverteilung im Datensatz hätte erzielt werden können.

Cohens Kappa (Cohen) ist ein Maß, das auch diese Genauigkeit berücksichtigt und somit noch besser als die Korrektklassifikationsrate geeignet ist, die Güte des Modells zu beurteilen:

$$Kappa = \frac{O - E}{1 - E}$$

O ist dabei die beobachtete und *E* die aufgrund der Randverteilung der Konfusionsmatrix erwartete Genauigkeit (Kuhn & Johnson 2013: 255). Bei oben dargestellter Konfusionsmatrix ergibt sich somit ein Kappa von 0,57. In der Literatur wird ein solcher Wert je nach Autor unterschiedlich beurteilt. Landis und Koch (1977) charakterisieren Kappa-Ausprägungen zwischen 0,41 und 0,60 als „moderat" (Landis & Koch 1977: 165), Fleiss et al. (2013) bezeichnen das Werte-Intervall von 0,40 bis 0,75 als „ausreichend bis gut" (Fleiss et al. 2013: 604). Das Stacking-Modell weist somit in Bezug auf das Kappa-Kriterium ein ordentliches, wenn auch kein überragendes Ergebnis auf. Dies spricht dafür, dass die in Stellenanzeigen enthaltenen Bündel verschiedener Einzelanforderungen, tatsächlich in Abhängigkeit der Digitalisierbarkeit variieren, Anforderungen alleine aber nicht sämtliche Variation erklären können.

Intuitiver verständlich wird dieses Resultat bei Betrachtung der Korrektklassifikationsrate des Stacking-Modells. Diese zeigt, dass sich mithilfe der Anforderungen deutlich besser auf die Digitalisierbarkeit schließen lässt, als ohne

Verwendung der Anforderungen. Es gelingt in fast vier von fünf Fällen die tatsächliche Digitalisierbarkeit einer Stellenanzeige nur anhand ihrer Anforderungen zu bestimmen. Darüber hinaus ist für die Untersuchung der Fragestellung aber auch relevant, inwiefern sich bei der Genauigkeit der Klassifikation Unterschiede zwischen Stellenanzeigen mit hoher und Stellenanzeigen mit geringer Digitalisierbarkeit zeigen. Dies könnte Rückschlüsse darüber zulassen, ob die Anforderungsbündel von Berufen hoher oder geringer Digitalisierbarkeit sich in besonderem Maß von dem eines durchschnittlichen Berufs unterscheiden.

Abgesehen von der Gesamtgenauigkeit ist demnach auch von Interesse, inwiefern sich die Rate der korrekten Identifizierung zwischen beiden Klassen unterscheidet, also ob ein Unterschied der Klassifikationsgenauigkeit in Abhängigkeit der Digitalisierbarkeit der Stellenanzeigen festzustellen ist. Zur Beurteilung dieser Fragestellung können die Gütekriterien Sensitivität und Spezifität (Fawcett 2006: 862) hilfreich sein:

$$Sensitivität = \frac{r_p}{r_p + f_n} \qquad Spezifität = \frac{r_n}{r_n + f_p}$$

Demnach ist die *Sensitivität* der Anteil der richtigerweise als positiv klassifizierten (r_p) an allen tatsächlich positiven Beobachtungen, also der Summe aus korrekt positiv (r_p) und fälschlicherweise – da die tatsächliche Ausprägung positiv ist – negativ (f_n) eingestuften Stellenanzeigen. Analog entspricht die *Spezifität* dem Quotienten aus korrekt negativ klassifizierten an allen tatsächlich negativen Stellenanzeigen. Die Bezeichnungen „positiv" bzw. „negativ" beziehen sich dabei auf eine im Vorfeld definierte Ausprägung der Zielvariablen. Im hier vorliegenden Fall wird das Auftreten geringer Digitalisierbarkeit als „positive" Beobachtung und entsprechend hohe Digitalisierbarkeit als „negative" Beobachtung bezeichnet.

Die Konfusionsmatrix veranschaulicht, wie sich die mithilfe des Stacking-Modells ermittelten von den tatsächlichen Klassenzugehörigkeiten der Stellenanzeigen unterscheiden. Somit werden beispielsweise über 83 Prozent der Stellenanzeigen mit hoher Digitalisierbarkeit korrekt als solche identifiziert. Dagegen gelingt es nur bei gut 73 Prozent der Stellenanzeigen mit geringer Digitalisierbarkeit die richtige Klasse zu erkennen. Das Stacking-Modell weist somit eine Sensitivität von 0,73 und eine Spezifität von 0,83 auf. Demnach ist es schwieriger auf Basis der in den Stellenanzeigen enthaltenen Anforderungen die Stellenanzeigen mit geringer Digitalisierbarkeit zu identifizieren, als diejenigen mit hoher. Dies könnte dafür sprechen, dass in Berufen mit hoher Digitalisierbarkeit sehr spezifische Kombinationen von Anforderungen gestellt werden und somit eine korrekte Klassifizierung leichter möglich ist.

Der Unterschied von Sensitivität und Spezifität ist dabei insbesondere in der praktischen Anwendung der Ergebnisse von Belang. Dies ist beispielsweise dann relevant, wenn das Klassifikationsverfahren zur Beurteilung der Zukunftsfähigkeit eines Berufs verwendet werden soll. Vorstellbar ist etwa, dass für einen Beruf, dessen Digitalisierbarkeit noch nicht anderweitig quantifiziert worden ist, einzig auf Basis seiner beruflichen Anforderungen auf seine Digitalisierbarkeit geschlossen werden soll. Je nachdem wie zuverlässig eine korrekte Einteilung in hohe oder geringe Digitalisierbarkeit erfolgen soll, muss ein anderer Klassifikationsschwellenwert gewählt werden. Dieser Schwellenwert ist das Kriterium dafür, welche Klasseneinteilung erfolgt und drückt eine Wahrscheinlichkeit der jeweiligen Klassenzugehörigkeit aus. Sensitivität und Spezifität eignen sich dazu, einen adäquaten Schwellenwert zu identifizieren.

Intuitiv wird deutlich, dass diese beiden Gütekriterien negativ korreliert sind. Mit einer Erhöhung der Sensitivität geht üblicherweise eine Reduktion der Spezifität einher. Demnach können nicht beide Kriterien gleichzeitig maximiert werden. Es liegt ein Trade-off zwischen Sensitivität und Spezifität vor. Je nach Anwendungsfall kann ein anderes Verhältnis der beiden Kriterien zweckmäßig sein (Kuhn & Johnson 2013: 256). Ein hilfreiches Instrument, das den Zusammenhang zwischen Sensitivität und Spezifität illustriert und hilft einen adäquaten Schwellenwert für die Klassifikation zu wählen, ist die Receiver-Operating-Characteristic-Kurve (ROC-Kurve) (Altman & Bland 1994; Brown & Davis 2006; Fawcett 2006).

Diese ergibt sich als grafische Darstellung der jeweiligen Sensitivitäts- und Spezifitätswerte bei Variation des Klassifikationsschwellenwerts des Modells. Es wird also der Parameter zur Klasseneinteilung variiert. Ausgehend von dem im obigen Modell verwendeten üblichen Standardwert von 0,5, kann dieser beliebige Werte zwischen 0 und 1 annehmen, was jeweils veränderte Sensitivitäts-Spezifitäts-Kombinationen zur Folge hat, die sich anhand einer Kurve darstellen lassen. Die Kurve kann anschließend sowohl dazu verwendet werden, den die Summe aus Sensitivität und Spezifität maximierenden Schwellenwert zu bestimmen, als auch um zu interessierenden Sensitivitäts- bzw. Spezifitätswerten die zugehörigen Spezifitäts- bzw. Sensitivitätswerte zu ermitteln.

Darüber hinaus dient die Kurve als Gütekriterium des Modells. Ein ideales Modell würde sowohl zu einem Sensitivitäts- als auch einem Spezifitätswert von 1 führen, demnach die ROC-Kurve die obere linke Ecke des Diagramms miteinschließen. Umgekehrt verläuft die Kurve entlang der Diagonalen von unterer linker zu oberer rechter Ecke, wenn der Klassifikator über keinerlei Klassifikationspotenzial verfügt. Demzufolge lässt sich die Fläche unter der Kurve („Area

Under the Curve", AUC) als zusätzliches Maß für die Qualität des Modells verwenden.

Nachfolgend dargestellt (Abb. 43) ist die ROC-Kurve des Stacking-Modells auf Basis der in den Stellenanzeigen enthaltenen Anforderungen:

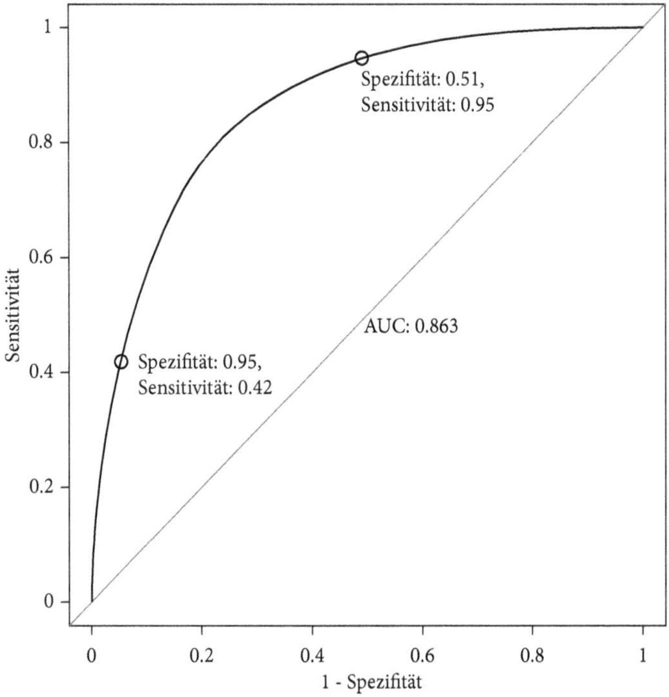

Abb. 43: ROC-Kurve Stacking-Modell Anforderungen

Das Stacking-Modell weist einen AUC-Wert von 0,863 auf, der damit deutlich über dem theoretisch geringsten Wert von 0,5, also der Fläche unterhalb der Diagonalen, liegt. Die Wahrscheinlichkeit, dass eine zufällig gezogene positive Beobachtung durch den Klassifikator höher eingestuft wird als eine zufällig gezogene negative Beobachtung beträgt demnach 86,3 Prozent. Je höher die Einstufung einer Beobachtung ausfällt, desto sicherer ist der Klassifikations-Algorithmus, dass es sich bei der Stellenanzeige um eine mit geringer Digitalisierbarkeit handelt. In knapp neun von zehn Fällen weist das Modell demnach einer zufälligen Stellenanzeige mit geringer Digitalisierbarkeit korrekterweise eine höhere Wahrscheinlichkeit für geringe Digitalisierbarkeit zu als einer zufälligen

Stellenanzeige mit hoher Digitalisierbarkeit. Dieser hohe AUC-Wert bestätigt die zuvor ermittelte große Korrektklassifikationsrate des Modells und spricht somit ebenfalls für den hohen Informationsgehalt von Anforderungsbündeln zur Beurteilung der Digitalisierbarkeit eines Berufs.

Von mindestens ebenso großer Relevanz wie der absolute AUC-Wert ist jedoch der Verlauf der Kurve. Im Bereich größter Sensitivität und kleinster Spezifität verläuft diese beinahe horizontal, d.h. hier lassen sich etwa große Zuwächse bei der Spezifität erreichen, ohne dass der Klassifikator dafür in entsprechendem Maß an Sensitivität einbüßen würde. Diese Eigenschaft ist insbesondere dann hilfreich, wenn mit einer bestimmten Sicherheit alle Stellenanzeigen mit geringer Digitalisierbarkeit identifiziert werden sollen. Soll beispielsweise sichergestellt werden, dass 95 Prozent der Stellenanzeigen mit geringer Digitalisierbarkeit auch als solche eingestuft werden, könnte dies zwar durch eine geeignete Wahl des Schwellenwerts erreicht werden, würde aber auch bedeuten, dass nur noch 51 Prozent der Stellenanzeigen mit hoher Digitalisierbarkeit korrekt klassifiziert werden. Möglicherweise besteht Bereitschaft eine solche Reduktion der Spezifität in Kauf zu nehmen, wenn insbesondere die sichere Identifikation von Berufen mit geringer Digitalisierbarkeit von Interesse ist und demzufolge eine höhere Falschklassifikationsrate bei Berufen mit hoher Digitalisierbarkeit hinnehmbar ist.

Sollen dagegen gerade diese Stellenanzeigen hoher Digitalisierbarkeit korrekt klassifiziert werden, müsste bei einer Spezifität von 95 Prozent sogar eine Verringerung der Sensitivität auf nur noch 42 Prozent akzeptiert werden.

Ist die Verteilung von Sensitivität und Spezifität dagegen nur von nachrangiger Bedeutung, lässt sich anhand des Punkts der Kurve mit dem größten Abstand zur Diagonalen die maximierende Kombination aus Sensitivität und Spezifität ermitteln. Im hier vorliegenden Fall ergibt sich das Maximum der Summe aus Sensitivität und Spezifität von 1,57 in der Kombination einer Sensitivität von 0,74 und einer Spezifität von 0,83. Durch entsprechende Veränderung der Klassifikationsschwelle von 0,5 mit einer Summe aus Sensitivität und Spezifität von 1,56 kann also die maximale mögliche Summe zumindest minimal erhöht werden.

Die hohe Korrektklassifikationsrate des Modells von 78,6 Prozent hat gezeigt, welche große Aussagekraft die in einer Stellenanzeige enthaltenen Anforderungen für die Digitalisierbarkeit haben. In fast vier von fünf Fällen ist es dem Modell gelungen, die Digitalisierbarkeit unbekannter Stellenanzeigen korrekt zu bestimmen. Demnach stellt das Bündel der Anforderungen eines Berufs einen guten Indikator für seine Digitalisierbarkeit dar. Die Hypothese (H15), dass alleine aus den Anforderungen einer Stellenanzeige auf die Digitalisierbarkeit des zugehörigen Berufs geschlossen werden kann, ist somit bestätigt. Es konnte gezeigt werden, dass die Digitalisierung nicht nur spezifische Erfordernisse in Bezug auf einzelne Anforderungen stellt, sondern auch, dass sich die in Stellenanzeigen vorkommenden Kombinationen verschiedener Einzelanforderungen danach unterscheiden, ob es sich um Berufe mit geringer oder hoher Digitalisierbarkeit handelt.

8.4.2 Aussagekraft vollständiger Stellenanzeigen

Stellenanzeigen enthalten jedoch, abgesehen von den einzelnen Anforderungen, zahlreiche weitere Angaben und Informationen. Die Vermutung liegt nahe, dass diese zusätzlichen Informationsgehalt zur Klassifikation der Stellenanzeigen in die Gruppen geringe bzw. hohe Digitalisierbarkeit enthalten.

Daher wird nachfolgend die finale Hypothese (H16) untersucht, gemäß derer sich vollständige, sämtliche Informationen enthaltende Stellenanzeigen noch besser zur Bestimmung der Digitalisierbarkeit des zugehörigen Berufs eignen, als dies bei, auf ihre Anforderungen beschränkten, Anzeigen der Fall ist. Die Auswertung selbst erfolgt dabei analog zur vorhergehenden Analyse der Klassifikation durch Anforderungen. Auf die einzelnen Analyseschritte wird daher im Folgenden nicht mehr näher eingegangen.

8.4.2.1 Basismodelle

Zunächst erfolgt erneut die Klassifikation mittels der 14 Basismodelle. Nachfolgende Übersicht (Abb. 44) zeigt die Korrektklassifikationsrate der Algorithmen bei Verwendung der gesamten Information der Stellenanzeigen.

Analog zur Klassifikation anhand der Anforderungen weist auch bei Verwendung der gesamten Information der Stellenanzeigen der JRIP-Algorithmus die geringste Korrektklassifikationsrate auf. Immerhin kann sie durch die zusätzliche Information um knapp 7,5 Prozentpunkte auf ca. 72,5 Prozent gesteigert werden. Als bester Algorithmus erweist sich erneut LGBM. Mit ihm gelingt es 85,7 Prozent der Stellenanzeigen dem korrekten Digitalisierbarkeitsniveau zuzuordnen. Dies entspricht einer Verbesserung gegenüber dem Anforderungsfall von 8,1 Prozentpunkten. Mit 84,2 Prozent korrekten Klassifizierungen liegt der zweitbeste Algorithmus (XGB) deutlich niedriger. Ähnlich hohe Werte werden nur noch mit RF (83,6 Prozent) und MLP (83,2 Prozent) erreicht. Die weiteren Modelle weisen eine klar schlechtere Prognosegenauigkeit auf.

Es zeigt sich also, ähnlich wie im Falle der Anforderungen, eine breite Streuung der Korrektklassifikationsraten zwischen den 14 Grundmodellen. In beiden

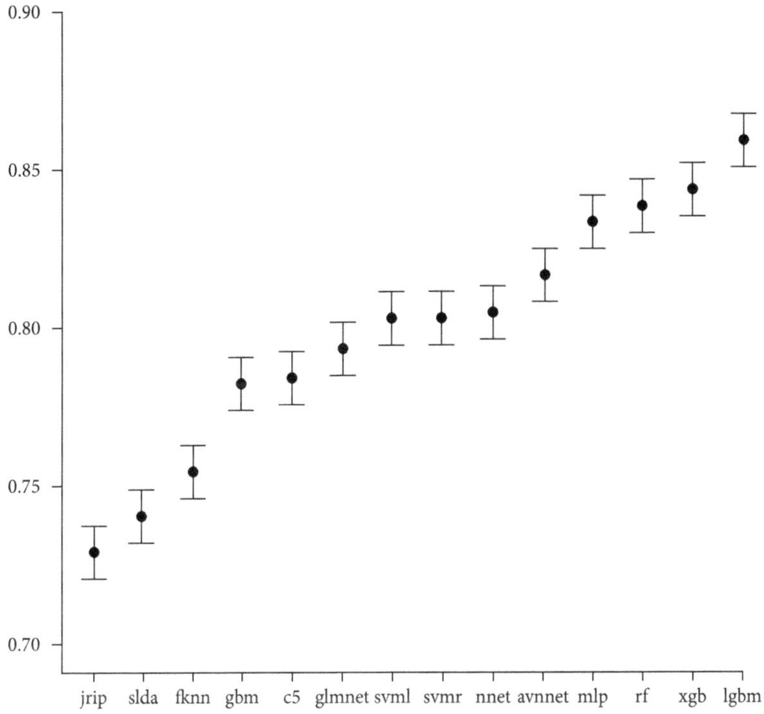

Abb. 44: Korrektklassifikationsraten Stellenanzeigen gesamt

Varianten erweisen sich dabei der JRIP als schlechteste und der LGBM als der beste Algorithmus unter den verwendeten 14 Basismodellen.

8.4.2.2 Stacking-Modell

Anschließend erfolgt wiederum die Entwicklung eines Stacking-Modells mithilfe des GBM-Algorithmus. Anders als bei Klassifizierung mithilfe der Anforderungen, lässt sich durch das Stacking nicht zuletzt aufgrund der bereits grundsätzlich höheren Prognosegenauigkeiten der Basismodelle und der mit Abstand höchsten Genauigkeit des besten Einzelmodells die Rate der korrekt klassifizierten Stellenanzeigen nur noch marginal verbessern. So erreicht das Stacking-Modell eine Korrektklassifikationsrate von 85,9 Prozent, was einer Erhöhung gegenüber dem LGBM Basismodell von lediglich 0,2 Prozentpunkten entspricht.

Im Vergleich zur Modellierung auf Basis von Anforderungen kann durch die zusätzliche Information der vollständigen Stellenanzeigen die

Prognosegenauigkeit um 8,3 Prozentpunkte erhöht werden. Mithilfe des Modells gelingt es also in fast 9 von 10 Fällen die Digitalisierbarkeit einer Stellenanzeige korrekt zu bestimmen.

Diese hohe Korrektklassifikationsrate spiegelt sich auch in Cohens Kappa wieder. Der Kappa Wert von 0,72 liegt deutlich über dem der Klassifikation mit Anforderungen (0,57). Die verbesserte Prognosegenauigkeit zeigt sich auch anhand der ROC-Kurve (Abb. 45).

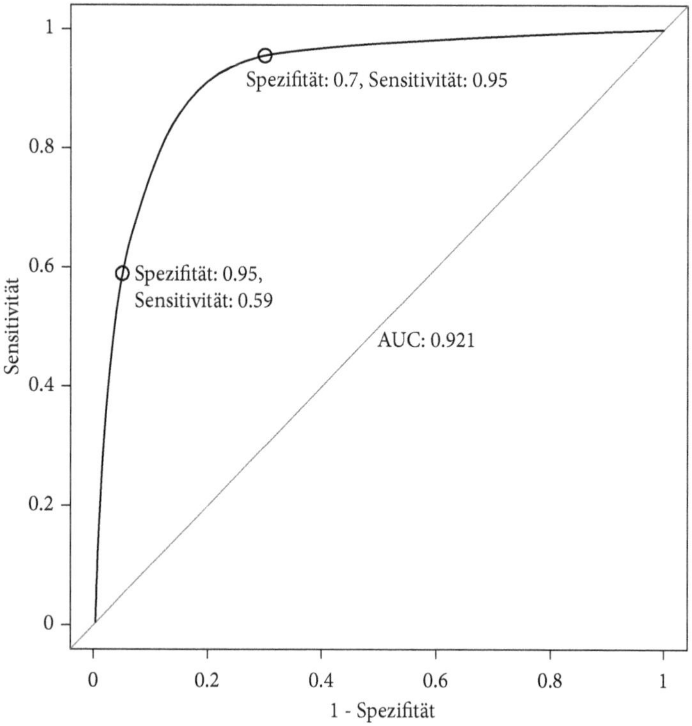

Abb. 45: ROC Kurve Stellenanzeigen gesamt

Insbesondere die Sensitivität kann durch die zusätzliche Information gesteigert werden. Beträgt sie in der Anforderungsvariante 0,73, so liegt der entsprechende Wert bei Verwendung sämtlicher Information bei 0,85. Demnach gelingt es mithilfe der gesamten Stellenanzeigeninformation deutlich besser auch Stellenanzeigen mit geringerer Digitalisierbarkeit korrekt zu identifizieren.

Nach wie vor gilt aber, dass auch mit sämtlicher Information Stellenanzeigen mit hoher Digitalisierbarkeit besser erkannt werden können. Der Anstieg der

Spezifität von 0,83 auf 0,87 fällt jedoch deutlich kleiner aus. Die Verbesserung der Prognosegenauigkeit kann also vor allem im Bereich von Stellenanzeigen mit geringer Digitalisierbarkeit realisiert werden.

Um bei diesen jedoch mit 95 prozentiger Sicherheit eine korrekte Bestimmung vorzunehmen, muss auch im Fall der kompletten Information noch ein Rückgang der Spezifität auf 0,7 in Kauf genommen werden. Um eine korrekte Klassifikation der Stellenanzeigen mit hoher Digitalisierbarkeit in 95 von 100 Fällen gewährleisten zu können, müsste sogar ein Absinken der Sensitivität auf 0,59 akzeptiert werden.

Auch der AUC-Wert hat sich durch Aufnahme der zusätzlichen Information nochmals verbessert. Von 0,863 im Fall der Klassifikation mit Anforderungen steigt er auf 0,921 bei Modellierung mit vollständigem Stellenanzeigeninhalt. Die Wahrscheinlichkeit, dass eine zufällig gezogene positive Beobachtung durch den Klassifikator höher eingestuft wird als eine zufällig gezogene negative Beobachtung beträgt demnach 92,1 Prozent.

Der große AUC-Wert bestätigt somit die hohe Korrektklassifikationsrate. Es lässt sich insgesamt durch die Zuhilfenahme der gesamten Information der Stellenanzeige nochmals eine Verbesserung der Ergebnisse im Vergleich zur Modellierung auf Grundlage einzig der Anforderungen erzielen. Somit kann die These (H16), dass sich die Beurteilung der Digitalisierbarkeit einer Stellenanzeige durch Verwendung sämtlicher enthaltener Information verbessern lässt, bestätigt werden.

8.4.2.3 Zwischenfazit

Dieses Ergebnis lässt mehrere Schlussfolgerungen zu. Zum einen hat sich damit bestätigt, dass ein Beruf mehr ist als die Summe seiner Anforderungen. Erst in Kombination mit seinen Tätigkeiten, seinen Arbeitsbedingungen und vielem mehr ergibt sich ein vollständiges Berufsbild.

Zum anderen hat sich gezeigt, wie aussagekräftig ein solches, vollständiges Bild für die Digitalisierbarkeit des Berufs ist. Die vollständigen Stellenanzeigen haben sich in der Analyse als ein Indikator der Digitalisierbarkeit von immenser Zuverlässigkeit erwiesen. Die Stellenanzeigenanalyse ist somit ein ideales Instrumentarium, um die Zukunftsfähigkeit von Berufen zu beurteilen. Durch geeignete Wahl des Schwellenwerts der Klassifikation der Stellenanzeigen, lässt sich mit hoher Wahrscheinlichkeit sichergehen, dass ein nicht zukunftsfähiges Berufsfeld auch als solches erkannt wird.

Die Stellenanzeigenanalyse könnte somit beispielsweise als Frühwarnsystem dienen, mit dem frühzeitig Berufe identifiziert werden können, deren

Ausbildungsinhalte eine Anpassung benötigen, um auch in Zeiten der Digitalisierung optimal auf das Arbeitsleben vorzubereiten. Welche Kernergebnisse sich dazu aus der vorgenommenen Stellenanzeigenanalyse ergeben, wird im abschließenden Abschnitt des Kapitels beleuchtet.

8.5 Kernergebnisse der Stellenanzeigenanalyse

Ziel dieser Arbeit war es nicht, schwer verifizierbare Zukunftsszenarien zu entwickeln, sondern zu untersuchen, inwiefern sich die Digitalisierung bereits heute auf den Arbeitsmarkt auswirkt. Vor diesem Hintergrund wurde mithilfe einer Stellenanzeigenanalyse untersucht, ob sich hinsichtlich der beruflichen Anforderungen Unterschiede in Abhängigkeit der Digitalisierbarkeit erkennen lassen. Somit sollte die Frage beantwortet werden:

Welche beruflichen Anforderungen stellt die Digitalisierung?

Um die Fragegestellung zu beantworten, wurde hypothesengeleitet eine Stellenanzeigenanalyse durchgeführt. Insgesamt wurden dabei 16 in Kapitel 6 entwickelte Einzelhypothesen überprüft, die der Beantwortung mehrerer Unterfragen dienten. Welche Kernergebnisse sich in Bezug auf diese Fragestellung auf Grundlage der Auswertung der 16 Hypothesen ergeben haben, wird in diesem Abschnitt knapp zusammengefasst.

In Vorbereitung der Digitalisierungsanalyse galt es zunächst zu überprüfen, ob sich Unterschiede in den Anforderungen zwischen unterschiedlichen Tätigkeitskategorien feststellen lassen. Dies hatte sich in der Diskussion der theoretischen Zusammenhänge als elementare Grundvoraussetzung der anschließenden Digitalisierungsuntersuchung herausgestellt. Die grundlegende Frage war also zunächst, ob und inwiefern die einzelnen Tätigkeitskategorien unterschiedliche Anforderungen stellen.

Welche Tätigkeiten setzen welche Anforderungen voraus?

Um dies zu untersuchen, wurde mithilfe der Stellenanzeigenanalyse geprüft, ob sich die, in Kapitel 6 angestellten Vermutungen bezüglich des jeweiligen Hauptanforderungsbereichs der fünf Tätigkeitskategorien, bestätigen lassen.

Tatsächlich hat die Assoziationsanalyse auf Basis der Stellenanzeigen die ***Hypothese 1***, gemäß derer, die Kategorie der kognitiven Routine im Vergleich zu den weiteren vier Tätigkeitskategorien einen höheren Anteil aktivitäts- und handlungsbezogener Kompetenzen erfordert, bestätigt. Das Anforderungshauptfeld dieser Kompetenzen weist bei kognitiven Routine-Tätigkeiten die höchste Relevanz auf. Darüber hinaus hat sich gezeigt, dass mit der Belastbarkeit, der Schlagfertigkeit und dem Gestaltungswillen drei aktivitäts- und handlungsbezogene Kompetenzen besonders große Bedeutung im Bereich der kognitiven Routine haben.

Physische Anforderungen stellt in besonderem Maß die Kategorie der manuellen Routine, womit ***Hypothese 2*** bestätigt werden konnte. Abgesehen von qualifikatorischen Anforderungen, setzen manuelle Routine-Tätigkeiten vor allem physische Anforderungen voraus. Auf Ebene der Anforderungshauptfelder hat die Kategorie der manuellen Routine die höchsten physischen Anforderungen aller fünf Tätigkeitskategorien.

Für den Bereich der analytischen Nicht-Routine war mit ***Hypothese 3*** die Vermutung aufgestellt worden, dass diese Tätigkeitskategorie vor allem fachlich-methodische Kompetenzen erfordert. Auf allen drei Anforderungsebenen hat sich dieser Fokus bestätigt. Fachlich-methodische Einzelanforderungen wie Projektmanagement, Konzeptionsstärke, fachübergreifende Kenntnisse und systematisch methodisches Vorgehen haben hohe Relevanz bei analytischen Nicht-Routine-Tätigkeiten gezeigt.

Die fachlich-methodischen Kompetenzen haben sich auch für den Bereich der interaktiven Nicht-Routine als besonders wichtig erwiesen. Diese Kategorie weist zwar einen zweiten Schwerpunkt auf, nämlich den der sozial-kommunikativen Kompetenzen, dennoch muss die ***Hypothese 4***, nach der, der sozial-kommunikative der wichtigste Bereich für interaktive Nicht-Routine-Tätigkeiten ist, verworfen werden. Qualifikatorische Anforderungen und fachlich-methodische Kompetenzen haben sich in der Kategorie als mindestens ebenso relevant erwiesen.

Hypothese 5 lässt schließlich eine Dominanz personaler Anforderungen im Bereich der manuellen Nicht-Routine erwarten. Die Auswertung der Stellenanzeigen auf allen drei Anforderungsebenen hat gezeigt, dass dies tatsächlich der Fall ist. Personale Einzelanforderungen wie Zuverlässigkeit, Loyalität und Einsatzbereitschaft sind demnach insbesondere Voraussetzung für die Ausübung manueller Nicht-Routine-Tätigkeiten.

Mithilfe dieser fünf Hypothesen konnte also die Frage beantwortet werden, welche Tätigkeiten welche Anforderungen voraussetzen. Mit Ausnahme der interaktiven Nicht-Routine-Tätigkeiten konnte für jede Tätigkeitskategorie eine eindeutige Anforderungsart identifiziert werden, die für die entsprechende Kategorie von besonders großer Bedeutung ist. Dabei handelt es sich bei jeder Kategorie um eine andere Anforderungsart, was deutlich macht, dass eine hohe anforderungsspezifische Differenzierung der Kategorien tatsächlich vorhanden ist.

Im Hinblick auf die Digitalisierungsauswertung war insbesondere eine Unterscheidung zwischen Routine einerseits und Nicht-Routine andererseits von Interesse. Hier konnten deutliche Differenzen zwischen den Tätigkeitskategorien festgestellt werden. Sie unterscheiden sich in der jeweils bedeutsamsten Anforderungskategorie. Im Routine-Bereich sind das physische bzw. formale Anforderungen, bei der Nicht-Routine ist dagegen vor allem die Anforderungskategorie der Kompetenzen gefordert.

Die Untersuchung hat also gezeigt, dass in Stellenanzeigen, abhängig von der jeweils überwiegenden Tätigkeitsart, tatsächlich unterschiedliche Anforderungen auftreten. Demzufolge existieren auch Unterschiede zwischen Berufen mit unterschiedlichen Tätigkeitsprofilen. Dass auch die Differenzierung in Routine- und Nicht-Routine-Tätigkeiten divergente Anforderungen ergeben hat, war ein deutlicher Hinweis darauf, dass sich über die Verknüpfung von Anforderungen und Tätigkeiten auf die beruflichen Anforderungen der Digitalisierung schließen lässt. Die, bezüglich der Anforderungsbedarfe von Tätigkeiten gewonnenen Erkenntnisse, konnten damit als Grundlage der Analyse der spezifischen Anforderungsbedarfe der Digitalisierung dienen.

Ziel war es dabei zunächst für die drei wichtigsten Anforderungsbereiche (formal, kompetenzspezifisch und physisch) die Hypothesen zu prüfen, die sich aus der theoretischen Erörterung der Zusammenhänge in Kapitel 6 für den jeweiligen Bereich ergeben hatten. Im Bereich der formalen Anforderungen war dabei insbesondere folgende Fragestellung aufgeworfen worden:

> *Steigt mit der Digitalisierung die Relevanz formaler Anforderungen wie Qualifikation und Berufserfahrung?*

Gemäß ***Hypothese 6***, nach der ein dokumentierter Berufsabschluss insgesamt in den Berufsgruppen besonders relevant ist, die eine hohe Digitalisierbarkeit aufweisen, ginge mit der Digitalisierung jedoch zumindest die Relevanz der Qualifikation zurück, sofern das Niveau außer Acht gelassen wird. Dies bestätigt auch die Analyse der Stellenanzeigen. Hohe Digitalisierbarkeit geht auch mit hoher Qualifikationsrelevanz in Form dokumentierter Berufsabschlüsse einher. Die Digitalisierung lässt also – zumindest ohne spezifische Betrachtung des jeweiligen Niveaus – keine Relevanz der Qualifikation insgesamt erkennen.

Dass dies im Bereich hoher Qualifikation anders sein könnte, legt ***Hypothese 7*** nahe. Diese besagt, dass Berufe, die mit einer geringen Digitalisierbarkeit assoziiert sind, eine überproportional große Nachfrage nach Berufsabschlüssen der Niveaustufen 7 und 8 aufweisen. In der Analyse konnte diese These eindeutig belegt werden. In allen drei Assoziationsrankings wurde eine große Relevanz der Qualifikation hohen Niveaus durch die Digitalisierung deutlich. Somit ist in einer digitalisierten Arbeitswelt der Nachweis formaler Qualifikation durch Berufsabschluss gerade für Hochqualifizierte wichtig.

Abgesehen von hohen qualifikatorischen Anforderungen sollte die Digitalisierung, so ***Hypothese 8***, große Berufserfahrung erfordern. Anders als erwartet steigt mit der Digitalisierbarkeit die in den Stellenanzeigen verlangte Berufserfahrung jedoch nicht. Während in Berufen mit geringer Digitalisierbarkeit durchschnittlich nur eine gut viermonatige Berufserfahrung erwartet wird, beträgt der entsprechende Wert bei hoher Digitalisierbarkeit fast 10 Monate. Ausschließlich temporal bemessene berufliche Erfahrung verliert demnach durch die Digitalisierung an Bedeutung.

Insgesamt ergibt die Analyse der drei auf den formalen Anforderungsbereich bezogenen Hypothesen ein divergentes Bild. Mit der Digitalisierung steigt nicht zwangsläufig auch die Relevanz formaler Anforderungen, sie lässt diese jedoch auch nicht gänzlich bedeutungslos werden. Vielmehr bedarf es einer differenzierten Betrachtung. Niedrige Qualifikation verliert an Bedeutung, wohingegen Masterabschlüsse zunehmend wichtiger werden. Der Stellenwert zeitlicher Berufserfahrung sinkt. Dies muss jedoch nicht bedeuten, dass auch implizite Erfahrung in Form von Erfahrungswissen durch die Digitalisierung an Relevanz verliert.

Während die Auswirkungen der Digitalisierung auf formale Anforderungen somit unterschiedlich ausfallen, deuten die Erkenntnisse aus der verknüpften Anforderungsmatrix auf eine hohe Bedeutung vieler Kompetenzen hin. Insbesondere ergab die diesbezügliche Diskussion folgende Frage:

Führt die Digitalisierung zu größerer Relevanz von Flexibilität und sozial-kommunikativen Anforderungen, aber auch der Belastbarkeit?

Komplexere und sich fortlaufend verändernde Aufgabenstellungen führten, so die Vermutung, zu zunehmenden Flexibilitätserfordernissen seitens der Berufstätigen. Gemäß ***Hypothese 9*** sind in einer digitalisierten Arbeitswelt demnach die drei Anforderungen Mobilität, Offenheit für Veränderungen und Anpassungsfähigkeit vermehrt gefragt. Für alle drei Einzelanforderungen hat sich eine solche Relevanz in der Analyse bestätigt. Flexibilität wird im Rahmen der Digitalisierung also immer wichtiger.

Komplexitätserhöhung und geistige wie körperliche Flexibilitätserfordernisse könnten zu höheren Belastungen führen. Tatsächlich erweist sich die Belastbarkeit in der Stellenanzeigenauswertung als achtwichtigste Einzelanforderung der Digitalisierung überhaupt. Die ***Hypothese 10***, nach der Berufe mit geringer Digitalisierbarkeit eine hohe Belastbarkeit erfordern, konnte somit bestätigt werden.

Dass in einem zunehmend technisierten Arbeitsumfeld vor allem sozial-kommunikative Kompetenzen gefragt sein könnten, impliziert ***Hypothese 11***. Die Anforderungen Anpassungsfähigkeit, Beziehungsmanagement, Kommunikationsfähigkeit sowie Kooperationsfähigkeit würden demnach durch die Digitalisierung an Bedeutung gewinnen. Die Analyse hat gezeigt, dass sozial-kommunikative Kompetenzen sogar zu den wichtigsten beruflichen Kompetenzen überhaupt zählen. Bei Berufen mit sehr geringer Digitalisierbarkeit sind sie sogar das zweitwichtigste aller Anforderungsfelder. Es bestätigt sich somit die herausragende Bedeutung sozial-kommunikativer Kompetenzen.

Für alle drei untersuchten Kompetenzen konnte somit eine Relevanzzunahme durch die Digitalisierung festgestellt werden. Dies bedeutet jedoch keinen generellen Bedeutungszuwachs sämtlicher einzelner Kompetenzen, wie die Zusammenstellung der wichtigsten Einzelanforderungen der Digitalisierung veranschaulicht.

Dagegen hat sich bereits in Kapitel 6 eine grundsätzliche Tendenz des Bedeutungsrückgangs von physischen Anforderungen angedeutet. Daher sollte die Frage beantwortet werden:

> *Bewirkt die Digitalisierung eine zunehmende Verlagerung von physischen hin zu kognitiven Anforderungen?*

Ein solcher Trend hat bereits mit der klassischen Automatisierung begonnen. Vor allem in Bezug auf physische Stärke dürfte die Wirkung der Digitalisierung von zu vernachlässigender Größe sein. ***Hypothese 12*** propagiert daher: die Bedeutung von Kondition, Körperkraft und körperlicher Leistungsfähigkeit weist keinen Zusammenhang zur Digitalisierbarkeit auf. In der Analyse konnten weder bei Berufen hoher, noch bei Berufen mit geringer Digitalisierbarkeit eine auffällige Bedeutung der Anforderungen physischer Stärke festgestellt werden. Es hat sich somit bestätigt, dass die Bedeutung der physischen Stärke durch die Digitalisierung weitgehend unverändert bleibt.

Koordinative Fähigkeiten dürften, so die Erkenntnis aus Kapitel 6, durch die Digitalisierung zumindest nicht an Bedeutung verlieren. Tatsächlich offenbart die Stellenanzeigenanalyse jedoch einen eindeutigen Relevanzverlust koordinativer Fähigkeiten wie Beweglichkeit und Koordination. ***Hypothese 13***, die eine solche Entwicklung nicht hat erwarten lassen, muss daher verworfen werden. Unter Umständen sind die technischen Möglichkeiten bereits so weit fortgeschritten, dass auch motorische Fähigkeiten zunehmend maschinell ersetzbar werden.

Ein Bedeutungszuwachs wurde dagegen in Bezug auf die Relevanz ausgeprägter Sinnesstärke vermutet. Sinnesstärke, so ***Hypothese 14***, wird vor allem in Berufen mit geringer Digitalisierbarkeit erwartet. In der Analyse konnten allenfalls schwache Hinweise für eine Bestätigung dieser These gefunden werden. Zwar ist Sinnesstärke auf dem heutigen Arbeitsmarkt eher in Berufen mit geringer als mit hoher Digitalisierbarkeit gefordert, der Unterschied zwischen beiden Gruppen ist allerdings nicht sonderlich groß. Die Stellenanzeigenanalyse deutet somit nur eine nachrangige Bedeutung für die Anforderung der Sinnesstärke durch die Digitalisierung an.

Der physische Anforderungsbereich verliert demnach im Rahmen der Digitalisierung insgesamt an Bedeutung. Nur noch wenige Berufsfelder erfordern besondere physische Fähigkeiten. Vielmehr lässt sich in den Stellenanzeigen ein zunehmender Bedarf an kognitiven Anforderungen erkennen.

Die Überprüfung der Hypothesen zu einzelnen Anforderungen hat somit gezeigt, dass die Digitalisierung bereits heute bestimmte Einzelanforderungen wichtiger werden lässt, während wiederum andere an Bedeutung verlieren. Die Erkenntnisse aus Kapitel 6 deuten darüber hinaus darauf hin, dass die Digitalisierung zu einer Erhöhung der Anzahl in Berufen gemeinsam geforderter Anforderungen führt. Berufstätigte müssen über immer mehr Kompetenzen und Fähigkeiten gleichzeitig verfügen. Multitaskingfähigkeiten werden demnach immer wichtiger. Ziel der Stellenanzeigenanalyse war es daher, über die Bedarfsveränderungen einzelner Anforderungen hinaus, auch Erkenntnisse darüber zu gewinnen, inwieweit das gemeinsame Vorliegen mehrerer Einzelanforderungen verlangt wird. Es sollte also untersucht werden, ob sich aus der Relevanz einzelner Anforderungen, auch Schlussfolgerungen für ein ganzes Bündel an Anforderungen, wie es typischerweise in Stellenanzeigen zu finden ist, ziehen lassen. Um hierzu indirekt Aussagen treffen zu können, sollte insbesondere folgende Fragestellung beantwortet werden:

Inwiefern stellt die, in einer Stellenanzeige enthaltene Information, einen Indikator für die Digitalisierbarkeit des zugehörigen Berufs dar?

Zunächst wurde dazu auf Grundlage von ***Hypothese 15*** geprüft, ob aus den in einer Stellenanzeige enthaltenen Anforderungen auf die Digitalisierbarkeit des zugehörigen Berufs geschlossen werden kann. Tatsächlich hat die Untersuchung gezeigt, dass es mit einer großen Zuverlässigkeit möglich ist, Stellenanzeigen nur auf Basis ihrer beruflichen Anforderungen korrekt in solche mit hoher bzw. geringer Digitalisierbarkeit einzuteilen. Knapp 80 Prozent der Stellenanzeigen konnten mit dem entwickelten Modell korrekt eingestuft werden. Auffällig dabei war, dass die Sensitivität des Modells deutlich unter seiner Spezifität liegt. Dies bedeutet, dass Stellenanzeigen mit geringer Digitalisierbarkeit schwerer korrekt zu klassifizieren sind, als dies bei solchen mit hoher Digitalisierbarkeit der Fall ist. Demzufolge unterscheiden sich möglicherweise die Stellenanzeigen von Berufen mit hoher Digitalisierbarkeit in ihren Anforderungen besonders deutlich von denen einer durchschnittlichen Stellenanzeige. Dies würde bedeuten, dass in Berufen, in denen sich potenziell ein großer Anteil der Tätigkeiten maschinell ersetzen lässt, auch sehr spezifische Bündel an einzelnen Anforderungen gefordert sind.

Insgesamt bestätigt der hohe Anteil korrekt klassifizierter Stellenanzeigen, dass sich bereits heute die Stellenanzeigen von Berufen unterschiedlicher Digitalisierbarkeit nach den gestellten Anforderungen signifikant unterscheiden. Demnach lassen sich in Bezug auf die Digitalisierung nicht nur Unterschiede hinsichtlich einzelner Anforderungen feststellen, sondern auch, dass letzten Endes gesamtheitliche Anforderungsprofile Ausdruck eines bestimmten Digitalisierungsniveaus sind. Aus einem Bündel einzelner Anforderungen lässt sich demnach mit hoher Zuverlässigkeit auf die Digitalisierbarkeit eines zugehörigen Berufsfelds schließen. Die Hypothese konnte somit bestätigt werden.

Dies impliziert einerseits eine Bestätigung der Bedeutung der Einzelanforderungen bezüglich der Digitalisierung, hat andererseits aber auch unmittelbare praktische Relevanz. Die Tatsache, dass die Digitalisierung gerade bestimmte Kombinationen von Einzelanforderungen gemeinsam nötig macht, lässt sich etwa zur Beurteilung des Zukunftspotenzials eines Berufs oder einer möglichen Neukonzeption von Ausbildungsinhalten nutzen.

Deutlich wurde aber auch, dass ein Beruf mehr ist als nur ein Bündel seiner Anforderungen. So umfassen Stellenanzeigen neben den Anforderungen zahlreiche weitere Angaben und Informationen. ***Hypothese 16*** wurde bestätigt: durch Hinzunahme sämtlicher, auch über die Anforderungen hinausgehender Information der Stellenanzeigen, lässt sich die Korrektklassifikationsrate nochmals erhöhen. In diesem Fall ist es möglich fast neun von zehn Stellenanzeigen korrekt hinsichtlich ihrer Digitalisierbarkeit zu klassifizieren. Dies zeigt sich nicht zuletzt an der Sensitivität, die durch die zusätzliche Information deutlich erhöht werden konnte. Eine Verbesserung der Prognosegenauigkeit wurde also insbesondere bei Stellenanzeigen mit geringer Digitalisierbarkeit erreicht. Die zusätzliche Information hat demnach vor allem zur verlässlicheren Identifizierung der Berufe geführt, in denen sich ein vergleichsweise kleiner Teil an Tätigkeiten maschinell ersetzen lässt. Insgesamt macht die hohe Korrektklassifikationsrate deutlich, welche große Aussagekraft der gesamte Inhalt von Stellenanzeigen als Indikator der Digitalisierbarkeit der zugehörigen Berufe hat.

Insgesamt wurde damit auch bestätigt, dass die Stellenanzeigenanalyse ein hervorragendes Instrument ist, um Einblicke in den Arbeitsmarkt zu gewinnen und vermehrt in Ergänzung klassischer Analyseverfahren und Datenbasen eingesetzt werden sollte. Die erfolgreiche Klassifizierung der Stellenanzeigen nach hoher und geringer Digitalisierbarkeit hat deutlich gemacht, dass großer Informationsgehalt in den Stellenanzeigen steckt. Die Auswertungen in dieser Arbeit zeigen eindeutig, dass die Anforderungen in Stellenanzeigen geeignete Merkmale sind, um einen Beruf zu charakterisieren und gegenüber anderen Berufen abzugrenzen. Zugleich wurde deutlich, dass sich ausschließlich mithilfe von Anforderungen nicht sämtliche Facetten von Berufen beschreiben lassen. Die Verwendung sämtlicher in Stellenanzeigen enthaltener Informationen, also beispielsweise auch die Angaben zu den auszuübenden Tätigkeiten, führt zu noch besseren Ergebnissen.

Die Prüfung der 16 aufgestellten Hypothesen lässt somit drei grundlegende Schlussfolgerungen zu:

1. Unterschiedliche Tätigkeiten setzen unterschiedliche Anforderungen voraus.
2. Die Digitalisierung stellt spezifische Anforderungsbedarfe.
3. Die Kombinationen mehrerer unterschiedlicher Einzelanforderungen ist entscheidend.

Vor diesem Hintergrund wurde, da im Zuge der Hypothesenprüfung nur eine Auswahl von Anforderungen explizit untersucht wurde, abschließend eine systematische Übersicht der wichtigsten Anforderungen in Bezug auf die drei Hauptanforderungsbereiche erstellt. Diese dient der Beantwortung der zentralen Fragestellung dieser Arbeit:

> *Welche beruflichen Anforderungen stellt die Digitalisierung hinsichtlich formaler, kompetenzspezifischer und physischer Aspekte?*

Die Analyse aller Stellenanzeigen hat dabei ergeben, dass das Beurteilungsvermögen die Anforderung mit der größten absoluten Häufigkeit ist. Sie kommt insgesamt mehr als 30.000 Mal in den Stellenanzeigen des Datensatzes vor und ist sowohl in Berufen mit niedriger, als auch in Berufen mit hoher Digitalisierung ähnlich stark vertreten. Damit weist sie analog zu den ebenfalls sehr häufigen Anforderungen Teamfähigkeit und Initiative jedoch keine ausgesprochene Relevanz im Rahmen der Digitalisierung auf.

Als die heute auf dem deutschen Arbeitsmarkt wichtigste Einzelanforderung der Digitalisierung wurde die Problemlösungsfähigkeit identifiziert. Diese findet sich zwar insgesamt nur in knapp 1.300 Stellenanzeigen, überdurchschnittlich häufig aber bei Berufen mit geringer Digitalisierbarkeit. Von ähnlicher hoher Bedeutung sind die auf den Plätzen Zwei bis Vier des Gesamtrankings folgenden sozial-kommunikativen Kompetenzen Verständnisbereitschaft, Kooperationsfähigkeit und Beziehungsmanagement.

Dies bekräftigt erneut die Relevanz des sozial-kommunikativen Kompetenzbereichs in einer digitalisierten Arbeitswelt. Dabei gilt dies nicht nur für Einzelanforderungen, auch das sozial-kommunikative Anforderungsfeld und das zugehörige Hauptfeld der Anforderungsmatrix weisen höchste Relevanz auf. Dass darüber hinaus auch die beiden Anforderungsfelder S/A und A/S zu den wichtigsten Anforderungsfeldern der Digitalisierung gehören, bekräftigt dieses Ergebnis. Zudem zeigt es, dass mit dem aktivitäts- und handlungsbezogenen Bereich ein zweites Anforderungshauptfeld aus dem Bereich der Kompetenzen hohe Bedeutung hat. Die Rasanz, mit der sich technologische Veränderungen vollziehen, erfordert von Berufstätigen bereits heute ein hochflexibles Anpassungsvermögen, um sich auf die ständig neuen Herausforderungen im Arbeitsumfeld einstellen zu können.

Die Digitalisierung stellt dabei höchste qualifikatorische Ansprüche. Hohes Qualifikationsniveau wird gerade in den Berufen verlangt, in denen sich nur ein kleiner Teil der Tätigkeiten maschinell ersetzen lässt. Die Qualifikation der Niveaustufen 7 und 8 gehört zu den wichtigsten Einzelanforderungen überhaupt. Hohe Qualifikation befähigt zur Bewältigung komplexer Aufgabenstellungen und Verrichtung anspruchsvoller Tätigkeiten.

Große Berufserfahrung ist dagegen nicht von besonderer Digitalisierungsrelevanz. Die Digitalisierung erfordert Kenntnisse aktueller Konzepte und Methoden, nicht in weiter Vergangenheit erworbenes Wissen. Die Analyse zeigt, dass Absolventen gerade in Berufen mit geringer Digitalisierbarkeit gefragt sind. Der formale Anforderungsbereich insgesamt bleibt somit auch im Rahmen der Digitalisierung von großer Bedeutung.

Dagegen verlieren physische Anforderungen an Relevanz und sind allenfalls in sehr spezifischen Berufsfeldern mit starkem Fokus auf manuellen Tätigkeiten noch von großem Belang. Keine physische Einzelanforderung ist unter den 20 wichtigsten Anforderungen der Digitalisierung. Genauso wenig zeigen die physischen Anforderungsfelder und Hauptfelder der Anforderungsmatrix auffällige Bedeutsamkeiten. Auch die absoluten Häufigkeiten der physischen Anforderungen in den Stellenanzeigen bekräftigen dieses Ergebnis. Die Muskelkraft ist die einzige physische Einzelanforderung, die im Datensatz häufiger als 1000 Mal vorkommt. Die Digitalisierung setzt somit den Trend der Automatisierung fort. Physische Anforderungen sind am deutschen Arbeitsmarkt nur noch bedingt gefordert.

Wichtig wird es in Zukunft sein, die richtige Kombination aus den Einzelanforderungen der drei Anforderungsbereiche zu wählen. Denn, so hat die Analyse deutlich gemacht, es ist nicht länger ausreichend nur wenige, einzelne Anforderungen zu erfüllen. Im Rahmen der Digitalisierung wird es immer wichtiger mehrere Kompetenzen und Fähigkeiten kombiniert in das Berufsleben einbringen zu können. Die Stellenanzeigenanalyse hat sich dabei als hilfreiches Instrument erwiesen. Sie kann dazu dienen, die Zukunftsfähigkeit von Berufsbildern zu beurteilen und Veränderungsbedarfe von Ausbildungsinhalten zu identifizieren.

Welche Fähigkeiten und Kompetenzen in einer digitalisierten Arbeitswelt gezielt gefördert werden sollten, um eine solche Anpassung der Ausbildungsinhalte evidenzbasiert zu gestalten, haben die Ergebnisse dieser Arbeit aufgezeigt. Im nachfolgenden Kapitel wird eine Beurteilung der Ergebnisse der Stellenanzeigenanalyse vorgenommen und sich aus diesen ergebende Handlungsempfehlungen abgeleitet, sowie ein abschließendes Fazit gezogen.

9. Bewertung der Ergebnisse, Folgerungen und Fazit

Die Ergebnisse dieser Arbeit zeigen, dass in Zeiten der Digitalisierung insbesondere Flexibilität und Anpassungsvermögen im Arbeitsleben wichtig sind. Die technologischen Veränderungen vollziehen sich heute mit einer solchen Rasanz, dass manches Wissen und manche Fertigkeiten von heute schon in naher Zukunft veraltet sein könnten. Vor diesem Hintergrund ist naheliegend, dass die Aktualisierung der beruflichen Ausbildungsinhalte mit den Veränderungen der Arbeitsanforderungen kaum Schritt halten kann. Die Lehre in ihrer heutigen Form stößt in einer sich immer schneller verändernden Arbeitswelt an ihre Grenzen. Es vergeht ein zu langer Zeitraum bis neue Arbeitsanforderungen auch in der Ausbildung vermittelt werden. Kritisch ist dabei sowohl das Erkennen neuer Lehrbedarfe, als auch deren anschließende Integration in den Lehrbetrieb. Bis Reformvorhaben durchgesetzt, neue Lehrinhalte beschlossen sind und das Lehrpersonal entsprechend geschult ist, sind die neuen Inhalte im Zeitpunkt ihrer Vermittlung unter Umständen bereits wieder veraltet. Abgesehen von der Frage, welche Inhalte geschult werden sollten, ist zu erörtern, wie sie heute am effizientesten vermittelt werden können.

Wichtig ist dabei vor allem eine möglichst zeitnahe Anpassung von Curricula und Lehrplänen an veränderte Anforderungen. Zeitnah kann eine solche Anpassung aber nur erfolgen, wenn sichergestellt ist, dass sowohl Veränderungsbedarfe möglichst frühzeitig erkannt werden, also festgestellt wird, inwiefern aktuelle Inhalte nicht mehr den geforderten Realitäten am Arbeitsmarkt entsprechen, als auch dass, neue Inhalte rasch in den Lehrbetrieb integriert werden.

Die Entwicklung eines wirksamen Früherkennungssystems könnte dabei von großem Nutzen sein. Mithilfe einer systematischen und insbesondere frühen Identifikation von Anforderungsveränderungen könnten die, bisher oft sehr großen Zeiträume zwischen dem tatsächlichen Eintreten der Anforderungsveränderungen und dem Zeitpunkt ihrer Wahrnehmung, deutlich verkürzt werden. Ein solches System könnte etwa analog zu dem in dieser Arbeit verwendeten Verfahren mittels eines automatisierten Monitorings von Anforderungsinhalten in Stellenanzeigen erfolgen. Dies hätte den Vorteil, dass mögliche Veränderungen unmittelbar nach Auftreten am Arbeitsmarkt erfasst werden können. Die vorliegende Arbeit hat gezeigt, dass sich heute mit modernen Verfahren des Text Minings und Machine Learnings auch aus unstrukturierten Daten, wie sie in Stellenanzeigen vorkommen, sehr gut und zielgerichtet Informationen extrahieren lassen. Im Vergleich zu anderen Analyseinstrumenten, etwa der Befragung von Beschäftigten oder Experten zu aktuellen Arbeitsanforderungen, könnte mithilfe einer Stellenanzeigenanalyse wertvolle Zeit gewonnen werden. Ein solches System der systematischen Früherkennung für Aus-, Fort- und Weiterbildung könnte in bewährte Konzeptionsprozesse von Lehrinhalten integriert werden. Dies gilt sowohl für die Erstellung von schulischen Lehrplänen durch die Kultusministerien, den Ordnungsverfahren zur Gestaltung von Ausbildungsberufen, aber auch die Entwicklung der Studienpläne von Hochschulen und Universitäten.

Der Kompetenzerwerb ist aber nicht mit dem Ausbildungsabschluss beendet. Neu konzeptionierte Ausbildungsinhalte müssen daher durch moderne Arbeitsformen und Beschäftigungsmodelle so vermittelt werden, dass Kompetenzausbau „on the Job" bestmöglich gefördert wird. Dem Erwerb von Wissen und Fertigkeiten im Arbeitsalltag wird zukünftig eine wichtigere Rolle zukommen. Selbst wenn es gelingt, die Inhalte der Erstausbildung zeitnäher zu gestalten, werden diese kaum ein ganzes Arbeitsleben lang relevant bleiben. Es ist daher unabdingbar, dass auch die Unternehmen und Betriebe vermehrt in die Weiterbildung ihrer Beschäftigten investieren. Sie haben dabei den Vorteil, dass sie oft am besten wissen, welchen Anforderungen ihre Mitarbeiter tatsächlich genügen müssen. Dazu sind sie im Vergleich zu institutionellen Bildungseinrichtungen flexibler aufgestellt. Betriebe müssen heute, noch mehr als in der Vergangenheit, in der Lage sein, schnell auf technologische Veränderungen im Arbeitsumfeld zu reagieren und ihre Mitarbeiter entsprechend zu schulen. Dies kann einerseits in Form innerbetrieblicher Schulungen oder Angeboten zur Wahrnehmung externer Fortbildungsprogramme erfolgen. Betriebliche Aus- und Fortbildung umfasst heute aber auch Bereiche, wie den der Gestaltung des Arbeitsumfelds und des Arbeitsalltags.

Diese Bereiche sollten so ausgestaltet werden, dass sie für die Beschäftigten Chancen kreieren den eigenen Kompetenz- und Fähigkeitshorizont ständig zu erweitern. Zu diesem Zweck sollte eine lernförderliche Arbeitsumgebung für Mitarbeiter aller Qualifikationen geschaffen werden, die auf motivierende Art und Weise Anreize setzt, die Komfortzone des Bekannten zu verlassen und sich neuen Herausforderungen zu stellen. Hierbei muss individuell auf die Situation und das Potenzial des einzelnen Mitarbeiters eingegangen werden. Standardisierte Lernroutinen sollten dabei nicht zur Anwendung kommen. Globale Kooperation durch dezentrale und virtuelle Kollaboration sollte in zahlreichen Berufsfeldern eingeführt und fest etabliert werden. Moderne Softwarelösungen machen eine Zusammenarbeit mit Kollegen aus den unterschiedlichsten Disziplinen und mit verschiedenstem kulturellen Hintergrund immer einfacher.

Austausch und Kommunikation werden begünstigt und essentielle soziale und kommunikative Kompetenzen gefördert.

Im Sinne eines „Lebenslangen Lernens“ sollten Berufstätige somit aktiv und stetig neue Qualifikationen und Kompetenzen im Arbeitsumfeld erwerben, insbesondere dann, wenn die vorhandenen möglicherweise nicht länger den Bedarfen des Arbeitsmarkts entsprechen. Erfolgversprechend ist dies insbesondere dann, wenn es gelingt, neue Arbeitsformen und Weiterbildungsmaßnahmen in Betrieben und Unternehmen in Abstimmung mit den betroffenen Mitarbeitern einzuführen.

Primäres Ziel dieser Arbeit war die Ermittlung der beruflichen Anforderungen der Digitalisierung, die am deutschen Arbeitsmarkt bezüglich der drei großen Anforderungsbereiche bereits heute gestellt werden. Im Nachfolgenden wird daher erörtert, welche Konsequenzen und Handlungsempfehlungen sich aus den Ergebnissen der Arbeit in Bezug auf den jeweiligen Anforderungsbereich ergeben.

9.1 Formaler Anforderungsbereich

Im Bereich der formalen Anforderungen hat sich gezeigt, dass zumindest auf dem derzeitigen, von Fachkräfteengpässen geprägten Arbeitsmarkt Deutschlands, langjährige Berufserfahrung auch in Berufen mit geringer Digitalisierbarkeit nur von nachrangiger Bedeutung ist. Gerade in solchen Berufen sind die Arbeitgeber bereit auch Personen mit geringer Berufserfahrung einzustellen. Hieraus den Schluss zu ziehen, dass berufliche Erfahrung überhaupt keine Relevanz mehr hat, wäre jedoch voreilig. Vielmehr dürfte dieses Ergebnis einerseits Ausdruck der aktuellen Arbeitsmarktlage sein, andererseits aber auch den Aspekt der *Art und Relevanz* der gemachten Berufserfahrung verdeutlichen. In Zeiten der Digitalisierung ist berufliche Erfahrung als solche nur dann wertvoll, wenn sie der Lösung aktuellster Aufgabenstellungen dienlich ist. In diesem Sinne sind durch langjährige Berufserfahrung erworbene, aber mittlerweile veraltete Konzepte und Methoden kaum hilfreich. Andererseits sind gerade auch in einer digitalisierten Arbeitswelt Erfahrungen in Form von implizitem Erfahrungswissen von ungemeiner Bedeutung. Dies wird bei Einbezug der Ergebnisse für die Qualifikation, dem zweiten Anforderungshauptfeld des formalen Bereichs, deutlich. Dass die Qualifikation insgesamt keine auffällige Bedeutsamkeit in Bezug auf die Digitalisierung aufweist, zeigt, dass in der Vergangenheit erworbene formale Abschlüsse nicht zwangsläufig auch zur tatsächlichen Ausführung heutiger beruflicher Tätigkeiten qualifizieren. Sofern gefordert, werden in Berufen mit geringer Digitalisierbarkeit hohe und höchste Berufsabschlüsse verlangt. Master- und Doktortitel sind auch in Zeiten der Digitalisierung als qualifikatorisches Signal von immenser Bedeutung.

Die Ergebnisse des formalen Anforderungsbereichs zeigen aber, dass es in Zukunft wichtig sein wird, über die Angaben zur Dauer der Berufserfahrung und zu den Qualifikationsnachweisen in Form formaler Abschlüsse hinaus, neue Formen des Qualifikations-Signallings im Prozess der Personalakquise zu etablieren. Ziel dabei muss es sein, gezielter abzugleichen, wie relevant die, in der Vergangenheit gemachte Erfahrung eines Bewerbers und seine zu einem früheren Zeitpunkt erworbenen Qualifikationen, für die aktuellen Anforderungen seitens des Arbeitgebers sind.

Denkbare Maßnahmen in Bezug auf die Berufserfahrung sind etwa die explizitere Angabe der Art der erforderlichen Berufserfahrung. In den heutigen Stellenanzeigen beschränkt sich dies in aller Regel auf den unkonkreten Zusatz des Wortes „relevant". Detailliertere Angaben könnten hier helfen, ein schnelleres und erfolgreicheres Matching von Bewerbern und Arbeitgebern herbeizuführen.

In Bezug auf Qualifikationsnachweise anhand formaler Abschlüsse könnten zukünftig innovativere Verfahren, die die Prüfung tatsächlich relevanter Fähigkeiten und Kompetenzen ermöglichen, an Bedeutung gewinnen. Zunehmend Verbreitung finden werden beispielsweise automatisierte Bewerbungsverfahren, mithilfe derer eine rechnergestützte Ersteignungsprüfung der Kandidaten erfolgen kann. Aufseiten der Bewerber wird es immer wichtiger werden, das eigene Know-how anhand eines persönlichen Portfolios nachzuweisen. Hierdurch kann demonstriert werden, dass auch aktuellste Methoden und Techniken beherrscht werden und relevante Kenntnisse tatsächlich vorhanden sind. Relevant sein werden dabei vor allem solche, die zur Ausübung komplexer Tätigkeiten befähigen.

Der Ansatz zur Erfüllung dieser großen Bedarfe an Hochqualifizierten kann aber nicht ausschließlich darin bestehen, Hochschul- und Universitätsabsolventenzahlen in ständig neue Höhen zu treiben. Es gilt vielmehr auch die Stärken des deutschen dualen Ausbildungssystems verstärkt nutzen. Die Anforderungsanalyse hat gezeigt, dass zumeist nicht abstrakte und hochtheoretische Erfordernisse zu erfüllen sind, sondern die Digitalisierung oftmals auch konkrete, praktische Anforderungen stellt, die am besten in der täglichen Berufspraxis zu erwerben sind. Das duale System vereint die Vorteile eines theoretischen Fundaments mit der unmittelbaren Anwendung des Erlernten.

Diese praktische Komponente der Ausbildung ist gerade in Zeiten der Digitalisierung von großer Bedeutung, da es, wie oben dargestellt, im Rahmen einer betrieblichen Ausbildung oftmals besser gelingt zeitnah relevante Kompetenzen zu erwerben. Die Kombination aus Ausbildung oder Studium und praktischer Berufserfahrung erscheint daher als besonders geeignet, um den beruflichen

Anforderungen der Digitalisierung gerecht zu werden. Während das duale Studium heute sowohl von Absolventen als auch der Wirtschaft als attraktive Option wahrgenommen wird, fällt es den Betrieben in den letzten Jahren zunehmend schwerer alle offenen Ausbildungsplätze zu besetzen. Ziel sollte es daher sein, diese Option für Schulabsolventen wieder attraktiver zu machen, aber auch stärker und gezielt um Auszubildende zu werben. Vor diesem Hintergrund sollten Programme, wie beispielsweise die teilweise schon umgesetzte betriebliche Vermittlung von Studienabbrechern, intensiviert werden. Letzten Endes müssen aber nicht nur die Bildungsoptionen zum zukünftigen Arbeitsmarkteintritt verbessert werden, sondern vielmehr gilt es insbesondere auch die Potenziale der bereits Berufstätigen besser zu nutzen.

Der digitalisierungsbedingt große Bedarf an Hochqualifizierten bedeutet im Umkehrschluss auch, dass Arbeitskräfte mit niedrigeren Qualifikationen zukünftig nicht mehr in gleichem Maße wie heute benötigt werden. An dieser Stelle müssen die Unternehmen ansetzen, um über die oben erwähnten innerbetrieblichen Fort- und Weiterbildungsmaßnahmen eine Höherqualifizierung der eigenen Belegschaft zu erreichen. Vorausschauende und langfristige Personalplanung kann dabei helfen, Fachkräftebedarfen auch betriebsintern zu begegnen. Ziel muss es sein, Rationalisierungsprozesse in einem Unternehmensbereich und Personalbedarfszuwächse eines anderen Bereichs durch interne Personal-umstrukturierungen auszugleichen. Es müssen frühzeitig entsprechende Weiterbildungsmaßnahmen eingeleitet werden, damit Beschäftigte nicht wegen digitalisierungsbedingten Änderungen ihres Arbeitsumfelds in Arbeitslosigkeit geraten, sondern an anderer Stelle weiterbeschäftigt werden können.

Im Rahmen der formalen Anforderungskategorie gibt es also einige Bereiche, in denen Verbesserungen vorgenommen werden könnten und sollten. Diese beziehen sich weitestgehend aber nur auf grundlegende Rahmenbedingungen. Veränderungsbedarfe hinsichtlich tatsächlich geforderter Kompetenzen werden nachfolgend analysiert.

9.2 Kompetenzspezifischer Bereich

In Bezug auf wichtige inhaltliche Anforderungsaspekte ist vor allem der Bereich der Kompetenzen von Relevanz. Aus diesem Anforderungsbereich haben sich besonders viele Anforderungsfelder und Einzelanforderungen als relevant in Zeiten der Digitalisierung erwiesen. Gerade Kompetenzen sind demnach, anders als physische Anforderungen, von denen sich keine unter den 20 wichtigsten Einzelanforderungen befindet, in Zukunft von großer Bedeutung. Von den vier Anforderungshauptfeldern des kompetenzspezifischen Bereichs haben sich die aktivitäts- und handlungsbezogenen, sowie die sozial-kommunikativen Anforderungen als besonders bedeutsam herausgestellt. Demnach sollte die Arbeitsumgebung gezielt so lernfördernd gestaltet werden, dass solche Kompetenzen möglichst gut arbeitsbegleitend erworben werden können.

Für die Aktivitäts- und Handlungskompetenz bedeutet dies konkret, dass Mitarbeitern Möglichkeiten zum eigenen Entscheiden und Gestalten eingeräumt werden. Auch die wichtigste Einzelanforderung dieses Kompetenzbereichs, die Belastbarkeit, wird in erster Linie dadurch entwickelt, dass Beschäftigte nach und nach an neue Herausforderungen herangeführt werden. Geistige und körperliche Mobilität kann durch Arbeitsplatz- oder Aufgabenwechsel im Sinne des Prinzips der „Job Rotation" gefördert werden.

Sozial-kommunikative Kompetenzen können beispielsweise durch teamorientierte Projektgestaltungen erreicht werden. Aufgabenstellungen sollten so angelegt sein, dass sie intensive Kooperation und Kommunikation nötig machen. In teaminternen Abstimmungsprozessen, aber auch im Austausch mit Kunden und Auftraggebern können essentielle Fähigkeiten wie Verständnisbereitschaft und Beziehungsmanagement nachhaltig entwickelt werden. Vorstellbar sind hier beispielsweise Softwarelösungen, mit deren Hilfe Mitarbeiter eigenverantwortlich projektbezogene Arbeits- und Präsenzzeiten, sowie Aufgabenverteilungen gemeinschaftlich organisieren können. Bei all diesen Ansätzen ist wichtig, dass sie den Mitarbeitern nicht auferlegt, sondern sie gemeinschaftlich geplant und eingeführt werden. So entsteht am ehesten die Einsicht, dass der Schritt im Interesse der Mitarbeiter erfolgt und keine weitere elektronische Kontrollmaßnahe ist. Die Schaffung einer Vertrauensbasis für die, mit der Digitalisierung einhergehenden neuen Ansätze, ist unbedingte Voraussetzung für deren dauerhaft erfolgreichen Einsatz. Berechtigte Bedenken bezüglich der Datensicherheit und -verwendung müssen ernst genommen und adressiert werden.

Kompetenzprofile können in der Regel nur erweitert werden, wenn dafür entsprechender Raum gegeben wird. Wichtig ist daher, dass Mitarbeitern zunehmend mehr Verantwortung und neue Aufgaben übertragen werden. Traditionelle Konzepte wie „Job Enrichment" und „Job Enlargement" können hier hilfreich sein und durch moderne Ansätze wie etwa der „Smart Collaboration" ergänzt werden. Dieser umfasst sämtliche organisatorischen Maßnahmen, die durch Technikeinsatz eine dezentrale Zusammenarbeit erleichtern und verbessern können. Mithilfe solcher Arbeitsformen können soziale und kommunikative Fähigkeiten gefördert, aber auch die Problemlösungsfähigkeit und Flexibilität ausgebaut werden, indem Beschäftigte sich mit ständig neuen Aufgabenstellungen auseinandersetzen müssen.

Denn eine hohe Flexibilität seitens der Arbeitgeber wie auch der Arbeitnehmer ist, so haben die Ergebnisse dieser Arbeit deutlich gemacht, gerade in einer digitalisierten Arbeitswelt essentiell. Die flexibilitätsbezogenen Anforderungen der Mobilität, Offenheit für Veränderungen und Anpassungsfähigkeit liegen alle unter den 25 wichtigsten Anforderungen der Digitalisierung. Die technischen Möglichkeiten der Digitalisierung sollten daher unbedingt zur zeitlichen und räumlichen Flexibilisierung im Sinne der Beschäftigten genutzt werden. Die Chancen, die Digitalisierung an dieser Stelle mit sich bringt, können in einer Gestaltung der Arbeit liegen, die heutigen Lebensrealitäten ebenso gerecht wird, wie den individuellen Bedürfnissen der Mitarbeiter. Zugleich gilt es aber auch die Risiken der modernen Technik abzuwägen. Flexibilität kann im Extremfall auch zu inakzeptablen Belastungen für die Beschäftigten führen, wie sie beispielsweise durch das Erfordernis einer ständigen Erreichbarkeit ausgelöst werden können.

Im öffentlichen Diskurs zu den Kompetenzbedarfen der Digitalisierung wird oft und mit Nachdruck die Förderung so genannter „digitaler Kompetenzen" eingefordert. Das Verständnis dieses Schlagworts reicht von der grundsätzlichen Fähigkeit zur Bedienung eines Computers bis hin zur umfassenden Expertise in einer bestimmten Spezialsoftware. Dass heute in den allermeisten Berufen ein Verständnis von grundlegender Anwendungssoftware und dem Umgang mit dem Internet erwartet wird, ist dabei so naheliegend, dass in dieser Arbeit kein expliziter Fokus auf diesen Anforderungsaspekt gelegt wurde. Tatsächlich findet sich in Stellenanzeigen heute nur vereinzelt die Begrifflichkeit der „digitalen Kompetenz", sondern eher die explizite Nennung konkreter Softwareanwendungen oder Programmiersprachen. Auf die Aufnahme solcher Anforderungen in die Anforderungsmatrix wurde jedoch verzichtet, da gerade aufgrund des schnellen technologischen Veränderungsprozesses sich auch der jeweils aktuell geforderte Softwarestandard beinahe monatlich verändert. Während es unabdingbar ist, dass grundlegendes digitales Know-how verschiedenster Form sowohl Einzug in Curricula hält, als auch in entsprechenden Schulungen für Beschäftigte angeboten wird, wurde im Rahmen dieser Arbeit aber deutlich, dass die Digitalisierung insbesondere auch klassische Kompetenzbedarfe verändert. Anpassungsmaßnahmen dürfen sich daher nicht auf die Förderung digitaler Kompetenzen beschränken, sondern müssen vor allem auch bestehende Kompetenzen umfassen. Während der Bereich der Kompetenzen insgesamt an Bedeutung gewinnt, ist die Relevanz des physischen Anforderungsbereichs rückläufig.

9.3 Physischer Anforderungsbereich

Die Analyse der Stellenanzeigen hat gezeigt, dass physische Anforderungen im Rahmen der Digitalisierung nur noch eine untergeordnete Rolle spielen. Keines der untersuchten Anforderungsfelder und Hauptfelder des physischen Bereichs weist hohen Digitalisierungsbezug auf, keine physische Einzelanforderung befindet sich unter der 20 wichtigsten Einzelanforderungen der Digitalisierung.

Selbstverständlich gibt es heute aber noch einige Berufsfelder, in denen Beschäftigte physische Tätigkeiten ausüben. Während koordinative Betätigung und grundsätzliche körperliche Fitness weiterhin erstrebenswert sind, kann die Digitalisierung in Zukunft insbesondere dort helfen, wo dauerhaft körperliche Anstrengungen gefordert oder negative Auswirkungen auf die Gesundheit der Mitarbeiter zu befürchten sind. Es gilt also die Möglichkeiten der Digitalisierung an der Stelle zu nutzen, wo Tätigkeiten zu einer körperlichen Belastung werden können. In diesem Sinn sollten die schon durch die Automatisierung erreichte große Entlastung des Menschen auch in Zeiten der Digitalisierung weiter vorangetrieben werden. Während im Bereich der physischen Stärke Entlastungswirkungen größtenteils schon im Rahmen der Automatisierung erfolgt sind, bieten die Möglichkeiten der Digitalisierung bei Tätigkeiten anderer Art noch Potenzial zur Verbesserung der physischen Arbeitsbedingungen. Hier sind insbesondere Tätigkeiten relevant, in denen erst jüngste technische Fortschritte eine maschinelle Umsetzung erlauben. Neue Formen der Mensch-Maschine-Kooperation und -Kollaboration können sich als vorteilhaft erweisen. Technische Assistenzsysteme sollten dabei so gestaltet sein, dass sie Arbeitsfähigkeit erhöhen und gesundheitsförderlich wirken. Mit der Intention Arbeit human und sozialverträglich auszugestalten, sollten die technischen Möglichkeiten genutzt werden, um sowohl eine Minimierung körperlich belastender Tätigkeiten zu erreichen, als auch im Sinne einer präventiv wirkenden Arbeitsgestaltung gesundheitliche Risiken zu vermeiden und Gefährdungen zu reduzieren.

Vor diesem Hintergrund ist es wichtig, dass Regelungen des Arbeits- und Gesundheitsschutzes an die, mit der Digitalisierung verbundenen, neuen Rahmenbedingungen angepasst werden. Gerade angesichts der Tatsache, dass sich Belastbarkeit als eine der wichtigsten Anforderungen herausgestellt hat, muss dafür Sorge getragen werden, dass es durch die Digitalisierung nicht zu einer belastenden Intensivierung und Ausdehnung der Arbeit kommt. Arbeitsverdichtung muss durch entsprechende Erholungsphasen ausgeglichen werden, sonst kann es zu physischen und psychischen Belastungen der Berufstätigen kommen. Beispielsweise wird die Digitalisierung dazu beitragen, dass Beschäftigte noch länger am Computer oder Laptop sitzen als bisher. Eine körperliche

Betätigung als Belastungsausgleich wird also immer wichtiger. Unternehmen können hierzu beitragen, indem sie betriebliche Möglichkeiten zur sportlichen Betätigung schaffen oder dafür Sorge tragen, dass Mitarbeitern ausreichend Zeit bleibt, um außerhalb des Arbeitsumfelds Sport zu treiben.

Insgesamt wird deutlich, dass der physische Anforderungsbereich im Zuge der Digitalisierung an Bedeutung verliert. In immer weniger Berufen werden physische Anforderungen an die Beschäftigten gestellt. In diesem Sinn setzt sich mit der Digitalisierung der durch die Automatisierung eingeleitete Trend fort. Neueste technische Errungenschaften lassen weitere physische Tätigkeiten maschinell ersetzbar werden. Dennoch wird es auch in Zukunft Berufe geben, in denen physische Aktivitäten ausgeführt und entsprechend physische Anforderungen gestellt werden.

9.4 Gesamtheitliche Anforderungen

Insgesamt hat diese Arbeit aufgezeigt, dass die arbeitsmarktrelevanten Auswirkungen der Digitalisierung kein theoretisches Phänomen der fernen Zukunft sind, sondern sich ganz praktisch bereits heute auf dem deutschen Arbeitsmarkt zeigen. Es wurde deutlich, dass von Rationalisierungsprozessen der Digitalisierung unterschiedlich stark betroffene Berufe auch unterschiedliche Anforderungsbedarfe aufweisen. Die Digitalisierung stellt somit schon heute spezifische Anforderungen an Berufstätige.

Dabei verändern sich nicht nur einzelne Anforderungsbedarfe, vielmehr konnte auch nachgewiesen werden, dass die in Stellenanzeigen enthaltenen Bündel von Einzelanforderungen ein guter Indikator für die Digitalisierbarkeit eines Berufs sind. Die Stellenanzeigenanalyse eignet sich in Konsequenz als ein wirksames Instrument beispielsweise zur Entwicklung eines Systems des kontinuierlichen Monitorings von Anforderungsbedarfen.

Darüber hinaus ergibt sich aus der Kombination dieser beiden Erkenntnisse, berufsspezifische Anforderungsprofile einerseits und der Indikatorfunktion der Anforderungen andererseits, eine weitere Schlussfolgerung: die Ergebnisse dieser Arbeit könnten dabei helfen berufliche Umschulungsmaßnahmen sinnvoll zu konzipieren und umzusetzen.

So lassen sich anhand der Anforderungsprofile der Berufsfelder inhaltliche Ähnlichkeiten zwischen verschiedenen Berufen bemessen. Auf diese Weise kann ermittelt werden, wie sich Beschäftigte mit einem Beruf, der zukünftig weniger nachgefragt wird, am zielgerichtetsten weiterqualifizieren sollten, um in einen neuen Beruf mit ähnlichem Profil, aber besseren Zukunftsperspektiven zu wechseln. Hierzu lassen sich auf Basis der Ergebnisse dieser Arbeit einerseits die Berufe mit den größten anforderungsbezogenen Übereinstimmungen zum bisherigen Beruf identifizieren, andererseits kann aber auch genau bestimmt werden, welche zusätzlichen Qualifikationen und Kompetenzen erworben werden sollten, um einen Berufswechsel möglichst reibungslos zu gestalten. Diese Informationen können dabei sowohl dem Einzelnen bei seinen individuellen Fort- und Weiterbildungsbestrebungen nützen, aber auch Bildungsträger in der konzeptionellen Entwicklung von Berufsverlaufspfaden unterstützen. Auf dieser Grundlage könnten programmatische Umschulungskonzepte entworfen werden, die berufsspezifische Weiterbildungsmaßnahmen enthalten, um gezielt berufliche Anschlussfähigkeiten herzustellen.

Insgesamt gilt es das gesamte Arbeitsumfeld so zu gestalten, dass Berufstätige die besten Voraussetzungen haben, den beruflichen Anforderungen der Digitalisierung gerecht zu werden. Viele Kompetenzen sind durch „Learning by Doing", also im Rahmen der laufenden Arbeitsprozesse am besten auszubilden und zu erwerben.

Damit solche Maßnahmen wirksam umsetzbar sind und tatsächlich realisiert werden, muss die Politik rasch und zielgerichtet adäquate Leitlinien vorgeben und entsprechende Rahmenbedingungen schaffen.

9.5 Herausforderungen für Arbeitsmarkt- und Sozialpolitik

Denn Digitalisierung ist Realität. Sie ist längst in den (Arbeits-) Alltag einkehrt. So selbstverständlich zuhause der Smart-TV mit dem Smartphone gesteuert wird, so gewöhnlich erscheint eine cloudbasierte Kooperation mit Arbeitskollegen rund um den Globus. Nicht nur das Privatleben, auch die Arbeitswelt wird immer digitaler.

Dennoch wird Digitalisierung in der politischen Diskussion überwiegend als Phänomen der Zukunft gesehen. Auswirkungen auf den Arbeitsmarkt werden mit einem Zeithorizont von mehreren Dekaden diskutiert. Es wird von potenziellen Beschäftigungsveränderungen und möglichen Anforderungsbedarfen gesprochen.

Diese Arbeit hat jedoch deutlich gemacht, dass die Digitalisierung bereits heute den deutschen Arbeitsmarkt maßgeblich prägt und dementsprechend zeitnahes Handeln der politischen Entscheidungsträger erforderlich ist. Die, mit der Digitalisierung einhergehenden Veränderungen der beruflichen Anforderungen, fallen dabei insbesondere in den Gestaltungsbereich von Arbeitsmarkt- und Sozialpolitik. Als zentrales Instrument zur Verwirklichung des grundgesetzlich verankerten Sozialstaatsprinzips ist die Sozialpolitik besonders gefordert, den durch die Digitalisierung ausgelösten gesamtgesellschaftlichen

Transformationsprozess zu begleiten und mitzugestalten. Es wird dabei insbesondere um die Absicherung, der mit diesem Prozess für einzelne gesellschaftliche Gruppen verbundenen Risiken und den Ausgleich mit anderen gesamtwirtschaftlich relevanten Interessen gehen.

Stellt man näher auf die, mit dieser Arbeit behandelte Thematik und die gefundenen Ergebnisse ab, so wird deutlich, dass Arbeitsmarkt- und Sozialpolitik durch die Digitalisierung vor eine Reihe verschiedener Herausforderungen gestellt werden. Arbeitsmarkt- und sozialpolitischer Regelungs- und Gestaltungsbedarf besteht insbesondere in den beiden folgenden Bereichen: bei Aus- und Weiterbildung, sowie im Bereich neu entstehender Arbeitsformen.

Im Bereich der schulischen und beruflichen Aus- und Weiterbildung müssen geeignete Rahmenbedingungen geschaffen werden, um den neuen Herausforderungen wirksam zu begegnen. Insbesondere die, mit der Digitalisierung verbundenen Änderungen und Neugewichtungen der beruflichen Anforderungen, die mit dieser Arbeit festgestellt wurden und in Kapitel 8 im Einzelnen beschrieben sind, erfordern seitens der Arbeitsmarktpolitik eine starke Initiative zur Realisierung der gebotenen Ausbildungsmaßnahmen. Dabei wird es vor allem darum gehen müssen, Arbeitnehmer zu fördern, die durch die Digitalisierung besonders unter Druck geraten. Daher sollten Bildungsbereiche anschlussfähig angelegt und reibungslose Übergänge ermöglicht werden. Politik muss ein berufs- und lebensbegleitendes Lernen fördern und Anreize setzen Weiterbildungsmöglichkeiten anzubieten und anzunehmen.

Das, mit der Änderung der beruflichen Anforderungen verbundene Aufkommen neuer Arbeitsformen, wie zum Beispiel Crowd- und Clickworking oder die globale Zusammenarbeit von Arbeitnehmern aus unterschiedlichen Ländern, erfordert Regelungen, die gleichzeitig die Rechte der Arbeitnehmer sichern und die weitere Entwicklung neuer Geschäftsmodelle ermöglichen. Arbeitsmarktpolitik sollte dabei Brücken zwischen Arbeitnehmern und Arbeitgebern bauen, die die Interessen beider Seiten zum Ausgleich bringen.

Neue Arbeitsmodelle dürfen nicht zu einseitiger Benachteiligung führen. Es gilt einen Ausgleich zu schaffen, der eine Entgrenzung der Arbeit nicht zur Belastung von Beschäftigten werden lässt, sondern technologische Flexibilisierungspotenziale im Sinne einer Work-Life-Balance nutzt. Es kommt daher darauf an, Arbeitszeiten und Erfassungsmodelle so zu regulieren, dass sie in einer Zeit zunehmender Digitalisierung, in der Grenzen zwischen Arbeit und Freizeit immer mehr verschwimmen, modernen Lebensrealitäten Rechnung tragen, aber nicht einseitig als Kontroll- und Überwachungsmechanismus missbraucht werden.

Beschäftigungsformen, die im Zuge der Digitalisierung neu entstehen, müssen so gestaltet werden, dass sie Unternehmensinteressen gerecht werden, aber atypische, prekäre Arbeitsverhältnisse und eine Entkopplung der Arbeitnehmer ausschließen. Mitbestimmung, sowie Arbeits- und Datenschutz sind dabei zentrale Aspekte.

Nur wenn diese so gestaltet werden, dass sie beiden Seiten zugutekommt, können Chancen und Potenziale der Digitalisierung im Sinne einer „guten digitalen Arbeit" genutzt werden.

Es ist evident, dass darüber hinaus noch weitere sozial- und arbeitsmarktpolitische Maßnahmen notwendig sind, um den Auswirkungen der Digitalisierung in vollem Umfang Rechnung zu tragen. Für die Politik wie für alle anderen Akteure der Digitalisierung gilt dabei, dass gerade bei einem sich so schnell verändernden Handlungsfeld wie dem der Digitalisierung, Zielsetzungen und Aktivitäten ständig überdacht und angepasst werden müssen.

9.6 Fazit und Ausblick

Die Arbeit zeigt auf, welche spezifischen beruflichen Anforderungen der Digitalisierung sich am deutschen Arbeitsmarkt heute feststellen lassen. Die Untersuchung macht deutlich, welche Anforderungen in Zeiten der Digitalisierung am bedeutsamsten sind.

Problemlösungsfähigkeit hat sich dabei als die wichtigste aller untersuchten beruflichen Anforderungen erwiesen. Digitalisierung konfrontiert die Berufstätigen mit ständig neuen Sachverhalten und Problemen. Mit diesen wechselnden Herausforderungen souverän umgehen zu können, ist daher essentiell. Gesucht werden dabei insbesondere Mitarbeiter, die in der Lage sind, sich flexibel an neue Situationen und Aufgabenstellungen anzupassen. Offenheit für Veränderungen, sowie geistige und physische Mobilität sind dementsprechend Anforderungen, die aufgrund der Digitalisierung vermehrt nachgefragt werden. Gerade in einem zunehmend technisierten Arbeitsumfeld braucht es Mitarbeiter, die Problemstellungen kooperativ in kollegialer Zusammenarbeit zu lösen vermögen. Sozial-kommunikative Kompetenzen wie Verständnisbereitschaft und Beziehungsmanagement haben sich in der Analyse als besonders wichtig erwiesen.

Abgesehen von kompetenzbezogenen Anforderungsbedarfen bestätigt sich die Relevanz guter und umfassender Ausbildung. In Berufen, in denen sich nur wenige Tätigkeiten maschinell ersetzen lassen, sind heute überwiegend Absolventen mit Master- oder Promotionsabschlüssen gefragt. Demnach profitieren von der Digitalisierung in erster Linie Hochqualifizierte, niedrigere Ausbildungsabschlüsse verlieren auf dem Arbeitsmarkt an Wert.

Darüber hinaus hat die Arbeit deutlich gemacht, dass die Digitalisierung den mit der klassischen Automatisierung eingeleiteten Trend der abnehmenden Bedeutung physischer Anforderungen fortsetzt. Körperlich schwere und belastende Tätigkeiten werden im Rahmen der Digitalisierung zunehmend durch „intelligente" Maschinen ersetzt. Arbeitsplätze, die hohe physische Anforderungen an die Beschäftigten stellen, werden daher in Zukunft nur noch in Randbereichen eine Rolle spielen.

Insgesamt hat sich gezeigt, dass die Digitalisierung schon heute berufliche Anforderungen maßgeblich verändert. Sie ist ein fortwährender Prozess, der klassische Berufe und die damit verbundenen Anforderungen nicht von heute auf morgen zur Disposition stellt. Sie trägt vielmehr zu einer langfristigen Veränderung der Relevanz einzelner Anforderungen bei. Einige verlieren an Bedeutung, andere werden zunehmend wichtiger. Veränderungsprozesse, wie sie sich in der Vergangenheit immer wieder auf dem Arbeitsmarkt ereignet haben.

Digitalisierung deshalb nur als „alten Wein in neuen Schläuchen" zu betrachten, könnte sich als Fehler erweisen. Deutlich wird bereits jetzt, dass die Digitalisierung grundlegende Veränderungen der Arbeitswelt mit sich bringen wird, die in ihrer Tiefe und Geschwindigkeit mit früheren Transformationen kaum vergleichbar sind. Den komplexen Veränderungen beruflicher Tätigkeiten und Anforderungen nur mit der Förderung von „digitalen Kompetenzen" in Form von Programmierunterricht und Internetkursen zu begegnen, greift zu kurz. Digitalisierung betrifft klassische Kompetenzen, Fähigkeiten und Fertigkeiten, die in der Berufs- und Arbeitswelt seit jeher essentiell sind. Wie die Ergebnisse dieser Untersuchung zeigen, verändert sich deren jeweilige Bedeutung durch die Digitalisierung teilweise jedoch erheblich.

Aus diesen Veränderungen gilt es die richtigen Schlussfolgerungen zu ziehen. Vage politische Konzepte wie der Koalitionsvertrag müssen durch evidenzbasierte Maßnahmen umgesetzt werden. Sozial- und Arbeitsmarktpolitik sollte sich im Detail mit den spezifischen Anforderungsbedarfen der Digitalisierung auseinandersetzen, um gezielt und wirksam die notwendigen Maßnahmen ergreifen zu können. Das Zusammenwirken der vorgenannten Maßnahmen kann wirksam dazu beitragen, dass gerade die zukünftig besonders wichtigen beruflichen Anforderungen der Digitalisierung gezielt entwickelt werden können. Diese Arbeit leistet hierzu einen Beitrag, indem sie konkret aufzeigt, welche Anforderungen gefördert werden sollten.

Zukünftige Untersuchungen auf Grundlage der entwickelten Anforderungsmatrix können helfen die Erkenntnisse dieser Arbeit zu ergänzen. Zeitliche Variation erlaubt es ein noch besseres Verständnis für die Zusammenhänge zwischen Digitalisierung und beruflichen Anforderungen zu gewinnen. Diese

Arbeit dient dabei als Anstoß, in dem sie einen systematischen Überblick über derzeitige Anforderungsbedarfe der Digitalisierung am deutschen Arbeitsmarkt geschaffen hat. Auf dieser Grundlage lassen sich zukunftssichere Berufsbilder entwerfen und zielgerichtet Bedarfslücken schließen. Nur wenn es gelingt, den identifizierten Anforderungen der Digitalisierung wirksam Rechnung zu tragen, kann sich die Hoffnung der derzeitigen Bundesregierung erfüllen und Deutschland tatsächlich zu einem starken Digitalland werden.

Abbildungsverzeichnis

Tabellenverzeichnis

Literatur

Acemoglu, D., 1999: Changes in unemployment and wage inequality. An alternative theory and some evidence. The American Economic Review 89: 1259–1278.

Acemoglu, D. & D. Autor, 2011: Skills, tasks and technologies. Implications for employment and earnings. Handbook of Labor Economics 4: 1043–1171.

Adermon, A. & M. Gustavsson, 2015: Job polarization and task-biased technological change. Evidence from Sweden, 1975–2005. The Scandinavian Journal of Economics 117: 878–917.

Aggarwal, C.C. & C. Zhai, 2012: A survey of text classification algorithms. Mining text data: 163–222.

Allahyari, M., S. Pouriyeh, M. Assefi, S. Safaei, E.D. Trippe, J.B. Gutierrez & K. Kochut, 2017: A brief survey of text mining. Classification, clustering and extraction techniques. arXiv preprint arXiv:1707.02919.

Allert, H. & C. Richter, 2016: Kultur der Digitalität statt digitaler Bildungsrevolution. Working Paper.

Altman, D.G. & J.M. Bland, 1994: Diagnostic tests 3. Receiver operating characteristic plots. BMJ: British Medical Journal 309: 188.

American Management Association, 2012: Critical skills survey. https://www.amanet.org/uploaded/2012-Critical-Skills-Survey.pdf (20.3.2018).

Amin, A. & P. Cohendet, 2004: Architectures of knowledge. Firms, capabilities, and communities: Oxford University Press on Demand.

AMS, 2018: Arbeitsmarktservice Österreich. http://www.ams.at/ (30.3.2018).

Anderson, K.A., 2017: Skill networks and measures of complex human capital. Proceedings of the National Academy of Sciences of the United States of America 114: 12720–12724.

Angleitner, A. & F. Ostendorf, 1994: Von aalglatt bis zynisch. Merkmale persönlichkeitsbeschreibender Begriffe. S. 340–381 in: Handbuch deutschsprachiger Wortnormen.

Antonczyk, D., T. DeLeire & B. Fitzenberger, 2010: Polarization and rising wage inequality. Comparing the US and Germany. ZEW – Centre for European Economic Research Discussion Paper No. 10-015.

Antonczyk, D., B. Fitzenberger & U. Leuschner, 2009: Can a task-based approach explain the recent changes in the German wage structure? Jahrbücher für Nationalökonomie und Statistik 229: 214–238.

Antonczyk, D., B. Fitzenberger & K. Sommerfeld, 2011: Anstieg der Lohnungleichheit, Rückgang der Tarifbindung und Polarisierung. Journal for Labour Market Research 44: 15–27.

Apt, W., M. Bovenschulte, E.A. Hartmann & S. Wischmann, 2016: Foresight-Studie „Digitale Arbeitswelt". BMAS Forschungsbericht 463: 1–92.

Arnold, D., Butschek, S., Steffes, S., & Müller, D., 2016: Digitalisierung am Arbeitsplatz: Bericht. BMAS Forschungsbericht: 1–40.

Arntz, M., T. Gregory, S. Jansen & U. Zierahn, 2016a: Tätigkeitswandel und Weiterbildungsbedarf in der digitalen Transformation. ZEW-Gutachten und Forschungsberichte.

Arntz, M., T. Gregory & U. Zierahn, 2016b: ELS issues in robotics and steps to consider them. Part 1. Robotics and employment. Consequences of robotics and technological change for the structure and level of employment. ZEW-Gutachten und Forschungsberichte.

Arntz, M., T. Gregory & U. Zierahn, 2016c: The risk of automation for jobs in OECD countries. A comparative analysis. OECD Social, Employment, and Migration Working Papers.

Arya, S., D.M. Mount, N.S. Netanyahu, R. Silverman & A.Y. Wu, 1998: An optimal algorithm for approximate nearest neighbor searching fixed dimensions. Journal of the ACM (JACM) 45: 891–923.

Atalay, E., P. Phongthiengtham, S. Sotelo & D. Tannenbaum, 2017: The evolving US occupational structure. A textual analysis. Discussion paper.

Autor, D.H., 2010: The polarization of job opportunities in the US labor market. Implications for employment and earnings. Center for American Progress and The Hamilton Project.

Autor, D.H., 2015: Why are there still so many jobs? The history and future of workplace automation. The Journal of Economic Perspectives 29: 3–30.

Autor, D.H. & D. Dorn, 2013: The growth of low-skill service jobs and the polarization of the US labor market. The American Economic Review 103: 1553–1597.

Autor, D.H., L. Katz & M. Kearney, 2006: The polarization of the US labor market. American Economic Review Papers and Proceedings 96(2): 189–194.

Autor, D.H., L.F. Katz & A.B. Krueger, 1998: Computing inequality. Have computers changed the labor market? The Quarterly journal of economics 113: 1169–1213.

Autor, D.H., F. Levy & R.J. Murnane, 2003: The skill content of recent technological change. An empirical exploration. The Quarterly journal of economics 118: 1279–1333.

Baethge, M. & H. Oberbeck, 1985: Dienstleistungssektor als Auffangnetz? Zur These der Kompensation von Rationalisierungseffekten in der Produktion durch Ausweitung von Dienstleistungen—Am Beispiel kaufmännischer und verwaltender Tätigkeiten. Soziale Welt 36. Jahrg., H. 2: 226–241.

Bahl, A., 2009: Von Schlüsselqualifikationen zu globalen „key competencies ". Stationen einer anhaltenden Debatte über den Stellenwert fachübergreifender Kompetenzen. Bahl, Anke (Hg.): Kompetenzen für die globale Wirtschaft. Begriffe, Erwartungen, Entwicklungsansätze. Bonn: Bundesinstitut für Berufsbildung: 19–39.

Baldwin, R.E. & G.G. Cain, 2000: Shifts in relative US wages. The role of trade, technology, and factor endowments. The review of economics and statistics 82: 580–595.

Beaudry, P., D.A. Green & B.M. Sand, 2014: The declining fortunes of the young since 2000. The American Economic Review 104: 381–386.

Beaudry, P., D.A. Green & B.M. Sand, 2016: The great reversal in the demand for skill and cognitive tasks. Journal of labor economics 34: 199–247.

Beblavý, M., B. Fabo & K. Lenaerts, 2016: Skills requirements for the 30 most-frequently advertised occupations in the United States. An analysis based on online vacancy data. Centre for European Policy Studies.

Bekman, E., J. Bound & S. Machin, 1998: Implications of skill-biased technological change. International evidence. The Quarterly journal of economics 113: 1245–1279.

Bengler, K. & M. Schmauder, 2016: Digitalisierung. Zeitschrift für Arbeitswissenschaft 70: 75–76.

Bensberg, F. & G. Buscher: The Impact of Big Data on the Job Market – Results from a Job Mining Study. European Data Forum 2015, Luxembourg 16.-17.11.2015.

Bensberg, F., K.-M. Griese & A. Schmidt, 2017: Digitalisierung der Arbeit vor dem Hintergrund der nachhaltigen Entwicklung. eleed – e-learning & education, Open Access Journal 12: 1–10.

Berman, E., J. Bound & Z. Griliches, 1994: Changes in the demand for skilled labor within US manufacturing. Evidence from the annual survey of manufactures. The Quarterly journal of economics 109: 367–397.

Black, S.E. & A. Spitz-Oener, 2010: Explaining women's success. Technological change and the skill content of women's work. The review of economics and statistics 92: 187–194.

Blackburn, M.L., D.E. Bloom & R.B. Freeman, 1989: The declining economic position of less-skilled american males. Cambridge, MA: National Bureau of Economic Research.

Blei, D.M., A.Y. Ng & M.I. Jordan, 2003: Latent Dirichlet Allocation. Journal of Machine Learning Research 3: 993–1022.

Bode, E., S. Brunow, I. Ott & A. Sorgner, 2016: Worker personality. Another skill bias beyond education in the digital age. Working Paper Series in Economics, Karlsruher Institut für Technologie (KIT) 98.

Böhle, F. & S. Pfeiffer, 2017: Unwägbarkeiten. S. 185–190 in: F. Böhle (Hrsg.), Arbeit als Subjektivierendes Handeln. Handlungsfähigkeit bei Unwägbarkeiten und Ungewissheit. Wiesbaden: Springer VS.

Bonin, H., T. Gregory & U. Zierahn, 2015: Übertragung der Studie von Frey/Osborne (2013) auf Deutschland. ZEW Kurzexpertise 57.

Borghans, L., B. Ter Weel & B.A. Weinberg, 2014: People skills and the labor-market outcomes of underrepresented groups. ILR Review 67: 287–334.

Bös, K. & H. Mechling, 1983: Dimensionen sportmotorischer Leistungen. Schorndorf: Hofmann.

Breiman, L., 2001: Random forests. Machine learning 45: 5–32.

Breiman, L., J. Friedman, C.J. Stone & R.A. Olshen, 1984: Classification and regression trees: CRC press.

Brzeski, C., Burk, I., 2015: Die Roboter kommen. Folgen der Automatisierung für den deutschen Arbeitsmarkt. INGDiBa Economic Research.

Broecke, S., G. Quintini & M. Vandeweyer, 2017: Wage inequality and cognitive skills. Re-opening the debate in: Education, Skills, and Technical Change: Implications for Future US GDP Growth: University of Chicago Press: 251–286.

Brown, C.D. & H.T. Davis, 2006: Receiver operating characteristics curves and related decision measures. A tutorial. Chemometrics and Intelligent Laboratory Systems 80: 24–38.

Brynjolfsson, E. & A. Mcafee, 2014: The second machine age. Work, progress, and prosperity in a time of brilliant technologies: W. W. Norton.

Bubenhofer, N. & J. Scharloth, 2015: Maschinelle Textanalyse im Zeichen von Big Data und Data-driven Turn – Überblick und Desiderate. Zeitschrift für germanistische Linguistik 43: 1–26.

Bundesagentur für Arbeit, 2011: KldB 2010. Klassifikation der Berufe – Systematischer und alphabetischer Teil mit Erläuterungen. Band 1. Nürnberg: Bundesagentur für Arbeit.

Bundesministerium für Arbeit und Soziales, 2015: „Grünbuch – Arbeit weiter denken" – Arbeiten 4.0. Berlin.

Bundesregierung, 2018: Koalitionsvertrag. vom 14. März 2018. https://www.bundesregierung.de/Content/DE/_Anlagen/2018/03/2018-03-14-koalitionsvertrag.pdf (30.3.2018).

Bureau of Labor Statistics, 2017: Usual weekly earnings of wage and salary workers third quarter 2017.

Caines, C., F. Hoffmann & G. Kambourov, 2017: Complex-task biased technological change and the labor market. Review of Economic Dynamics 25: 298–319.

Carnevale, A.P., T. Jayasundera & D. Repnikov, 2014: Understanding online job ads data. A technical report. Georgetown University, McCourt School on Public Policy, Center on Education and the Workforce, April.

Carnevale, A.P., S.J. Rose & A.R. Hanson, 2013: Certificates. Gateway to gainful employment and college degrees. Washington DC: Center on the Education and the Workforce.

Chen, T. & T. He, 2015: Xgboost: Extreme gradient boosting. R package version 0.4-2.

Clemmensen, L., T. Hastie, D. Witten & B. Ersbøll, 2011: Sparse discriminant analysis. Technometrics 53: 406–413.

Cohen, J., 1960: A coefficient of agreement for nominal scales. Educational and Psychological Measurement Vol. XX, No. 1: 37–46.

Cohen, W.W. (Hrsg.), 1995: Fast effective rule induction. In: Proceedings of the twelfth international conference on machine learning, Tahoe City, California, 9.–12. Juli: 115–123.

Conneau, A., H. Schwenk, L. Barrault & Y. & Lecun, 2017: Very deep convolutional networks for text classification. In: Proceedings of the 15th Conference of the European Chapter of the Association for Computational Linguistics: Volume 1, Long Papers: 1107–1116.

da Cunha, M.V., 2009: The Information Professional's Profile. An Analysis of Brazilian Job Vacancies on the Internet. Information Research: An International Electronic Journal 14(3): 6–14.

Davis, S.J., 1992: Cross-country patterns of change in relative wages. NBER macroeconomics annual 7: 239–292.

Davis, S.J. & J. Haltiwanger, 1991: Wage dispersion between and within US manufacturing plants, 1963–1986. National Bureau of Economic Research w3722.

Debortoli, S., O. Müller & J. Vom Brocke, 2014: Comparing business intelligence and big data skills. Business & Information Systems Engineering 6: 289–300.

Deming, D. & L. Kahn, 2017: Firm Heterogeneity in Skill Demands. Discussion paper.

Deming, D.J., 2017: The growing importance of social skills in the labor market. The Quarterly journal of economics 132: 1593–1640.

Dengler, K. & B. Matthes, 2015a: Folgen der Digitalisierung für die Arbeitswelt. In kaum einem Beruf ist der Mensch vollständig ersetzbar. IAB-Kurzbericht No. 24/2015.

Dengler, K. & B. Matthes, 2015b: Folgen der Digitalisierung für die Arbeitswelt. Substituierbarkeitspotenziale von Berufen in Deutschland. IAB-Forschungsbericht No. 11/2015.

Dengler, K., B. Matthes & W. Paulus, 2014: Berufliche Tasks auf dem deutschen Arbeitsmarkt. Eine alternative Messung auf Basis einer Expertendatenbank. FDZ-Methodenreport 12: 1–40.

Dillmann, R., 2013: Lernende Roboter. Aspekte maschinellen Lernens. Berlin, Heidelberg: Springer-Verlag.

Dombrowski, U., C. Riechel & M. Evers, 2014: Industrie 4.0–Die Rolle des Menschen in der vierten industriellen Revolution. Industrie 4: 129–153.

DQR, 2017: Bund-Länder-Koordinierungsstelle für den Deutschen Qualifikationsrahmen für lebenslanges Lernen (DQR). Liste der zugeordneten Qualifikationen. https://www.dqr.de/media/content/Liste der zugeordneten Qualifikationen_01082017.pdf (15.10.2017).

Dunning, T., 1993: Accurate methods for the statistics of surprise and coincidence. Computational linguistics 19: 61–74.

Dustmann, C., J. Ludsteck & U. Schönberg, 2009: Revisiting the German wage structure. The Quarterly journal of economics 124: 843–881.

Dwyer, R.E., 2013: The care economy? Gender, economic restructuring, and job polarization in the US labor market. American Sociological Review 78: 390–416.

Edin, P.-A., P. Fredriksson, M. Nybom & B. Ockert, 2017: The Rising Return to Non-Cognitive Skill. IZA Discussion Papers 10914.

Erpenbeck, J. & L. von Rosenstiel, 2007: Handbuch Kompetenzmessung. 2. erweiterte Auflage. Stuttgart. Schäffer: Poeschel Verlag für Wirtschaft, Steuern, Recht.

Evert, S., 2005: The statistics of word cooccurrences. Word pairs and collocations. Dissertation.

Fairlie, R.W. & P.R. Bahr, 2017: The labor market returns to computer skills. Evidence from a field experiment and California UI earnings records. SIEPR Discussion Paper No. 17-015.

Falk, M. & F. Biagi, 2017: Relative demand for highly skilled workers and use of different ICT technologies. Applied Economics 49: 903–914.

Fawcett, T., 2006: An introduction to ROC analysis. Pattern Recognition Letters 27: 861–874.

Felden, C., H. Bock, A. Gräning, L. Molotowa & J. Saat, 2006: Evaluation von Algorithmen zur Textklassifikation. Freiberg working papers.

Filzmoser, P., B. Liebmann & K. Varmuza, 2009: Repeated double cross validation. Journal of Chemometrics 23: 160–171.

Fine, T.L., 2006: Feedforward neural network methodology: Springer New York.

Fischer, P., 2013: Algorithmisches Lernen. Wiesbaden: Springer-Verlag.

Flecker, J., A. Schönauer & T. Riesenecker-Caba, 2016: Digitalisierung der Arbeit. Welche Revolution? WISO, 4/2016: 18–34.

Fleiss, J.L., B. Levin & M.C. Paik, 2013: Statistical methods for rates and proportions: John Wiley & Sons.

Forschungsunion und acatech, 2013: Umsetzungsempfehlungen für das Zukunftsprojekt Industrie 4.0. Abschlussbericht des Arbeitskreises Industrie 4.

Freeman, R.B., 1991: How much has de-unionisation contributed to the rise in male earnings inequality?

Freund, Y. & R.E. Schapire (Hrsg.), 1995: A decision-theoretic generalization of on-line learning and an application to boosting. European conference on computational learning theory: Springer.

Frey, C.B. & M.A. Osborne, 2017: The future of employment. How susceptible are jobs to computerisation? Technological Forecasting and Social Change 114: 254–280.

Friedman, J., T. Hastie & R. Tibshirani, 2010: Regularization paths for generalized linear models via coordinate descent. Journal of Statistical Software 33.

Friedman, J.H., 2001: Greedy function approximation. A gradient boosting machine. Annals of statistics: 1189–1232.

Friedman, J.H., 2002: Stochastic gradient boosting. Computational Statistics & Data Analysis 38: 367–378.

Fürnkranz, J., D. Gamberger & N. Lavrač, 2012: Foundations of Rule Learning. Berlin, Heidelberg: Springer.

Gallivan, M.J., D.P. Truex III & L. Kvasny, 2004: Changing patterns in IT skill sets 1988-2003. A content analysis of classified advertising. ACM SIGMIS Database 35: 64–87.

Gardiner, A., C. Aasheim, P. Rutner & S. Williams, 2017: Skill requirements in big data. A content analysis of job advertisements. Journal of Computer Information Systems 35: 1–11.

Gerlach, K. & U. Jirjahn, 1998: Technischer Fortschritt, Arbeitsorganisation und Qualifikation. Eine empirische Analyse für das Verarbeitende Gewerbe

Niedersachsens. Mitteilungen aus der Arbeitsmarkt-und Berufsforschung 31: 426–437.

Goldin, C. & L.F. Katz, 2007: The race between education and technology. The evolution of US educational wage differentials, 1890 to 2005: Harvard University Press.

Gong, Y., 2017: How does technology affect skill demand? technical changes and capital-skill complementarity in the 21st century. Economics Honors Project. 74.

Goos, M. & A. Manning, 2003: Lousy and lovely jobs. CEPR Working Paper No. 0604.

Goos, M. & A. Manning, 2007: Lousy and lovely jobs. The rising polarization of work in Britain. The review of economics and statistics 89: 118–133.

Goos, M., A. Manning & A. Salomons, 2009: Job polarization in Europe. The American Economic Review 99: 58–63.

Goos, M., A. Manning & A. Salomons, 2010: Explaining job polarization in Europe. The roles of technology, globalization and institutions.

Goos, M., A. Manning & A. Salomons, 2014: Explaining job polarization. Routine-biased technological change and offshoring. The American Economic Review 104: 2509–2526.

Grefenstette, G., 1994: Explorations in automatic thesaurus discovery: Springer Science & Business Media.

Guido, S. & A.C. Müller, 2017: Einführung in Machine Learning mit Python. Praxiswissen Data Science: O'Reilly.

Hacker, W., 1986: Arbeitspsychologie. Psychologische Regulation von Arbeitstätigkeiten. Bern: Huber.

Haenelt, K., 2009: Information Retrieval Modelle-Vektormodell. http://kontext.fraunhofer.de/haenelt/kurs/folien/Haenelt_IR_Modelle_Vektor.pdf (20.3.2018).

Hall, A., M. Tiemann, H. Herget, D. Rohrbach-Schmidt, B. Seyfried, K. Troltsch, S.I. Weller, U. Braun, I. Leppelmeier & P. Martin, 2015: BIBB/BAuA-Erwerbstätigenbefragung 2012. Arbeit und Beruf im Wandel. Erwerb und Verwertung beruflicher Qualifikationen. Bundesinstitut für Berufsbildung, Bonn 10.

Hammermann, A. & O. Stettes, 2015: Beschäftigungseffekte der Digitalisierung. Erste Eindrücke aus dem IW-Personalpanel. IW-Trends–Vierteljahresschrift zur empirischen Wirtschaftsforschung 42: 77–94.

Hammermann, A. & O. Stettes, 2016: Qualifikationsbedarf und Qualifizierung. Anforderungen im Zeichen der Digitalisierung, IW policy paper 3/2016.

Hanushek, E.A., G. Schwerdt, S. Wiederhold & L. Woessmann, 2015: Returns to skills around the world. Evidence from PIAAC. European Economic Review 73: 103–130.

Harper, R., 2012: The collection and analysis of job advertisements. A review of research methodology. Library and Information Research 36: 29–54.

Harrigan, J., A. Reshef & F. Toubal, 2016: The march of the techies. Technology, trade, and job polarization in France, 1994–2007.

Herlitschka, S. & D. Valtiner, 2017: Digitale Transformation. Das Analoge wird immer digitaler – Industrie und Gesellschaft gestalten sich neu. e & i Elektrotechnik und Informationstechnik 134: 340–343.

Hershbein, B. & L.B. Kahn, 2016: Do recessions accelerate routine-biased technological change? Evidence from vacancy postings. National Bureau of Economic Research.

Heßler, M., 2016: Zur Persistenz der Argumente im Automatisierungsdiskurs. Arbeit und Digitalisierung, Aus Politik und Zeitgeschichte 18–19/2016: 17–24.

Heyse, V. & J. Erpenbeck, 2007: Kompetenzmanagement: Waxmann Verlag.

Heyse, V. & J. Erpenbeck, 2004: Kompetenztraining. Informations-und Trainingsprogramme 2.

Hirsch-Kreinsen, H., 2016a: Zum Verhältnis von Arbeit und Technik bei Industrie 4.0. Arbeit und Digitalisierung, Aus Politik und Zeitgeschichte 18-19/2016: 10–17.

Hirsch-Kreinsen, H., 2016b: Die Zukunft einfacher Industriearbeit: Friedrich Ebert Stiftung.

Hirsch-Kreinsen, H. & M. ten Hompel, 2017: Digitalisierung industrieller Arbeit. Entwicklungsperspektiven und Gestaltungsansätze. S. 357–376 in: Handbuch Industrie 4.0 Bd. 3: Springer.

Hirsch-Kreinsen, H. & J. Weyer, 2014: Wandel von Produktionsarbeit-„Industrie 4.0“. WSI Mitteilungen 06/2014.

Hirsch-Kreinsen, H., J. Weyer & M. Wilkesmann, 2015: Digitalisierung von Arbeit. Folgen, Grenzen und Perspektiven. Soziologisches Arbeitspapier Nr. 43/2015.

Holzer, H., 2015: Job market polarization and US worker skills. A tale of two middles. Economic Studies, The Brookings Institution.

Huang, A., 2008: Similarity measures for text document clustering. In: Proceedings of the Sixth New Zealand Computer Science Research Student Conference: 49–56.

Huber, H.D., 2004: Im Dschungel der Kompetenzen. Huber, Hans Dieter/Lockemann, Bettina/Scheibel, Michael: Visuelle Netze. Wissensräume in der Kunst: 15–29.

Hurler, P., 1984: Gestaltungsspielräume der Arbeitsmarktpolitik auf regionalen Arbeitsmärkten: Duncker & Humblot.

Huth, A., 2014: Talentmanagement. Ein Baustein auf dem Weg zur Lernenden Organisation?: Diplomica Verlag.

Hwang, J.-t., 2013: Technical change, heterogeneity in skill demand, and employment polarization. Seoul Journal of Economics 26(3): 361-381.

International Integrated Reporting Council, 2016: The <IR> Competence Matrix. http://integratedreporting.org/wp-content/uploads/2016/04/IR-Competence-Framework-Section-One.pdf (30.3.2018).

Ittermann, P., J. Niehaus & H. Hirsch-Kreinsen, 2015: Arbeiten in der Industrie 4.0. Trendbestimmungen und arbeitspolitische Handlungsfelder. Düsseldorf: Hans-Böckler-Stiftung.

Jaccard, P., 1901: Étude comparative de la distribution florale dans une portion des Alpes et des Jura. Bull Soc Vaudoise Sci Nat 37: 547–579.

Jaccard, P., 1912: The distribution of the flora in the alpine zone. New phytologist 11: 37–50.

Jepsen, C., K. Troske & P. Coomes, 2014: The labor-market returns to community college degrees, diplomas, and certificates. Journal of labor economics 32: 95–121.

Johnson, G.E., 1997: Changes in earnings inequality. The role of demand shifts. The Journal of Economic Perspectives 11: 41–54.

Jonathan, J., 2012: The college wage premium. Federal Reserve Bank of Cleveland Economic Commentary: 2012-10.

Kagermann, H., 2017: Chancen von Industrie 4.0 nutzen. S. 235–246 in: Handbuch Industrie 4.0 Bd. 4: Springer.

Kaiser, U., 2000: New technologies and the demand for heterogeneous labor. Firm-level evidence for the German business-related service sector. Economics of Innovation and New Technology 9: 465–486.

Katz, C. & C. Baitsch, 2006: Arbeit bewerten-Personal beurteilen. Lohnsysteme mit Abakaba; Grundlagen, Anwendung, Praxishilfe: vdf Hochschulverlag AG.

Katz, L., G. Loveman & D. Blanchflower, 1995: Differences and changes in wage structures. A comparison of changes in the structure of wages in four OECD countries. Chicago: University of Chicago Press.

Katz, L.F., 1999: Changes in the wage structure and earnings inequality. Handbook of Labor Economics 3: 1463–1555.

Katz, L.F. & K.M. Murphy, 1992: Changes in relative wages, 1963–1987. Supply and demand factors. The Quarterly journal of economics 107: 35–78.

Ke, G., Q. Meng, T. Finley, T. Wang, W. Chen, W. Ma, Q. Ye & T.-Y. Liu (Hrsg.), 2017: LightGBM. A highly efficient gradient boosting decision tree. Advances in Neural Information Processing Systems.

Keynes, J.M., 1933: Economic possibilities for our grandchildren (1930). Essays in persuasion: 358–373.

Kilgarriff, A., 1996: Comparing word frequencies across corpora. Why chi-square doesn't work, and an improved LOB-Brown comparison. ALLC-ACH Conference, June 1996, Bergen, Norway.

Klein, M., 2016: The association between graduates' field of study and occupational attainment in West Germany, 1980–2008. Journal for Labour Market Research 49: 43–58.

Klieme, E., 2004: Was sind Kompetenzen und wie lassen sie sich messen? Pädagogik 6(2004): 10–13.

Kocka, J., 2001: Thesen zur Geschichte und Zukunft der Arbeit. Aus Politik und Zeitgeschichte B 21: 8–13.

Kohavi, R., 1995: A study of cross-validation and bootstrap for accuracy estimation and model selection. In Proceedings of the 14th International Joint Conference on Articial Intelligence: 338–345.

Kolesnikova, O., 2016: Survey of word co-occurrence measures for collocation detection. Computación y Sistemas 20.

Krause, A., 2002: Psychische Belastungen im Unterricht. Ein aufgabenbezogener Untersuchungsansatz; Analyse der Tätigkeit von Lehrerinnen und Lehrern. Flensburg,

Krautz, J., 2009: Bildung als Anpassung? Das Kompetenz-Konzept im Kontext einer ökonomisierten Bildung. Fromm Forum 13.

Kretzschmar, A., J.C. Neubert & S. Greiff, 2014: Komplexes Problemlösen, schulfachliche Kompetenzen und ihre Relation zu Schulnoten. Zeitschrift für Pädagogische Psychologie 28: 205–215.

Kroll, L.E., 2011: Konstruktion und Validierung eines allgemeinen Index für die Arbeitsbelastung in beruflichen Tätigkeiten anhand von ISCO-88 und KldB-92. Methoden — Daten — Analysen 5: 63–90.

Krueger, A.B., 1993: How computers have changed the wage structure. Evidence from microdata, 1984–1989. The Quarterly journal of economics 108: 33–60.

Kugler, P., U. Müller & G. Sheldon, 1988: Struktur der arbeitsnachfrage im technologischen Wandel—Eine empirische analyse für die Bundesrepublik Deutschland. Weltwirtschaftliches Archiv 124: 490–500.

Kuhn, M. & K. Johnson, 2013: Applied predictive modeling. New York: Springer.

Landis, J.R. & G.G. Koch, 1977: The measurement of observer agreement for categorical data. Biometrics Vol. 33, No. 1: 159–174.

Laur-Ernst, U., 1990: Schlüsselqualifikationen bei der Neuordnung von gewerblichen und kaufmännischen Berufen-Konsequenzen für das Lernen. In: Schlüsselqualifikationen. Hamburg: Feldhaus.

Liddell, D., 1976: Practical tests of 2× 2 contingency tables. The Statistician: 295–304.

Liebeck, M., K. Esau & S. Conrad, 2017: Text Mining für Online-Partizipationsverfahren. Die Notwendigkeit einer maschinell unterstützten Auswertung. HMD Praxis der Wirtschaftsinformatik 54: 544–562.

Lindqvist, E. & R. Vestman, 2011: The labor market returns to cognitive and noncognitive ability. Evidence from the Swedish enlistment. American Economic Journal: Applied Economics 3: 101–128.

Lippold, D., 2005: Ein Rahmenmodell für das Maschinelle Lernen: Institut für Intelligente Systeme, Universität Stuttgart.

Ljubešić, N., D. Boras, N. Bakarić & J. Njavro (Hrsg.), 2008: Comparing measures of semantic similarity. In: Proceedings of the ITI 2008 30th International Conference of Information Technology Interfaces, Cavtat, Croatia: 675– 682.

Lu, Q., 2015: The End of Polarization? Technological Change and Employment in the US Labor Market. University of Texas at Austin Job Market Paper.

Lukács, F.É., I. Budavári-Takács & C.J. Suhajda, 2016: Key competences on the labour market. Journal of Management No. 1 (28): 25–30.

Machin, S., 2001: The changing nature of labour demand in the new economy and skill-biased technology change. Oxford Bulletin of Economics and Statistics 63: 753–776.

Machin, S. & J. van Reenen, 1998: Technology and changes in skill structure. Evidence from seven OECD countries. The Quarterly journal of economics 113: 1215–1244.

Mainert, J., A. Kretzschmar, J.C. Neubert & S. Greiff, 2015: Linking complex problem solving and general mental ability to career advancement. Does a transversal skill reveal incremental predictive validity? International Journal of Lifelong Education 34: 393–411.

Marx, K., 1872: Das Kapital. Kritik der politischen Oekonomie. Vol. 1: O. Meissner.

Mastorakis, N., V. Mladenov & V.T. Kontargyri, 2010: Proceedings of the European Computing Conference: Springer US.

Mauro, A. de, M. Greco, M. Grimaldi & G. Nobili, 2016: Beyond Data Scientists. A review of big data skills and job families. Proceedings of IFKAD: 1844–1857.

Mayring, P., 2007: On generalization in qualitatively oriented research. Forum Qualitative Sozialforschung 8.

Mazo, H., 2006: LREC 2006 Proceedings. Genoa, Italy, 22 May–26 May.

McNemar, Q., 1947: Note on the sampling error of the difference between correlated proportions or percentages. Psychometrika 12: 153–157.

Meinel, K. & G. Schnabel, 2007: Bewegungslehre-Sportmotorik. Abriss einer Theorie der sportlichen Motorik unter pädagogischem Aspekt: Meyer & Meyer Verlag.

Mertens, D., 1974: Schlüsselqualifikationen. Mitteilungen aus der Arbeitsmarkt- und Berufsforschung 7: 36–43.

Mertens, P. & D. Barbian, 2016: Digitalisierung und Industrie 4.0 – Trend mit modischer Überhöhung? Informatik-Spektrum 39: 301–309.

Mikolov, T., W.t. Yih & G. Zweig, 2013: Linguistic regularities in continuous space word representations. Proceedings of the 2013 Conference of the North American Chapter of the Association for Computational Linguistics: Human Language Technologies: 746–751.

Miller, T., 2000: Kompetenzen-Fähigkeiten-Ressourcen. Eine Begriffsbestimmung. in: Empowerment konkret! Handlungsentwürfe und Reflexionen aus der psychosozialen Praxis. Stuttgart: Lucius und Lucius. Dimensionen Sozialer Arbeit und der Pflege Bd. 4: 23–32.

Mincer, J., 1991: Human capital, technology, and the wage structure. What do time series show?. Working paper no. 3581 (NBER, Cambridge, MA).

Mitchell, D.J.B., 1989: Wage pressures and labor shortages. The 1960s and 1980s. Brookings Papers on Economic Activity 189(2): 191–231.

Modestino, A.S., D. Shoag & J. Ballance, 2015: Upskilling. Do employers demand greater skill when skilled workers are plentiful? Working Papers, Federal Reserve Bank of Boston, No. 14–17.

Mokyr, J., C. Vickers & N.L. Ziebarth, 2015: The history of technological anxiety and the future of economic growth. Is this time different? The Journal of Economic Perspectives 29: 31–50.

Möller, J., 2016: Verheißung oder Bedrohung? die Arbeitsmarktwirkungen einer vierten industriellen Revolution. In: Den Arbeitsmarkt verstehen, um ihn zu gestalten: Springer VS, Wiesbaden: 49–59.

Moravec, H., 1988: Mind children. The future of robot and human intelligence: Harvard University Press.

Mühlbacher, J., 2007: Kompetenzmanagement als Grundlage strategischer Wettbewerbsvorteile. Zugl.: Wien, Wirtschaftsuniv., Habil.-Schr., 2006. Wien: Linde.

Murphy, K.M. & F. Welch, 1991: The role of international trade in wage differentials. Workers and Their Wages: Changing Patterns in the United States. Washington, DC: American Enterprise Institute.

Mutz, G., 1987: Arbeitslosigkeit in der Dienstleistungsgesellschaft. Soziale Welt 38. Jahrg., H. 3: 255–281.

Mýtna Kureková, L., M. Beblavý, C. Haita & A.-E. Thum, 2015: Employers' skill preferences across Europe. Between cognitive and non-cognitive skills. Journal of Education and Work 29: 662–687.

Naftaly, U., N. Intrator & D. Horn, 1997: Optimal ensemble averaging of neural networks. Network: Computation in Neural Systems 8: 283–296.

Niwattanakul, S., J. Singthongchai, E. Naenudorn & S. Wanapu (Hrsg.), 2013: Using of Jaccard coefficient for keywords similarity. Proceedings of the International MultiConference of Engineers and Computer Scientists.

North, K., K. Reinhardt & B. Sieber-Suter, 2012: Kompetenzmanagement in der Praxis. Mitarbeiterkompetenzen systematisch identifizieren, nutzen und entwickeln Mit vielen Fallbeispielen: Springer-Verlag.

Nuissl, E., C. Schiersmann, H. Siebert & J. Weinberg, 2002: Literatur-und Forschungsreport Weiterbildung. Kompetenzentwicklung statt Bildungsziele 49.

Oesch, D., 2013: Occupational change in Europe. How technology and education transform the job structure: Oxford University Press.

Pal, S.K. & S. Mitra, 1992: Multilayer perceptron, fuzzy sets, and classification. IEEE Transactions on neural networks 3: 683–697.

Paltoglou, G. & Thelwall, M. (Hrsg.), 2010: A study of information retrieval weighting schemes for sentiment analysis. Proceedings of the 48th annual meeting of the association for computational linguistics: Association for Computational Linguistics.

Pantel, P. & D. Lin (Hrsg.), 2002: Discovering word senses from text. Proceedings of the eighth ACM SIGKDD international conference on Knowledge discovery and data mining: ACM.

Pecina, P., 2009: Lexical association measures. Collocation extraction. Praha: Ústav Formální a Aplikované Lingvistiky.

Pefanis Schlee, R. & K.R. Harich, 2010: Knowledge and skill requirements for marketing jobs in the 21st century. Journal of Marketing Education 32: 341–352.

Pennington, J., R. Socher & C.D. Manning (Hrsg.), 2014: Glove. Global vectors for word representation. Proceedings of the 2014 conference on empirical methods in natural language processing (EMNLP).

Peus, C., T. Hentschel & S. Braun, 2014: Erfolgsfaktor Personalauswahl. Talente für die Wissenschaft gewinnen in: N. Hille & B. Langer (Hrsg.), Geschlechtergerechte Personalentwicklung an Hochschulen. Maßnahmen und Herausforderungen. Baden-Baden: Nomos: 173-196.

Pfeiffer, S. & A. Suphan, 2015: Der AV-Index. Lebendiges Arbeitsvermögen und Erfahrung als Ressourcen auf dem Weg zu Industrie 4.0.

Pickard, A.J., 2013: Research methods in information. London: Facet publishing.

Pikos, A.K. & S.L. Thomsen, 2015: Tasks, Employment and Wages. An Analysis of the German Labor Market from 1979 to 2012. Working Paper.

Pikos, A.K. & S.L. Thomsen, 2016: Rising work complexity but decreasing returns. IZA Discussion Papers, No. 9878.

Plath, H.-E., 2000: Arbeitsanforderungen im Wandel, Kompetenzen für die Zukunft–eine folgenkritische Auseinandersetzung mit aktuellen Positionen. Mitteilungen aus der Arbeitsmarkt-und Berufsforschung 33: 583–593.

Polanyi, M., 1966: The logic of tacit inference. Philosophy 41: 1–18.

Rajput, A., R.P. Aharwal, M. Dubey, S.P. Saxena & M. Raghuvanshi, 2011: J48 and JRIP rules for e-governance data. International Journal of Computer Science and Security (IJCSS) 5: 201–208.

Rau, R., 2017: Zum Stellenwert von Erholung in der Welt der „Arbeit 4.0 " in: R. Romahn (Hrsg.), Arbeitszeit gestalten. Wissenschaftliche Erkenntnisse für die Praxis: 10–10.

Reinhold, M. & S. Thomsen, 2017: The changing situation of labor market entrants in Germany. Journal for Labour Market Research 50: 161–174.

Ridgeway, G., 2007: Generalized Boosted Models. A guide to the gbm package. Update 1.

Ripley, B.D., 1996: Pattern Recognition and Neural Networks: Cambridge University Press.

Rische, M., F. Schlitte & H. Vöpel, 2015: Industrie 4.0 - Potenziale am Standort Hamburg. HWWI Studie.

Rohlfs, C., M. Harring & C. Palentien, 2014: Bildung, Kompetenz, Kompetenz-Bildung. S. 11–22 in: Kompetenz-Bildung Soziale, emotionale und kommunikative Kompetenzen von Kindern und Jugendlichen: Wiesbaden: Springer.

Rosenstiel, L.v. & J. Erpenbeck, 2003: Handbuch Kompetenzmessung. Erkennen, verstehen und bewerten von Kompetenzen in der betrieblichen, pädagogischen und psychologischen Praxis. Stuttgart: Schäffer-Poeschel.

Schanzenbach, D.W., R. Nunn, L. Bauer, M. Mumford & A. Breitwieser, 2016: Seven facts on noncognitive skills from education to the labor market. Washington: The Hamilton Project.

Schapire, R.E., 1990: The strength of weak learnability. Machine learning 5: 197–227.

Schapire, R.E., 2003: The boosting approach to machine learning. An overview. S. 149–171 in: Nonlinear estimation and classification: Springer.

Scharkow, M., 2012: Automatische Inhaltsanalyse und maschinelles Lernen. Dissertation. Berlin: epubli.

Schmid, H. (Hrsg.), 1995: Improvements in part-of-speech tagging with an application to German. In proceedings of the acl sigdat-workshop.

Schmiedl, S. & B. Kubicek, 2015: Spannungsfeld Arbeitsplatz. Der arbeitende Mensch im Kontext von Ressourcen und Anforderungen. 9. Forschungsforum der Österreichischen Fachhochschulen. FFH2015.

Schober, A., C. Kittel & M. Füllsack, 2016: Die Digitale Rationalisierung im Spiegel von Stellenanzeigen. Automatisierte Textanalyse zu Annahmen des „Task-Based Approach". Soziologie in Österreich – Internationale Verflechtungen.

Scholkopf, B., K.-K. Sung, C.J.C. Burges, F. Girosi, P. Niyogi, T. Poggio & V. Vapnik, 1997: Comparing support vector machines with Gaussian kernels to radial basis function classifiers. IEEE transactions on Signal Processing 45: 2758–2765.

Schreiber, W., A. Körber, B.v. Borries, R. Krammer, S. Leutner-Ramme, S. Mebus, A. Schöner & B. Ziegler, 2006: Historisches Denken. Ein Kompetenz-Strukturmodell: ars una.

Schumpeter, J., 1942: Capitalism, socialism and democracy. New York: Harper.

Sebastiani, F., 2002: Machine learning in automated text categorization. ACM computing surveys (CSUR) 34: 1–47.

Sejdić, G., 2015: Industrie 4.0. Controlling 27: 132–133.

Shao, J., Y. Wang, X. Deng & S. Wang, 2011: Sparse linear discriminant analysis by thresholding for high dimensional data. The Annals of statistics: 1241–1265.

Simon, M., Tackenberg, P., Hasselhorn, H.-M., Kümmerling, A., Büscher, A., & B.H. Müller, 2005, Auswertung der ersten Befragung der NEXT-Studie in Deutschland. Universität Wuppertal.

Sloane, P.F.E., 2008: Zu den Grundlagen eines Deutschen Qualifikationsrahmens (DQR). Konzeptionen, Kategorien, Konstruktionsprinzipien: W. Bertelsmann Verlag.

Snower, D.J. & D. Goerlich, 2013: Multitasking and wages. IZA Discussion Paper, No. 7426.

Sonnleitner, P., U. Keller, R. Martin & M. Brunner, 2013: Students' complex problem-solving abilities. Their structure and relations to reasoning ability and educational success. Intelligence 41: 289–305.

Sotelo, E.A.P.P.S. & D. Tannenbaum, 2017: New Technologies and the Labor Market. Discussion Paper.

Spitz, A., 2004: Are skill requirements in the workplace rising? Stylized facts and evidence on skill-biased technological change. ZEW Discussion Paper No. 04-33.

Spitz-Oener, A., 2006: Technical change, job tasks, and rising educational demands. Looking outside the wage structure. Journal of labor economics 24: 235–270.

Spöttl, G., 2009: Forschungsperspektiven in Facharbeit und Berufsbildung. Strategien und Methoden der Berufsbildungsforschung: Peter Lang.

Starker, A., T. Lampert, A. Worth, J. Oberger, H. Kahl & K. Bös, 2007: Motorische Leistungsfähigkeit. Bundesgesundheitsblatt-Gesundheitsforschung-Gesundheitsschutz 50: 775–783.

Taber, C.R., 2001: The rising college premium in the eighties. Return to college or return to unobserved ability? The Review of Economic Studies 68: 665–691.

Theyßen, H., M. Schmidt, E. Einhaus & H. Schecker, 2006: Ein indikatorenbasiertes Verfahren zur Einstufung von Testaufgaben in ein Kompetenzmodell. PhyDid A-Physik und Didaktik in Schule und Hochschule 2: 123–134.

Tinbergen, J., 1974: Substitution of graduate by other labor. Kyklos 27: 217–226.

Tinbergen, J., 1975: Income differences. Recent research. North Holland, Amsterdam.

Todd, P.A., J.D. McKeen & R.B. Gallupe, 1995: The evolution of IS job skills. A content analysis of IS job advertisements from 1970 to 1990. MIS quarterly: 1–27.

Tüzemen, D. & J. Willis, 2013: The vanishing middle. Job polarization and workers' response to the decline in middle-skill jobs. Economic Review-Federal Reserve Bank of Kansas City: 5.

Valletta, R.G., 2015: Recent flattening in the higher education wage premium. Polarization, deskilling, or both? Education, Skills, and Technical Change: Implications for Future US GDP Growth. University of Chicago Press.

van Laar, E., A.J. van Deursen, J.A. van Dijk & J. de Haan, 2017: The relation between 21st-century skills and digital skills. A systematic literature review. Computers in human behavior 72: 577–588.

Vert, J.-P., K. Tsuda & B. Schölkopf, 2004: A primer on kernel methods. Kernel Methods in Computational Biology: 35–70.

Wagner, M.O., 2009: Motorische Leistungsfähigkeit von Kindern und Jugendlichen in Luxemburg-eine repräsentative Querschnittstudie für die Altersgruppen 9, 14 und 18 Jahre. Dissertation. Karlsruhe.

Weikum, G., 2002: Foundations of statistical natural language processing. ACM SIGMOD Record 31: 37.

Weinberger, C.J., 2014: The increasing complementarity between cognitive and social skills. The review of economics and statistics 96: 849–861.

Weiss, S.M. & I. Kapouleas, 1990: An empirical comparison of pattern recognition, neural nets and machine learning classification methods. Readings in machine learning: 177–183.

Weuster, A., 2012: Personalauswahl I. Internationale Forschungsergebnisse zu Anforderungsprofil, Bewerbersuche, Vorauswahl, Vorstellungsgespräch und Referenzen: Springer-Verlag.

Weuster, A., 2013: Personalauswahl. Anforderungsprofil, Bewerbersuche, Vorauswahl und Vorstellungsgespräch: Springer-Verlag.

Wiedmann, K.-P., F. Buckler & H. Buxel, 2001: Data Mining—ein einführender Einblick. S. 15–33 in: Neuronale Netze im Marketing-Management: Springer.

Wiemann, M., L. Zolliker & C. Pauk, 2017: Das meinen die CEOs. Wie sehen Schweizer CEOs die Zukunft der Arbeit? HR Today.

WM (Hrsg.), 2017: Kompetenzen erkennen, dokumentieren und bewahren für ein bedarfsgerechtes Wissensmanagement im demografischen Wandel. WM - 9te Konferenz Professionelles Wissensmanagement, Karlsruhe.

Wooldridge, R., Hendrikx, J. & Miller, D. (Hrsg.), 2014: Field Observations of the Effects of Explosives on Snow Stability Test Results. Proceedings International Snow Science Workshop, Banff, Alberta, Canada. 519.

World Economic Forum (Hrsg.), 2016: The future of jobs. Employment, skills and workforce strategy for the fourth industrial revolution: World Economic Forum, Geneva, Switzerland.

Woschnack, U. & P.M. Frischknecht, 2002: Schlüsselqualifikationen-vom Arbeitsmarkt verlangt! von der Hochschule gelehrt? Personal 2002/10: 26–30.

Wowczko, I., 2015: Skills and Vacancy Analysis with Data Mining Techniques. Informatics 2: 31–49.

Yamaguchi, S., 2018: Changes in returns to task-specific skills and gender wage gap. Journal of Human Resources 53 (1): 32–70.

Yates, F., 1934: Contingency tables involving small numbers and the χ 2 test. Supplement to the Journal of the Royal Statistical Society 1: 217–235.

Zey, M., 2009: Kompetenzmessung. Kompetenzfeststellung: Zukunft sichern durch geeignete Mitarbeiterauswahl in Profit und Non-Profit Unternehmen. Hamburg: Diplomica Verlag.

SOZIALÖKONOMISCHE SCHRIFTEN

Herausgegeben von Professor Dr. Dr. h.c. Bert Rürup und
Professor Dr. Werner Sesselmeier

Band 1 Marietta Jass: Erfolgskontrolle des Abwasserabgabengesetzes. Ein Konzept zur Erfassung der Gesetzeswirkungen verbunden mit einer empirischen Untersuchung in der Papierindustrie. 1990.

Band 2 Frank Schulz-Nieswandt: Stationäre Altenpflege und "Pflegenotstand" in der Bundesrepublik Deutschland. 1990.

Band 3 Helmut Böhme, Alois Peressin (Hrsg.): Sozialraum Europa. Die soziale Dimension des Europäischen Binnenmarktes. 1990.

Band 4 Stephan Ruß: Telekommunikation als Standortfaktor für Klein- und Mittelbetriebe. Telekommunikative Entwicklungstendenzen und regionale Wirtschaftspolitik am Beispiel Hessen. 1991.

Band 5 Reinhard Grünewald: Tertiärisierungsdefizite im Industrieland Bundesrepublik Deutschland. Nachweis und politische Konsequenzen. 1992.

Band 6 Bert Rürup, Uwe H. Schneider (Hrsg.): Umwelt und Technik in den Europäischen Gemeinschaften. Teil I: Die grenzüberschreitende Entsorgung von Abfällen. Bearbeitet von: Thomas Kemmler, Thomas Steinbacher. 1993.

Band 7 Mihai Nedelea: Erfordernisse und Möglichkeiten einer wachstumsorientierten Steuerpolitik in Rumänien. Dargestellt am Beispiel der Textil- und Bekleidungsindustrie. 1995.

Band 8 Andreas Schade: Ganzjährige Beschäftigung in der Bauwirtschaft – Eine Wirkungsanalyse. Analyse und Ansätze für eine Reform der Winterbauförderung. 1995.

Band 9 Frank Schulz-Nieswandt: Ökonomik der Transformation als wirtschafts- und gesellschaftspolitisches Problem. Eine Einführung aus wirtschaftsanthropologischer Sicht. 1996.

Band 10 Werner Sesselmeier, Roland Klopfleisch, Martin Setzer: Mehr Beschäftigung durch eine Negative Einkommensteuer. Zur beschäftigungspolitischen Effektivität und Effizienz eines integrierten Steuer- und Transfersystems. 1996.

Band 11 Sylvia Liebler: Der Einfluß der Unabhängigkeit von Notenbanken auf die Stabilität des Geldwertes. 1996.

Band 12 Werner Sesselmeier: Einkommenstransfers als Instrumente der Beschäftigungspolitik. Negative Einkommensteuer und Lohnsubventionen im Lichte moderner Arbeitsmarkttheorien und der Neuen Institutionenökonomik. 1997.

Band 13 Stefan Lorenz: Der Zusammenhang von Arbeitsgestaltung und Erwerbsleben unter besonderer Berücksichtigung der Erwerbstätigkeiten von Frauen und Älteren. 1997.

Band 14 Volker Ehrlich: Arbeitslosigkeit und zweiter Arbeitsmarkt. Theoretische Grundlagen, Probleme und Erfahrungen. 1997.

Band 15 Philipp Hartmann: Grenzen der Versicherbarkeit. Private Arbeitslosenversicherung. 1998.

Band 16 Martin Setzer, Roland Klopfleisch, Werner Sesselmeier: Langzeitarbeitslose und Erster Arbeitsmarkt. Eine kombinierte Strategie zur Erhöhung der Wiederbeschäftigungschancen. 1999.

Band 17 Dorothea Wenzel: Finanzierung des Gesundheitswesens und Interpersonelle Umverteilung. Mikrosimulationsuntersuchung der Einkommenswirkung von Reformvorschlägen zur GKV-Finanzierung. 1999.

Band 18 Ingo Schroeter: Analyse und Bewertung der intergenerativen Verteilungswirkungen einer Substitution des Umlage- durch das Kapitalstocksverfahren zur Rentenfinanzierung. 1999.

Band 19 Roland Klopfleisch: Fiskalische Konsequenzen der Europäischen Währungsunion. Die Veränderung des Seigniorage und dessen Bedeutung für die nationalen EWU-11 Haushalte. 2000.

Band 20 Klaus Heubeck, Bert Rürup: Finanzierung der Altersversorgung des öffentlichen Dienstes. Probleme und Optionen. 2000.

Band 21 Manon Pigeau: Der Einfluß der Arbeitszeit auf die Erwerbsbeteiligung von Frauen. Empirische Befunde, mikroökonomische Modellierung und politische Konsequenzen. 2002.

Band 22 Carsten Müller: Existenzgründungshilfen als Instrument der Struktur- und Beschäftigungspolitik. 2002.

Band 23 Stefan Lewe: Wachstumseffiziente Unternehmensbesteuerung. 2003.

Band 24 Erscheinen unbestimmt.

Band 25 Alexander Meindel: Intergenerative Verteilungswirkung beim Übergang zu einer nachgelagerten Rentenbesteuerung. 2004.

Band 26 Jochen Gunnar Jagob: Das Äquivalenzprinzip in der Alterssicherung. 2004.

Band 27 Tobias Fehr: Recht des außerbörslichen Aktienhandels vor dem Hintergrund des Rechts des börslichen Aktienhandels. Das Kapitalmarktszenario für kapitalmarktaktive Aktiengesellschaften, deren Unternehmensführungen und aktuelle und potentielle Aktionäre und für Wertpapierdienstleister. 2006.

Band 28 Stefan Fetzer: Zur nachhaltigen Finanzierung des gesetzlichen Gesundheitssystems. 2006.

Band 29 Oliver Ehrentraut: Alterung und Altersvorsorge. Das deutsche Drei-Säulen-System der Alterssicherung vor dem Hintergrund des demografischen Wandels. 2006.

Band 30 Martin Debus: Arbeitsmarkteffekte des demografischen Wandels. 2007.

Band 31 Jens Hujer: Regionalökonomische Effekte von Flughäfen. 2008.

Band 32 Zulia Gubaydullina: Nicht-monetäre Inflationsursachen in Russland. Eine empirische Analyse. 2008.

Band 33 Jasmin Häcker: Die Soziale Pflegeversicherung: Eine Generationenbilanz. 2008.

Band 34 Christina Benita Wilke: German Pension Reform. On Road Towards a Sustainable Multi-Pillar System. 2009.

Band 35 Stefan Pfaffenbach: Nachhaltigkeit in der Gesetzlichen Rentenversicherung – Was leistet die kinderzahlabhängige Rente. 2009.

Band 36 Anabell Kohlmeier: Die Ausweitung des Versichertenkreises der Gesetzlichen Rentenversicherung. Bestimmungsgründe und Verteilungswirkungen. 2009.

Band 37 Matthias Heidler: Reformen der gesetzlichen Rentenversicherung: Politisches Risiko und intergenerative Umverteilung. 2009.

Band 38 Anna Rosinus: Vermögensdekonzentration und Mitarbeiterkapitalbeteiligungsgesetz. 2009.

Band 39 Gabriele Somaggio: Start mit Hindernissen. Eine theoretische und empirische Analyse der Ursachen von Arbeitslosigkeit nach der dualen Berufsausbildung. 2009.

Band 40 Johannes Kalusche: Ausmaß und Stärke der automatischen Stabilisatoren in Deutschland vor dem Hintergrund der jüngsten Steuer- und Sozialreformen. 2010.

Band 41 Nicolas Gatzke: Public Private Partnerships und öffentliche Verschuldung. PPP-Modelle im Licht deutscher und europäischer Verschuldungsregeln und ihre Transparenz in den öffentlichen Haushalten. 2010.

Band 42 Olaf Weddige: Measuring Public Pension Liabilities in the European Union. 2011.

Band 43 Christina Boll: Lohneinbußen von Frauen durch geburtsbedingte Erwerbsunterbrechungen. Der Schattenpreis von Kindern und dessen mögliche Auswirkungen auf weibliche Spezialisierungsentscheidungen im Haushaltszusammenhang. Eine quantitative Analyse auf Basis von SOEP-Daten. 2011.

Band 44 Jörg Schoder: Theorie und Empirie der Alterssicherung in Deutschland. Eine Bestandsaufnahme zu den Versorgungswegen des Drei-Schichten-Modells unter Berücksichtigung regionaler Aspekte. 2011.

Band 45 Robert Arnold / Angelika Oelschläger / Jeanine Staber: Sozialversicherungsbeiträge und Steuern von Selbständigen und Arbeitnehmern im Vergleich. Bestandsaufnahme und Reformvorschläge. 2012.

Band 46 Sebastian Hesse: Input und Output der Gesundheitswirtschaft. Eine Stabilitätsanalyse der Gesundheitswirtschaft in Bezug auf die gesamtwirtschaftliche Bedeutung in den Jahren der Finanz- und Wirtschaftskrise. 2013.

Band 47 Dirk Heeger: Quantitative Analyse der ökonomischen Bedeutung eines Unternehmens. Vor dem Hintergrund neuer Herausforderungen der Industriepolitik. 2013.

Band 48 Tobias Ehrhard: Personalbedarfsprognose im Gesundheits- und Pflegewesen. Eine berufs-, einrichtungs- und regionalspezifische Betrachtung für Deutschland. 2014.

Band 49 Tobias Benz: Ausgabenprojektion, Reformszenarien und Rücklagenbildung der Beamtenversorgung in der Bundesrepublik Deutschland. 2015.

Band 50 Sandra Hofmann: Einfluss nicht-marktlicher Tätigkeiten auf den materiellen Wohlstand und die Einkommensverteilung in Deutschland. 2015.

Band 51 Tanja Leicht: Veränderung und Innovativität in der deutschen Kreditwirtschaft. Eine institutionenökonomische Analyse im Kontext der Vereinbarkeit von Beruf und Familie. 2016.

Band 52 Susanne Schneider: HR Policies and Maternal Labor Supply. The Example of Employer-Supported Childcare. 2017.

Band 53 Daniel Christoph Stohr: Die beruflichen Anforderungen der Digitalisierung hinsichtlich formaler, physischer und kompetenzspezifischer Aspekte. Eine Analyse von Stellenanzeigen mittels Methoden des Text Minings und Machine Learnings. 2019.

www.peterlang.com

www.ingramcontent.com/pod-product-compliance
Ingram Content Group UK Ltd.
Pitfield, Milton Keynes, MK11 3LW, UK
UKHW021844290926
8980IPUK00005B/648

9 783631 785485